Roberto Sicuteri

ASTROLOGIE UND MYTHOS

Roberto Sicuteri

ASTROLOGIE UND MYTHOS

Mythen und Symbole des Tierkreises
im Spiegel
der Tiefenpsychologie

AURUM VERLAG · FREIBURG IM BREISGAU

Der Titel der bei Casa Editrice Astrolabio-Ubaldini Editore, Rom,
erschienenen italienischen Originalausgabe lautet
ASTROLOGIA E MITO
Simboli e miti dello Zodiaco
nella Psicologia del Profondo.

Die deutsche Übersetzung besorgte Alexandra Tormay-Marsano.

CIP-Kurztitelaufnahme der Deutschen Bibliothek

Sicuteri, Roberto:
Astrologie und Mythos : Mythen u. Symbole d. Tierkreises
im Spiegel d. Tiefenpsychologie / Roberto Sicuteri.
[Die dt. Übers. besorgte Alexandra Tormay-Marsano]. –
Freiburg im Breisgau : Aurum-Verlag, 1983.
Einheitssacht.: Astrologia e mito ⟨dt.⟩
ISBN 3-591-08160-4

1983
ISBN 3 591 08160 4

Satz: IBV Lichtsatz KG, Berlin.
Druck: Zobrist & Hof AG, Liestal/Schweiz.
Bindung: Walter Verlag GmbH, Buchbinderei, Heitersheim.
Printed in Switzerland.

Inhalt

Vorwort 7

I. Symbole und Archetypen 11

II. Historischer Rückblick auf die Astrologie und die Entwicklung ihrer Symbolsprache 19

III. Die Tierkreissymbole und ihre entsprechenden Zeichen und Mythen. Psychologische Vergleiche . . . 25

Der Widder 29
Der Stier 38
Die Zwillinge 49
Der Krebs 56
Der Löwe 64
Die Jungfrau 72
Die Waage 79
Der Skorpion 85
Der Schütze 95
Der Steinbock 105
Der Wassermann 119
Die Fische 128
Zwischenbetrachtung 139
Die Sonne 144
Der Mond 153
Der Mars 167
Die Venus 175
Der Merkur 182
Der Jupiter 189
Der Saturn 198
Der Neptun 206
Der Uranus 215
Der Pluto 220

Bibliographische Anmerkungen 225

Vorwort

Das vorliegende Buch behandelt Mythen und Symbole des Tierkreises und der Planeten; es gibt aus historischer Sicht eine systematische Darstellung der Mythologeme, die, mit der menschlichen Psyche in Verbindung gebracht, in Wort und Tat schöpferischer Ausdruck von archetypischen Bildern und Phantasiegestalten des Unbewußten sind.

Diese Untersuchung ist auch in ihren angemessenen Grenzen das Resultat einer langjährigen Forschung im Rahmen der Wiedergeburt der Astrologie in allen Ländern der westlichen Hemisphäre. Es ist meine Absicht, die verborgensten Seeleninhalte und Vorstellungspotentiale, die in der großen Welt der Astrologie enthalten sind, bekanntzumachen. In dieser Studie wird die Astrologie weder als Hellseherkunst angepriesen, noch sollen technische Anleitungen geboten werden, um ein Horoskop aufstellen und interpretieren zu können; zu diesem Zwecke gibt es viele ausgezeichnete Nachschlagewerke. Auch liegt es mir fern, neue Adepten der Astrologie zu werben.

Bis heute zielte das Bemühen der Astrologen, konfrontiert mit mehr oder weniger angebrachter Polemik dahin, die Richtigkeit oder Falschheit des astrologischen Gedankengutes nachzuweisen, wobei ein objektiver Standpunkt unerreichbar blieb und ein solches Unternehmen meist in einer noch größeren Verwirrung der Kenntnisse endete. Weder für noch gegen die Astrologie zu sein, unvoreingenommen, beharrlich und hingebungsvoll das Studium dieser Disziplin fortzusetzen, erscheint die sinnvollste Haltung, um jene Psychologie der astrologischen Phänomene, deren Sprache im kollektiven Unbewußten noch integer geblieben ist, näher zu ergründen, als es unsere positivistische und rationalistische Zeit, die den Raum der wissenschaftlichen Feststellungen immer mehr einengt, bisher erlaubt hat.

Wir wissen, daß nicht nur die Astrologie von symbolischen und archetypischen Bildern, die weit über das Bewußtsein hinausreichen, durchdrungen ist, sondern auch das Denken sowie Psycho-

analyse und Tiefenpsychologie als dynamischer Ausdruck der praktischen Kenntnis der menschlichen Psyche. Zu jener Sprache der Mythen, der archetypischen Phantasien, der tellurischen Manifestationen des im Bewußtsein einbrechenden Verdrängten zurückzukehren, diese zu untersuchen oder sich wieder bewußt zu machen, bedeutet, sie in unserem Gefühls- und Vorstellungsbereich voll und ganz zu aktivieren und uns zugleich ein wertvolles, nicht verbales Kommunikationsinstrument zurückzugewinnen, das in einer Zeit der Kommunikationsunfähigkeit fast entbehrlich geworden ist. Dieses Werk ist somit eine Rückkehr zur reinen Tradition der psychologischen und seelischen Annäherung an die großen Mythen der Astrologie, die die psychische Wirklichkeit des Menschen darstellen.

»Die Astrologie ist mehr als jedes andere Wissensgebiet grundlegend für die Persönlichkeitspsychologie, wenn wir unter Persönlichkeit die Einheit stabiler Wesenszüge verstehen.«[1] Diese Worte des großen Tiefenpsychologen James Hillmann spiegeln die Behauptung von Ernst Cassirer wider: »In ihrem rein formalen Aspekt ist die Astrologie eine der größten Versuche des menschlichen Geistes, eine globale Weltanschauung zu formulieren.«[2] Diese Weltanschauung wird durch Mythen und Symbole, wie sie verschiedene Religionen, Kunstrichtungen und Denksysteme enthalten, zum Ausdruck gebracht. Seit jeher machte der Mensch von diesen Mythen und Symbolen Gebrauch, und ich glaube, daß die Sprachsymbolik als Ausdruck eines spontanen, irrationalen, inneren Prozesses eine jener Konstanten der Menschheit darstellt, die heute durch das Studium der Mythen und archetypischen Gestalten, die in der Astrologie enthalten sind, wieder belebt werden können.

Es war meine Absicht, meine Leser unter Zuhilfenahme der mir am geeignetsten erscheinenden Wissensgebiete, nämlich der Astrologie, der Mythologie, der Ethymologie sowie der mythographischen Exegese und nicht zuletzt der Psychoanalyse, zu *Archäologen des Unbewußten* zu machen. Die Tierkreiszeichen werden hier an Hand ihrer entsprechenden Mythologeme beschrieben, in ihrer Symbolik gedeutet und hinsichtlich Psychoanalyse und Tiefenpsychologie interpretiert und den jeweiligen psychologischen Typen zugeordnet. Bei dieser Untersuchung wurden Autoren wie Freud, Jung, Fenichel, Rank, Bernhard, Otto, Kerényi, Eliade, Hillmann, Neumann, Harding und andere heran-

gezogen. Ferner werden Astrologen wie André Barbault, dem wir die erste Untersuchung dieser Art verdanken, Sénard, Mayo, Gouchon, Hadés zitiert. Aber im strahlenden Mittelpunkt dieser Untersuchung steht die griechische, ägyptische und hinduistische Mythologie, Ausdruck der *inneren Wirklichkeit* des Menschen, der mit dem kosmischen Zentrum, dem gestirnten Himmel, in synchronischer Beziehung steht. Die psychologische Betrachtung wird hier als *psychischer Weg zum Mythos* verstanden, wobei sich die Seele, wie schon die Studien von Hillmann bestätigen, zu erkennen geben soll. Die auffallende Ambivalenz oder der Eklektizismus der teils Freudschen, teils Jungschen Terminologie ist ein spontanes Ergebnis des behandelten Problemkreises, ja geradezu einer Psychologie der Instanzen entsprungen, die schon für sich allein zu genügender Überlegung anregen mag. Dieses Buch basiert als Interpretationsgrundlage auf der Tiefenpsychologie C. G. Jungs; es zu schreiben hat viel Kraft und Kenntnisse (letztere fast als freie Assoziationen) auf bewußter und unbewußter Ebene erfordert. Die Zielsetzung dieses Buches, das als eine starke, subjektive, schöpferische Spannkraft, ja als ein wahrhaftes »Seelengestalten« empfunden wurde, brachte die notwendigen Kräfte, die ihrerseits als seelische Energiefaktoren erlebt wurden, schon begangene Wege zu erweitern. In aller Bescheidenheit erhebt sich nun die Frage, ob denn dieser Eklektizismus nicht das Resultat einer alchimistischen Fusion der Instanzen sei, die nur zustande kommt, wenn man der Faszination der Gegenüberstellung von archetypischen und mythischen Kräftepotentialen ausgeliefert ist. In diesem Fall erübrigt sich jede Diskussion über Sprache und Formulierung, denn mein Hauptanliegen ist es, gelebte Erfahrung und die daraus resultierende Gefühlsintensität dem Leser zu vermitteln.

Florenz, im Januar 1978 *Roberto Sicuteri*

I. Symbole und Archetypen

Wir werden uns mit den Symbolen in der Astrologie auseinandersetzen, wollen zuvor jedoch das Wirken von Symbolen und Archetypen in der menschlichen Psyche kurz untersuchen.

Die Seele erzeugt ständig neue Symbole, mit deren Hilfe Inhalte, die wegen ihrer Komplexität und Unerfaßbarkeit nicht wahrnehmbar sind, bewußt gemacht werden können. Wir sind davon überzeugt, daß das Leben nicht in seinen unerschöpflichen, auch unbewußten Tiefen gelebt und zum Ausdruck gebracht werden könnte, hätten wir nicht die Symbole, mit deren Hilfe wir einen Zugang zu unserer Gefühlswelt erlangen können. Das Symbol ist ein nach außen projiziertes Bild eines Seeleninhaltes, der über die Grenzen des Bewußtseins hinausreicht. Die in den Tierkreiszeichen und Planeten enthaltene Symbolik stellt den Berührungspunkt zwischen der psychisch-geistigen Welt des Menschen (Mikrokosmos) und der Welt der Gestirne (Makrokosmos) dar.

Was der Mensch in sich fühlt und wahrnimmt, projiziert er an den gestirnten Himmel, »sieht« in ihm Bilder und Konfigurationen, die er aus seinem eigenen Inneren schöpft, und schreibt ihm Gesetze und Funktionen zu, die sich in der Folge auf sein äußeres und inneres Leben auswirken. Nehmen wir als Beispiel den Blitz: Er symbolisiert seit Urzeiten den göttlichen Willen und Zorn. Hier wird die Kraft oder das höhere Gesetz, das dem menschlichen Bewußtsein innewohnt, an den Himmel, somit außerhalb des Bewußtseins »projiziert« und anschließend als Manifestation göttlichen Willens wieder angenommen. Die Beziehung zwischen Mikrokosmos und Makrokosmos erscheint an Hand dieses Beispiels, aber auch an Hand der Astrologie als ein einzig und allein vom Menschen erdachtes Vorstellungsgebäude, weshalb es in den Bereich der menschlichen Psychologie fällt. Der Mensch allein schafft die Symbole und verleiht ihnen Kraft und Leben, indem er ihnen Bedeutung und Sinn gibt.

Ein Olivenzweig an sich verbreitet nicht Frieden, aber in der Hand eines Menschen symbolisiert er Frieden, Eintracht und

Heiligkeit: So wird ein Objekt, a priori bedeutungslos, zum symbolischen Vermittler einer Botschaft für all jene, die sie in entsprechender Situation wahrnehmen. Dieses Beispiel möge auch für die Symbolik in der Astrologie gelten: die Sterne üben keine *direkte* Macht auf uns aus (obwohl manche Physiker heute schon annehmen, daß die Sterne einen nachweisbaren Energieeinfluß auf die Erde haben), sondern ihre Macht entspringt ihrer Symbolisierung, die der Mensch kontinuierlich mit ihnen vornimmt.

Das Wort Symbol stammt aus dem Griechischen *symbolon,* das sich aus den Worten *syn* und *ballein* zusammensetzt, die ethymologisch ganz verschiedene, ja entgegengesetzte Elemente darstellen, sich aber innig zu einem Ganzen, das wir als Inhalt und wahrnehmbares Zeichen definieren, vereinen. In der Struktur des Wortes *symbolon* kann ein Ausdruck den andern ersetzen, um eine sofort verständliche Aussage zu ermöglichen.

Nehmen wir z. B. das Symbolzeichen des Planeten Venus. Wir haben die Möglichkeit einer zweifachen Lesart: einmal als astronomisches Schriftzeichen des Planeten Venus und dann als Liebe, Freundschaft, Fraulichkeit in astrologischer Symbolik.

Der Symbolgedanke hat sich im Laufe der Zeit gewandelt, doch ist man sich heute über die Bedeutung und Aussagekraft des Symbols ziemlich im klaren. Sigmund Freud, der Begründer der Wiener psychoanalytischen Schule, und C. G. Jung, der große Schweizer Tiefenpsychologe, haben durch die Entwicklung der psychoanalytischen Technik die Bedeutung der Symbolsprache wiederentdeckt.

Es sollen hier einige Definitionen des Symbols wiedergegeben werden, um den Inhalt dieser Arbeit verständlicher zu machen. Bachofen sagt: »Das Symbol erweckt Ahnungen, die Sprache kann nur erklären. Das Symbol schlägt bis in die geheimsten Tiefen der Seele seine Wurzeln, die Sprache streift die Oberfläche des Verstehens wie ein stiller Hauch des Windes... Nur das Symbol vermag die verschiedensten Elemente in einem einheitlichen Ausdruck zu vereinen. Worte machen Unendlichkeit endlich, Symbole heben den Geist aus den Grenzen des Endlichen, des Werdenden in das Reich unendlichen Seins. Sie werden Suggestionen; sie sind Zeichen des Unsagbaren und sind, wie dieses, unerschöpflich.«[3] Creutzer schreibt diesbezüglich: »Das Symbol vermag selbst das Göttliche gewissermaßen sicht-

bar machen. Es ist eine quellende Exuberanz lebendiger Idee, die sich in ihm reget… Diese höchsten Äußerungen des bildenden Vermögens nennen wir Symbole.«[4]

Freud sieht im Symbol den Ausdruck der Beziehung zwischen dem greifbaren Inhalt eines Verhaltens, eines Gedankens, eines Wortes zu seinem tieferen, versteckten latenten Sinn. Die psychoanalytische Technik beruht größtenteils auf diesem speziellen Mechanismus.

Wir müssen auch in den astrologischen Sinnbildern immer wieder die latenten Inhalte und Aussagen suchen. Das Studium der Symbolik, wie wir es Jung verdanken, geht viel weiter und tiefer als die Freudsche Psychoanalyse: Jung schreibt den Symbolen eine Reihe suggestiver Funktionen zu und sieht in ihnen ein numinoses, strahlendes Energiephänomen, das auf das Bewußtsein einen starken Einfluß ausübt. Wörtlich sagt er: »… ein Konzept, das den symbolischen Ausdruck als bestmöglichen definiert und somit einer relativ unbekannten Sache die klarste und charakteristischste Formulierung gibt, ist symbolisch.«[5]

Der bekannte französische Astrologe und Forscher im Bereich der Psychoanalyse André Barbault hat gesagt: »Das Symbol enthüllt gewisse, und zwar die verborgensten Aspekte der Realität, die es mit jedem anderen Weg zur vertieften Realitätserkenntnis aufnehmen können. Bilder und Symbole sind keine willkürlichen Schöpfungen der Psyche; sie sind vielmehr die abstrakte Antwort auf eine zwingende Notwendigkeit und erfüllen eine bestimmte Funktion: die geheimsten Seinsarten zu enthüllen. Wir können sie maskieren, verändern oder degradieren, aber niemals ausrotten; im bewußten Teil der menschlichen Psyche überlebt eine immer wachsende Mythologie, die das psychische Geschehen mitbestimmt. Symbole und Mythen können ihr Gesicht verändern, ihre Funktion bleibt jedoch immer die gleiche: es geht nur darum, die neuen Masken zu entfernen. Wenn daher der Symbolismus in der modernen Psychologie plötzlich ein wesentlicher Faktor zur Kenntnis der Seelenvorgänge des Menschen geworden ist, so liegt dieser Symbolismus der Astrologie seit je zugrunde.«[6] So können wir mit der Feststellung André Barbaults annehmen, daß sich die Symbole der Astrologie (Tierkreiszeichen, Planeten, Horoskophäuser, Aspekte usw.) im großen Gefüge der analogen und synkronistischen Realität auf psychischer Ebene kraftvoller und dau-

erhafter erweisen, da sie noch heute in so vielen Menschen die verschiedensten Reaktionen hervorrufen.

Die Deutung eines Horoskops wirkt erst im Laufe der Zeit und nach wiederholten Auslegungen und Ausarbeitungen der in ihm enthaltenen Symbole in der Weise, daß tiefe unbewußte Gefühlsregungen erzeugt und archetypische Bilder gelockert werden.

Ferner müssen wir den archetypischen Inhalt der Astrologie als Ausdruck der latenten Möglichkeiten jedes Horoskops in Betracht ziehen (aber im Grunde ist es immer der Mensch selbst, der sich in einem Horoskop »liest« oder »widerspiegelt«). Das heißt, das Horoskop hat an Hand der Interpretation seiner Symbolstruktur die Möglichkeit, im Individuum ein bisher unbekanntes Energiepotential freizulegen.

Jung sagt: »Der Archetypus ist nicht nur ein Bild an sich, sondern zugleich auch Dynamis, welch letztere, in der Numinosität, der faszinierenden Kraft des archetypischen Bildes sich kundgibt... Der Trieb hat zwei Aspekte: einerseits wird er als physiologische Dynamik erlebt, andererseits treten seine vielfachen Gestalten als Bilder und Bildzusammenhänge ins Bewußtsein und entfalten numinose Wirkung.«[7] Wenn wir diesen Gedanken auf die Astrologie übertragen, so können wir feststellen, daß sich Symbole um Themenkreise gruppieren und eine Dynamik der archetypischen Gestaltungen entwickeln, die außerhalb des rationellen Erfahrungsbereiches liegen: Sie werden zum Vorstoß in unbewußte Seelenschichten, in denen sie in der Zeit wirken, erschaffen, wodurch das bewußte Verhalten des Menschen beeinflußt wird.

Sind Bedeutung und Funktion des Symbols und des Archetypus erfaßt, so erhebt sich die Frage, welchen Platz diese beiden Seelenfaktoren in der Astrologie einnehmen.

Die unmittelbarste Antwort ist die, daß die Symbole des Tierkreises die seelische Wirklichkeit des Menschen bis in ihre tiefsten Strukturen anzuregen vermögen, indem sie ihn mit den nach außen projizierten Objekten – hier mit dem Planetensystem – in Beziehung setzen (Beziehung zwischen Mikro- und Makrokosmos). Diese Symbole mit ihren entsprechenden psychologischen und mythologischen Zuordnungen umfassen das gesamte Leben und bewirken einen psychologischen Prozeß, der allen seelischen Manifestationsformen zugrunde liegt.

Wenn wir die Art und Weise, astrologisch zu denken und zu fühlen, symbolisch vom ontogenetischen und philogenetischen Standpunkt aus betrachten, so mutet sie uns geradezu primitiv und empirisch an. Deshalb erwecken z. B. das Symbol der Sonne, des Mondes, Neptuns oder des Mars nicht nur eine Welt von Mythen und Legenden, sondern bringen zugleich die ursprünglichste archetypische Symbolik der Sprache und der Ideenfolge zur Wiederbelebung. Dabei soll nur daran erinnert werden, daß das Symbol der Sonne die archetypische »Erinnerung« an die Vitalkraft, an das göttliche Prinzip, ja an Gott selbst zu erwecken imstande ist.

Die Sprache der Astrologie gestaltet sich in einem Dialog zwischen Himmel und Mensch, wobei der Himmel der Bezeichnende und der Mensch der Bezeichnete ist. Daher prägt der Himmel mit seiner besonderen Planetenstellung (die die unbedingte Grundlage für ein Horoskop darstellt) im Augenblick einer Geburt Schicksal und Charakter eines Menschen, dem es durch die Deutung seines eigenen Horoskops möglich wird, mit seinem inneren, archetypischen Firmament in Beziehung zu treten. Daher beruhen jene Symbole auf einer wissenschaftlich astronomischen Basis (insofern die Planeten am Gestirnhimmel Wirklichkeit geworden sind!) und auf dem Synchronizitäts- und Analogieprinzip, wie es C. G. Jung dargelegt hat. Demnach sind die Symbole in der Astrologie weder kausal noch deterministisch. Im Gegenteil! Wir betonen ausdrücklich, daß es in der Astrologie überhaupt keine Ursache-Wirkung-Beziehung gibt. Der Mensch wird vielmehr im Augenblick seiner Geburt in einen bestimmten Planetenstand »eingerahmt«, der in Form von archetypischen Informationen und Erinnerungen in die unbewußte Psyche »hineinphotographiert« wird. Auslegung und Deutung eines Geburtshoroskops und seiner Entwicklung rufen im Menschen die seiner Geburtsminute entsprechenden primordialen Planetenbilder mit ihren symbolischen Zuordnungen wach, wodurch wiederum Kräfte, Emotionen und Neigungen ausgelöst werden, welche die psychische Struktur und die psychologische Wirklichkeit des Individuums ausmachen und bestimmen.

Die Symbole der Astrologie sind folglich – was nicht oft genug betont werden kann – Projektionen von in der Seele verankerten Bildern und Mythen, die aus dem Unbewußten an den

Himmel projiziert werden, wobei der Mensch ihren Eigenrhythmus mit dem durch die astronomischen Gesetze kodifizierten Rhythmus der Planeten in Beziehung bringt.

An Hand dieses spezifischen Projektionsmechanismus ist es möglich, das Wirken des persönlichen wie des kollektiven Unbewußten zu erfassen. Tierkreiszeichen und Planeten nehmen als symbolische Entitäten der Psyche Gestalt an und wirken dank der astrologischen Auslegung.

Der Mensch wird weder von den Sternen bestimmt, noch haben diese die Macht, ihn zu beherrschen. Die introjizierten Gestirne, die der Mensch gefühlsmäßig assimiliert und in das Unbewußte integriert hat, wirken vielmehr entsprechend dem symbolischen Gehalt, den ihnen der Mensch zuordnet, mit großer Kraft. Ein Vergleich möge diesen Gedanken erhellen: Für einen westlichen Christen ist eine kleine Buddhastatue aus Elfenbein nur ein hübscher Schmuckgegenstand, denn es wird kein religiöser Symbolgehalt in sie projiziert und sie erweckt auch im abendländischen Denken höchstens ästhetisch-kulturelle Reaktionen. Stünde allerdings statt der Buddhafigur ein Kreuz auf dem Tisch, so würde dieses im Herzen und im Unterbewußtsein derselben Person – vorausgesetzt, es handelte sich um einen westlichen Christen – eine Reihe von emotionalen, geistigen, gedanklichen und sonstigen undefinierbaren Reaktionen hervorrufen. Das Kreuz als Gegenstand an sich besitzt keine Aussagekraft (wie die Planeten), hat jedoch als Symbolobjekt, mit dem religiöse Inhalte assoziiert werden, die im Herzen des Menschen widerhallen und den entsprechenden psychischen Prozeß auslösen, eine starke Aussagekraft. Ähnlich verhält es sich nun mit der Beziehung des Menschen zu den Sternen. Daher können wir sagen, daß das Zusammenfallen der symbolischen Eigenschaften der Sterne mit denen der Persönlichkeit, den Menschen und sein Leben in einer ganz bestimmten Weise prägt.

Wenn wir eine Geburtshimmelskarte (das sogenannte Horoskop) studieren, lesen wir eigentlich in unseren eigenen, versteckten, innersten Symbolen, mit deren Projektion wir auf das Horoskop unsere bewußten und unbewußten Inhalte deuten können und legen dadurch uns bisher unbekannte innere Strukturen frei. Vergessen wir außerdem nicht, daß das gesamte astrologische System in ständiger Bewegung ist, da es auf einer

Vielfalt von Zyklen, Rhythmen und Phasen der einzelnen Planeten beruht, die von astronomischen Gesetzen geregelt werden. Deshalb ist auch die astrologische Wirklichkeit des einzelnen Menschen von durchgreifender Dynamik, in deren Bewegung sich der Ablauf des jeweiligen Lebens widerspiegelt.

Die Astrologie ist eines der reichsten und komplexesten Symbolsysteme, die wir in ihren Wirkungen verfolgen können. Wir werden sie auf einer Ebene beleuchten, die nichts mit der üblichen Vulgärastrologie zu tun hat, die alle mehr oder weniger vom Hörensagen oder aus Zeitungen kennen, wo meist Tages- und Wochenprognosen für die einzelnen Sternbilder, lediglich auf dem Stand der Sonne im Zeichen basierend, publiziert werden.

Die Lesart und Deutung der Astrologiesymbolik an Hand von Horoskopen – wenn nach Kriterien gearbeitet wird, die wir kurz zu skizzieren versuchen und die sowohl der unverfälschten tausendjährigen Tradition wie den jüngsten hochinteressanten Ergebnissen der psychoanalytischen Forschung zugrunde liegen – entsprechen genau der Symbolik des Mikrokosmos als innerer Wirklichkeit des Menschen und struktureller Gegebenheiten des Lebens.

C. G. Jung hat gesagt: »Die Sternenmythologie ist eine Projektion der unbewußten Psychologie an den Gestirnhimmel.«

Gaston Bachelard sagte treffend: »Der Tierkreis ist ein Rorschach-Test der kindlichen Menschheit.« Wir möchten betonen, daß die Sternbilder und die uns bekannten zehn Planeten eine sichere Grundlage für Wissen und Gefühlseinheit darstellen.

Gemäß der Tiefenpsychologie wurden die Mythen der Menschheit nicht aus den Sternen abgelesen und dann auf die Erddimension übertragen (wir denken vor allem an die griechische Mythologie), sondern umgekehrt in der Seele des Menschen durch seine Gefühle und Leidenschaften, die auf den Gestirnhimmel projiziert wurden und diesen mit Gestalten, Visionen und Vorstellungen bevölkerten. Deshalb beinhalten die Mythen für die Menschen dieselbe Aussage wie die Planeten und Sternbilder: Was am Sternenhimmel wahrgenommen wird, entspricht spiegelbildlich der inneren Erfahrung des Menschen, die den geheimen Gesetzen seiner Phantasie und Psyche unterworfen ist.

II. Historischer Rückblick auf die Astrologie und die Entwicklung ihrer Symbolsprache

Bevor die Astrologie in den Mittelmeerkulturen in Erscheinung trat, spielten die Sterne bereits eine wesentliche Rolle in der Vorstellungswelt der Menschheit und ihrer gelebten Wirklichkeit. Die sozialen Strukturen hatten sich in einer gewissen Analogie zum kosmischen Geschehen gebildet, und die religiösen Riten dienten zur Aufrechterhaltung der harmonischen Beziehung zwischen Mensch und Kosmos. Die kosmische Ordnung wurde als Garantie und Modell der sozialen Ordnung empfunden, und die Einhaltung der magisch-religiösen Riten war eng an die Regelmäßigkeit der kosmischen Phänomene gebunden.

Im Sternenkult entnahm der Mensch dem Kosmos die Regeln für das kollektive Zusammenleben: In grauer Vorzeit war der Himmel mit Gottheiten, die z. B. durch die Sonne und den Mond dargestellt wurden, bevölkert. Die Menschen projizierten ihre eigenen unbewußten ethischen und religiösen archetypischen Vorstellungen in den Sternenhimmel und übertrugen die Personifikation der Gottheit, durch die sie als Spiegelbild auf die Menschen wirkte, auf die Himmelskörper.

Die Astrologie als subtiles Symbolsystem ist in verschiedenen Kulturbereichen entstanden: in Chaldäa und in Indien, im vorkolumbianischen Amerika und in China. Viele Dokumente weisen auf Chaldäa als die Wiege der Astrologie. Wie bei den Sumerern war auch bei den Chaldäern die Astrologie eng mit der Religion verbunden: Astrologen waren zugleich Astronomen, Priester, Schreiber, auch Magier, die die Analogien zwischen dem Mikrokosmos des Menschen und dem Makrokosmos der Gestirne entzifferten. Die Wahrsager-Astrologen stellten eine privilegierte Kaste dar: ihr eifersüchtig geheimgehaltenes Wissen durften nur Herrscher und Mitglieder der Aristokratie teilen. Erst nach der Eroberung Alexandriens verbreitete sich die Astrologie über Chaldäa in den Mittelmeerraum und faßte vorerst im hellenistischen und sodann in römischen Kulturbereich Fuß. In dieser Phase ihrer Verbreitung entwickelte sich

die Astrologie, die bis dahin als eine Initien unterstellte Geheimlehre galt, zu einem Allgemeingut des Volkes; ihres religiösen Nymbus beraubt, wurde sie zu einer profanen Wissenschaft und umgab sich sogleich mit einer magischen Aura. Während der hellenistischen Periode – 3. Jahrhundert v. Chr. – entwickelte sich die Astrologie aus einer sozialen Wissenschaft zu einem Mittel zur Beobachtung und Führung des einzelnen Menschenschicksals. Herrscher hatten ihre Privatastrologen, und Volksastrologen wurden immer zahlreicher. Trotz dieser Entwicklungsphase, die eine Veränderung ihrer tiefsten Beschaffenheit mit sich brachte, beeinflußte die Astrologie weiterhin verschiedene esoterische hebräische, christliche und gnostische Doktrinen. Doch wurde sie bald zur Zielscheibe hemmungsloser Kritik von seiten der Kirchenväter.

Ihr Übergehen in den griechisch-römischen Kulturkreis brachte eine theoretische Erweiterung und Begründung unter Aufnahme aller heute bekannter symbolischer Werkzeuge mit sich, denn die Chaldäer wußten nur von Sonne, Mond, Mars, Venus und den Mond-Sonnen-Eklipsen.

Die griechische Mythologie trat an Stelle der chaldäischen Gottheiten, die auf die Gestirne hinwiesen; aus dieser Epoche stammen Werke wie *Astronomicon* von Manilius (140 n. Chr.) und *Tetrabilos* des Mathematikers und Astronomen Ptolemäus (140 n. Chr.).

So begann die Periode des astrologischen Synkretismus, wobei der chaldäisch-religiöse Aspekt durch eine wissenschaftlich-magische Note des griechisch-römischen Gedankengutes ersetzt wurde. Die Astrologie, die von den Arabern im islamischen Denksystem vervollständigt wurde, kehrte mit dem Mittelalter wieder in das westliche Gedankengut zurück und wurde in dessen Kosmologien integriert.

Um das 12. Jahrhundert wurde die Astrologie endgültig im französischen und gesamteuropäischen Kulturbereich aufgenommen.

Trotz der Opposition der Kirche, die jeden von den Sternen hergeleiteten Determinismus ablehnt, verbreitete sich die Astrologie in allen sozialen Schichten, und erst mit dem Eingriff von Thomas von Aquin kam es zu einer Art Waffenstillstand zwischen der katholisch-christlichen Anschauung und der Astrologie.

Mit dem weisen Sprichwort *Astra inclinant, non necessitant* wurde die Toleranz der katholischen Kirche der Astrologie gegenüber besiegelt, während die Prinzipien des freien Willens und der göttlichen Autorität erhalten blieben.

Das ganze Mittelalter hindurch bis zum 16. Jahrhundert faßte die Astrologie im Bewußtsein des Durchschnittseuropäers tiefe Wurzeln. Ihre weite Verbreitung verdankte sie der Veröffentlichung von Almanachen, in denen Vorhersagen über die verschiedensten Gebiete, wie Landwirtschaft, Nekromantie, Astrologie oder Pseudomedizin, enthalten waren. Die Abbildungen der Planeten mit ihren Symbolzeichen, wie wir sie heute kennen, entstammen italienischen, flämischen und deutschen Schulen. An der Verbreitung des Buchdruckes waren besonders die Familien Saddeler in Venedig, Remondino und Engelbrecht in Augsburg beteiligt.[8] So wurde die Astrologie unter Bauern wie Edelleuten populär, und selbst die französischen Könige hatten ihre persönlichen Astrologen, deren Hinweise und Ratschläge sie getreu befolgten.

In der Renaissancezeit, in der der pantheistische Geist das humanistische Weltbild zu großer Erweiterung brachte, erfuhr die Astrologie eine starke Neubelebung. Im Gegensatz zum scholastischen Mittelalter bewirkte das Zurückgreifen auf die Kosmologie und die Naturphilosophie eine Belebung der Idee, daß der Mensch – als Mikrokosmos – an die Natur – als Makrokosmos – gebunden und von ihr abhängig sei; so bekam die Astrologie ein philosophisches Gepräge.

Die großen Entdeckungen der Astronomie des Spätmittelalters und der Renaissancezeit ersetzten das ptolemaische, geozentrische Weltbild durch das heliozentrische Weltsystem; gerade in dieser Zeit der Erweiterung der astronomischen Kenntnisse erlebte die Astrologie einen neuen Aufschwung. Denken wir nur an die großen Astronomen Kopernikus und Kepler, die beide auch Astrologen waren. Kepler betrieb nebenbei Analogieforschungen zwischen Planetenrhythmen und musikalischen Rhythmen.

Der empirische Charakter dieser Forschungen wurde nicht zufällig aufrechterhalten. Der wahre Antagonismus zwischen Wissenschaft und Magie, zwischen Rationalismus und Esoterik, zeichnete sich erst gegen Ende des 17. Jahrhunderts ab, als sich der Rationalismus mit dem katholischen Schematismus verbün-

dete, um die Astrologie aus dem wissenschaftlichen und religiösen Gedankengut zu verbannen.

Im 17. Jahrhundert wurde die Astrologie stark unterdrückt: Astronomen durften nicht mehr Astrologie betreiben; es kam sogar zu Hexenprozessen.

Lena Petrossian schreibt: »Das Edikt von 1676, das besagt, daß Geistesgestörte von der übrigen Bevölkerung abgesondert werden müssen, ist ein Zeichen für den Kampf der Ratio gegen alle Normabweichungen: die zu andern Epochen heilig gehaltene und respektierte Geisteskrankheit ist nicht mehr eine Brücke zum Unbekannten, sondern wird als Unfähigkeit, Sinnvolles zu vermitteln, gestempelt. Daher wird auch die Magie bekämpft und vom Rationalismus als gesellschaftsschädigend erklärt.«[9]

Es kann mit Sicherheit angenommen werden, daß die Astrologie damals als okkulte Wissenschaft galt. In der Aufklärungszeit führten Mitglieder geheimer Gesellschaften, wie Freimaurer, Rosenkreuzer und andere Gruppen, die Tradition der wissenschaftlichen und esoterischen Astrologie weiter. Zur Zeit der Romantik verschmolzen alle Geheimwissenschaften zu einer besonderen Weltanschauung, der ein poetisch-idealistisches Weltbild mit einem zur Tragik tendierenden Lebensgefühl zugrunde lag.

Während sich die ersten Anzeichen des wissenschaftlichen Rationalismus bemerkbar machten, erlebte die Astrologie eine triumphale Wiedergeburt, die bis heute anhält. Um 1880 führte der Eklektiker Papus, alias Gérard d'Encausse, eine Systematisierung aller Geheimlehren ein, dabei kam es erstmals zu Querverbindungen der Astrologie zu Kabbala, Theosophie, Hypnotismus und Spiritismus.

Diese synkretische Einheit sollte sich für das ganze 20. Jahrhundert als sehr nutzvoll erweisen. Zugleich postulierte der Gelehrte Choisnard (1867–1930) eine wissenschaftliche Astrologie, frei von okkultem Flimmer, die durch statistische Forschungen und Wahrscheinlichkeitsrechnungen gekennzeichnet war.

Heute erlebt die Astrologie nicht nur aufgrund der Massenmedien, sondern auch vielfach durch Stiftungen, Forschungsinstitute und Akademien eine große, geradezu unerklärliche Entfaltung und Verbreitung. Berühmte Astrologen in aller Welt

forschen auch in anderen Wissensgebieten, wie unter anderem in der Psychoanalyse und der semantischen Kybernetik, und nehmen Computer zu Hilfe, um die astrologischen Kenntnisse auf dem Gebiet der menschlichen Psyche zu vertiefen.

Die Symbolsprache der Astrologie blieb, von den Zeiten der chaldäischen Hirten, die mit Staunen die Phänomene des gestirnten Himmels beobachteten, bis zur heutigen Stilisierung und Kodifizierung der psychoanalytischen Mythologeme in ihrer Ausdrucks- und Beschwörungskraft unverändert.

III. Die Tierkreissymbole und ihre entsprechenden Zeichen und Mythen. Psychologische Vergleiche.

Der primäre Forschungsbereich der Astrologie ist der Tierkreis, ein großer symbolischer Kreis, dessen Zentrum eine ewige, ideale Quelle lebensspendender Energien darstellt, die sich in einem unbegrenzten Zyklus erneuern.

Der Tierkreis besteht aus zwölf Sternbildern, die den zwölf Gestirnkonstellationen Widder, Stier, Zwilling, Krebs, Löwe, Jungfrau, Waage, Skorpion, Schütze, Steinbock, Wassermann, Fische entsprechen.

Das große Rad des Tierkreises, wie es allgemein dargestellt wird (mit den Zeichen oder stilisierten Symbolen der Astronomie), ist schon ein Symbol an sich, doch zugleich bildet es ein Ganzes von einzelnen Symbolen – die zwölf Sternbilder –, die je nach ihren Wechselbeziehungen verschiedene Bedeutungen haben.

In der Astronomie wird der Tierkreis als ein Gestirnstreifen betrachtet, der die Sonnenlaufbahn und den Himmelsäquator enthält; zugleich sind in ihm die Konstellationen und Planetenlaufbahnen, die ihn ständig durchziehen, aufgeteilt.

Eine komplexe geometrische und arithmetische Harmonie beherrscht die Struktur des astrologischen Tierkreises, der esoterische, magische, religiöse und karmische Bedeutungen zum Ausdruck bringt.

Eine gründliche Untersuchung jener Struktur würde weit über die Grenzen dieses Kapitels hinausreichen, wir wollen hier nur ihre Grundzüge andeuten.

Die zwölf Sternbilder werden nach folgenden Gesichtspunkten aufgeteilt:

a) *Binär*gruppe: positive und negative, Tag- und Nachtzeichen;
b) *Ternär*gruppe: jeweils drei Zeichen werden unter einem Element zusammengefaßt: Feuer (Widder, Schütze, Löwe), Erde (Stier, Jungfrau, Steinbock), Luft (Zwillinge, Waage, Wassermann), Wasser (Krebs, Skorpion, Fische);
c) *Quaternär*gruppe: jeweils vier Zeichen entsprechen einer be-

stimmten Lebensenergie: Kardinalzeichen (Widder, Krebs, Waage, Steinbock), Fixzeichen (Stier, Löwe, Skorpion, Wassermann), Bewegliche Zeichen (Zwilling, Jungfrau, Schütze, Fische).

Die Harmonie dieser Aufgliederung beruht auf den Zahlen 1 – 2 – 3 – 4, aus denen sich die multiplizierten Zahlen 6 und 12 ergeben; es gibt noch komplexere Zahlenkombinationen, Ausdruck einer esoterisch-onomantischen Sprache, die zur Zeit der Hochblüte der arabischen Kultur gepflegt wurde und die heute aus dem westlichen Gedankengut weitgehend verlorenging. Diese Zahlensymbolik findet im Tierkreis ausschließlich im Bereich der menschlichen Psychologie eine Anwendung.

M. Sénard, die den Tierkreis nach seinen ontologischen Aspekten gründlich erforscht hat, schreibt: »Der Tierkreis ist ein universell verbreitetes Symbol, dessen kreisförmige Darstellung mit den 12 Unterteilungen und den 7 Planeten in allen Ländern und zu allen Zeiten wiederzufinden ist. Babylonien, Ägypten, Palästina, Persien, Indien, Tibet, China, Nord- und Südamerika, Skandinavien, arabische und viele andere Länder haben den Tierkreis gekannt. Überall kann man ihn an Stellen und in Tempeln, die Einweihungsorte waren, wiederfinden. Dies scheint darauf hinzudeuten, daß unter den Himmelskörpern, die der Mensch beobachtete, besondere Aufmerksamkeit den zwölf Konstellationen geschenkt wurde, die den zwölf Zeichen des Tierkreises entsprechen.«[10]

Aus der griechischen Ethymologie entnehmen wir die Bedeutung des Zodiakus: *Straße des Lebens.*

Das Rotationsprinzip des Tierkreises, Ausdruck der ewigen Energiebewegung und der Kreisförmigkeit des physischen und psychischen Lebenszyklus, kann auch durch *Uroboros,* der sich in den Schwanz beißenden Schlange, chthonisches Symbol von energieerzeugenden Gegensatzprinzipien, dargestellt werden. Der große kosmische Tierkreis ist eine symbolische, unerschöpfliche Quelle primordialer Lebenskraft. Die zwölf Gestirnkonstellationen umfassen in ihrer Symbolik alle Daseinsformen. Das Evolutionsprinzip des zyklischen, ewigen Werdens des Menschen (Mikrokosmos) und der gesamten Natur (Makrokosmos) findet im Tierkreis seinen symbolischen Ausdruck.

Alexander Volguine hat nach Studien von Ernst Krafft folgende Unterscheidung der zwölf Sternbilder getroffen:

Widder: Als erstes Zeichen des Tierkreises fällt er mit dem Frühlingsanfang zusammen und ist Ausdruck primordialer Triebenergie.

Stier: Das zweite Zeichen entspricht dem Hervorbringen und Verteilen der Lebenskräfte.

Zwillinge: Das dritte Zeichen entspricht der Polarität aller Kräfte auf ihren verschiedenen Manifestationsebenen.

Krebs: Das vierte Zeichen bringt Passivität und Empfänglichkeit zum Ausdruck und widerspiegelt das Prinzip der Geburt.

Löwe: Das fünfte Zeichen entspricht der Lebensorganisation als globale Manifestation der Energie.

Jungfrau: Das sechste Zeichen bedeutet die Differenzierung der eingesetzten Kräfte nach einer phänomenologischen Gesetzmäßigkeit.

Waage: Das siebente Zeichen bringt die harmonische Erweiterung der Kräfte im Versuch, entgegengesetzte Tendenzen zu vereinen, zum Ausdruck.

Skorpion: Das achte Zeichen symbolisiert die Erschöpfung der Triebenergien, die Auflösung der Ordnung.

Schütze: Das neunte Zeichen entspricht der qualitativen Dualität der Kräfte und ihrer Verwirklichungsebenen.

Steinbock: Das zehnte Zeichen ist Ausdruck der Transzendierung der vitalen Lebensenergien.

Wassermann: Das elfte Zeichen bedeutet den Übergang der Vitalkräfte in die kosmogonische und metaphysische Dimension.

Fische: Das zwölfte Zeichen entspricht der Auflösung aller Energien in der Dimension ohne Anfang und Ende, beinhaltet aber auch die Idee der Neubefruchtung.

Dieser suggestiven Interpretation könnten wir noch andere, inhaltsreichere Aussagen hinzufügen, die alle dem menschlichen Geist und seiner reichen unbewußten Phantasie entsprungen sind. Doch beschränken wir uns hier, den Tierkreis nochmals als ein individuelles und kollektives, irdisches und kosmisches Lebensrad zu betrachten, in welchem Symbolik und Archetypen das tägliche Leben des Menschen und sein Werden durch die Zeitalter strukturieren.

Die einfachste und der allgemeinen Beobachtung entsprechendste Art und Weise, die Tierkreissymbolik zu deuten, steht

in Analogie zum Kalender. Tag und Nacht entsprechen die positiven und negativen, die Tag- und Nachtzeichen. Der Monatsrhythmus wird mit den 30 Grad eines jeden Zeichens, der Jahresrhythmus hingegen mit den zwölf Zeichen ausgedrückt, und die 360 Grad des Tierkreises entsprechen einem Sonnenjahr.

Zeit und Raum, die menschliche Lebensdimension (ein jeder von uns wird unter »seinem« Sternbild geboren), die Welt der Sterne, ja das ganze Universum finden wir, Augenblick für Augenblick, im Tierkreis widergespiegelt.

So wollen wir nun unseren Weg durch die Gestirnkonstellationen mit dem Vorhaben beginnen, ihre Symbolik an Hand der Tierkreiszeichen zu deuten und ihre Entsprechungen in Astrologie und Psychologie zu erforschen.

Der Widder

♈

Am 21. März, dem Frühlingsanfang, tritt die Sonne in die Konstellation des Widders, das erste Sternbild des Tierkreises. Das Wiedererwachen der Natur, frisches, berstendes, neuerstehendes Leben kennzeichnen diese Jahresperiode.

Das Ideogramm des Widders entspricht einem Hörnerpaar des Tieres. Manche Astrologen wollen darin die Stilisierung der männlichen Genitalien, Penis und Testikeln, erkennen, andere wiederum die einer Kornähre mit Blättern. Alle diese Zuordnungen lassen auf eine besondere Lebens- und Zeugungskraft dieses Tieres schließen. Auch in der Genesis entspricht der Widder allem Lebensursprung. Die Widderphase des Tierkreisrevolutionszyklus enthält noch undifferenziertes, formloses, ja chaotisches Leben.

In der menschlichen Anatomie entspricht der Kopf dem Widderzeichen. Dies weist darauf hin, daß der Widder am Lebensanfang steht und zugleich alle folgenden Lebensfunktionen und Phasen beherrscht, denn vom Kopf aus werden alle anderen Körperteile und Organe gesteuert und geregelt.

Das feurige Temperament ist eines der charakteristischsten Wesenszüge des Widderzeichens. In den Veden wird er *agni* (Feuer)[11] genannt, im Sanskrit hat er den Namen *uranah* (Urfeuer oder feuriges Magma). Schöpferische und destruktive, rebellische, chaotische und verschwenderische Kräfte wirken durch ihn; er hat sublime Ideen und ist großzügig im Denken und Handeln. »Diese glühende Kraft«, schreibt André Barbault, »entspricht der Explosion seiner Urvitalität, seinem primären Lebensimpuls, gewaltig und rein, seiner blitzartigen und zugleich fortdauernden Kräfteentladung... Dem Widder werden die Farben Rot und Gold sowie die Planeten Mars und Sonne zugeordnet.«[12]

Der Ursprung des Widderzeichens ist nicht eindeutig festzustellen; sicher geht er noch auf ein Vorzivilisationsstadium jener Völker zurück, die ausschließlich von Viehzucht lebten.

Möglicherweise wurde man der überwältigenden Urkraft des Widders in den Herden gewahr und schätzte seine männliche Zeugungskraft. Es mag sein, daß dabei die Assoziation von Widder und Gestirnkonstellation entstanden ist. – Es soll nur nebenbei erwähnt werden, daß die Balken, mit denen man die Burgtore im Mittelalter niederstieß, »Widderköpfe« genannt wurden. Auch hier besteht die Assoziation zur reißenden Durchschlagskraft des Widders.

Treffend erscheint uns die Beschreibung Will Peukerts über den Ursprung des Widders als astrologisches Symbol, die wir hier teilweise wiedergeben möchten: »Das Sternbild Widder ist das erste und maßgebliche Frühlingszeichen... Frühling, Lamm, Schafe und erste Weise gehören seit alter Zeit zusammen. Die Juden begingen ihr Frühlingsfest mit dem Verspeisen eines Lammes (Passah). Alte vorderasiatische Hirtenvölker, etwa die Sumerer im Zweistromgebiet, bezeichneten den Frühlingsmonat als ein Lämmermonat, als den der ersten Weise, und geben darum dem Sternbild des Frühlings den Namen Widder oder Lamm... Und um die Frage nach dem soziologischen Hintergrund zu berühren: der Widder ist eine Interessendominanz der Kleinvieh-Hirtenvölker, der nordsemitischen etwa...«[13]

Die griechische Mythologie bietet mit der Geschichte vom Goldenen Vlies und dem Unternehmen der Argonauten jene reiche Symbolik, die den Archetypus des Widders am zutreffendsten beschreibt und erklärt.

Es wird berichtet, daß Phrixos, Sohn des Königs Athamas von Böotien, von seiner bösen Stiefmutter verfolgt wird und sich deshalb an seine olympische Mutter, die Göttin Nephele wendet, um von ihr Hilfe zu erbitten. Gerührt über sein Flehen und Bitten schickt sie ihrem jungen Sohn einen Widder mit einem Goldenen Vlies. Phrixos, mit seiner Schwester Helle zur Seite, schwingt sich auf den Rücken des Tieres, das sich sogleich in die Luft erhebt und mit dem Geschwisterpaar weit über Land und Meer fliegt. Doch ein Unglück ereilt die beiden jungen Menschen: Helle ist während der langen Reise eingeschlafen, hat das Gleichgewicht verloren und ist ins Meer gestürzt. Phrixos, der vergeblich seine Schwester zu retten versucht, muß die Reise allein fortsetzen und erreicht ein unbekanntes Land, wo er den Widder mit dem Goldenen Vlies Zeus zum Danke opfert. Es sollten ihm noch große Prüfungen in diesem Lande bevorstehen.

In der Gestalt des Phrixos erkennen wir den Archetypus des Sohnes, der in einer positiven Mutterimago Zuflucht sucht, um sich von der negativen Mutter zu befreien; doch ist sein Drang nach Unabhängigkeit und Autonomie so stark, daß er potenzierte Triebkräfte entwickelt (der fliegende Widder), die es ihm ermöglichen, sich auch vom positiven Mutterbild zu lösen (Flug durch die Luft). Seine Schwester Helle symbolisiert die Anima, die im Trennungsprozeß vor der verschlingenden, negativen Mutter gerettet werden soll; mit ihr geht zugleich auch alle Gewißheit verloren, durch unbekannte, unsichtbare Kräfte geführt zu werden. Helle ist die Unbeständigkeit der Seele, die sich auf ihrer Lebenswanderung ihrem Schicksal nicht mehr fügen will und daher verlorengeht. Phrixos rettet sich, verliert aber seine Anima, seine weibliche Komponente; dieser Verlust bewirkt die Inflation seines männlichen Ich. Die Angst, die ihn zur Flucht treibt, mag die Entfesselung der Triebe darstellen, durch welche das Ich und das Unbewußte in ihrer Funktion und Wirkung beeinträchtigt werden. Leidenschaft, Anmaßung und Illusion müssen überwunden werden. Phrixos' Todessturz vom Felsen Eea beweist, daß er Trugbildern der Phantasie zum Opfer gefallen war; sein Flug auf dem Widder ist ein Akt der Panik, der Flucht und Verteidigung, ohne ein sicheres Ziel zu kennen, und entspricht einer spontanen Triebmanifestation, die ein reiner Selbstzweck bleibt.

Die naheliegendste Aussage dieser mythischen Allegorie, auf die Natur übertragen, ist die, daß im Lebenserwachen des Frühlings schon der Keim des Wintertodes enthalten ist.

Der Mythos vom Goldenen Vlies ist für unsere Betrachtung insofern interessant, als er im Thema des Abenteuers und der Flucht die darin fixierte Libido eindeutig zum Ausdruck bringt. Phrixos entspricht der psychischen Energie, die jede Hemmung überwindet, der erotischen Triebkraft schlechthin, mit der sich der Held von der Gefahr der negativen Mutter befreit, die aber zugleich *Panik* in ihm hervorruft. Angst und Panik manifestieren sich im Widdertyp gerade dort, wo Mut und Kühnheit am stärksten eingesetzt werden. Phrixos und Jason leben die *Panik* (wir verwenden den Begriff hier, wie ihn Hillman in seinem *Saggio su Pan* definiert) und überwinden sie mit ihrem heroischen Ich. Dennoch fallen beide Helden der Angst, die ihre Heldentat hervorruft, zum Opfer. So sehen wir, daß das Heldentum mit Angst einhergeht, und diese bringt nun auch den Tod: Phrixos verliert seine Schwe-

ster; Jason muß durch den Verlust seiner Kinder die furchtbare Rache Medeas über sich ergehen lassen.

Andererseits können wir aus der Phrixosgeschichte den psychologischen Preis herauslesen, den die Persönlichkeitsverwandlung und die Freiheitserlangung fordern. Phrixos, dessen Heldentat die Vorgeschichte zum Argonautenmythos bildet, stellt den Menschen auf der Suche nach sich selbst dar; damit beginnt in der seelischen Entwicklung der Loslösungsprozeß vom elterlichen Karma.

Setzen wir nun die Phrixosgeschichte fort: das Unternehmen der Argonauten und die Geschichte von Jason und Medea stehen mit der obenerwähnten psychologischen Problematik in engem Zusammenhang. So berichten die beiden Dichter Pindar und Apollonius, daß Pelias, König von Iolkos und Sohn des Poseidon, der sich vom Schatten des in Kolchis verstorbenen Phrixos bedrängt fühlt, mit Jason einen Vertrag abschließt, wonach er Jason den von seinem Bruder usurpierten Thron zurückzugeben verspricht, sollte dieser das Goldene Vlies aus Kolchis wieder in die Heimat bringen. Das delphische Orakel verkündete, daß Iolkos, auch Jasons Heimat, so lange unfruchtbar bliebe, bis der Schatten des Phrixos gemeinsam mit dem Goldenen Vlies zurückgebracht würde. Jason sucht die besten und mutigsten Männer seines Landes und rüstet das »Argo«-Schiff, das er gemeinsam mit seinen Helden besteigt und in Richtung Kolchis steuert. Nach vielen Abenteuern erreicht die *Argo* die Mündung des Fasiflusses auf Kolchis. Jason berät sich mit den Argonauten, unter denen sich auch Phrixos' Söhne befinden, und begibt sich zu König Eete in der Stadt Eea, in der auch Medea, Tochter und Zauberpriesterin der Hekate, lebt. Jason verlangt von Eete das Goldene Vlies; dieser stellt ihm jedoch zuerst schwierige Mutproben als Bedingung zur Freigabe des mythischen Schatzes. Jason, der sich diesen Prüfungen nicht gewachsen fühlt, wird von Medea unterstützt, die sich leidenschaftlich in den griechischen Helden verliebt. Sie verspricht ihm ihre magische Hilfe mittels ihrer Zauberkraft, doch muß Jason ihr zuerst ewige Liebe schwören und ihr versprechen, sie nach erfolgreichem Unternehmen mit nach Griechenland zu nehmen. Jason besteht alle Mutproben, doch ist der König darüber so erzürnt, daß er sein Versprechen bricht. Statt des Goldenen Vlieses schickt er seine bewaffneten Männer gegen die Argonauten. Wieder schützt Medea Jason mit ihren Zauberkräften,

und dieser nimmt ihre Hilfe an, ohne wahrzunehmen, daß er sich der Magie Medeas ausliefert und dadurch seine eigene Persönlichkeit und Tatkraft schwächt. Sollten scheinbar nur alle Mittel zum Zwecke dienen? Medea führt die Argonauten an den heiligen Ort des Ares, wo sich das von einem feuerspeienden Drachen bewachte Goldene Vlies befindet. Medea bezwingt den Drachen mit einem ihrer Zaubersprüche, Jason ergreift das Vlies und kann gerade noch den Verfolgungen der Arespriester entkommen. Siegreich führt er die *Argo* mit dem Goldenen Vlies nach Iolkos zurück.

Diese große, höchst dramatische Geschichte geht mit dem Bruch der Beziehung zwischen Jason und Medea zu Ende: Medea rächt sich an Jason, indem sie seine Geliebte und seine Kinder tötet.

Eroberungsdrang, Wagemut und Abenteuerlust sind die Hauptmotive des Argonautenmythos, die in der Gestalt des griechischen Helden Jason ihre vollendete Inkarnation finden. Somit stellt Jason die charakteristischen Widdereigenschaften dar. Das Unternehmen der Argonauten bedeutet den Bruch mit der herkömmlichen Ordnung und die Überwindung und Loslösung von Verhaltensnormen. Eine psychologische Betrachtung des Mythos würde den Mut und Unternehmungsgeist Jasons hervorheben, doch geht unserer Meinung nach die Analyse der inneren Dynamik dieses Mythos viel weiter und muß vor allem die tiefenpsychologische Beziehung zwischen Jason und Medea ins Auge fassen, um zu einem besseren Verständnis des Widdercharakters zu kommen.

Wie wir schon in der Phrixosgeschichte gesehen haben, kommt es auch bei Jason zu einer Trennung zwischen seinem heldischen Ich und seiner Anima. Die erhöhte Triebkraft schwächt die Ichkraft. Tatsächlich gelingt das Unternehmen Jason nicht aufgrund seines bewußten Einsatzes und seiner persönlichen Fähigkeiten, sondern durch Medeas hilfreiche Zauberkraft. Dabei identifiziert sich sein eigener Schatten mit seiner weiblichen Komponente: Machtsucht und Selbstbehauptungsdrang seiner männlichen Seelenkomponente werden zu amazonenhaften Wesenszügen seiner *Anima* (Medea). Medea hingegen projiziert ihren *Animus* auf Jason, der von diesem projizierten Seelenbild so stark beherrscht wird, daß wir sagen können, Medea ist die Ursache der *Seelenblindheit* ihres geliebten Helden. Beide Protagonisten liefern sich einer gegenseitigen unkontrollierbaren Beeinflussung aus. Jason

als Widderarchetyp sucht sein männliches Ich in selbstbestätigenden Heldentaten kundzutun; Medea hingegen ist Ausdruck einer seelischen Doppelidentifikation – identisch sowohl mit ihrem weiblichen Ich wie mit ihrem auf Jason projizierten Animus –, um den amazonenhaften Seelenaspekt zu unterstreichen. Erst als Jason und Medea schon gemeinsame Jahre in Griechenland verbracht haben, macht eine klärende Krise ihrer ambivalenten Beziehung ein jähes Ende: das Unbewußte rebelliert (Medeas Rache), während sich das Bewußtsein verliert (Jasons Verrat). Die *Unio* zerfällt in einen Teufelskreis von Opfer, Holokaust und Tod. Gerade in dieser Thematik liegt der leidenschaftliche und gequälte Aspekt des Widders!

Das Nichtzustandekommen der psychologischen Integration der Pole Jason–Medea und Phrixos–Helle (die Anima geht dabei verloren) läßt klar erkennen, daß die Verbrennung der psychischen Energien sowie die Tendenz der Auflösung der Persönlichkeit den Drang zu Bewegung und Erweiterung bestimmen.

Es muß hervorgehoben werden, daß es bei dem Widder immer um die unmittelbare Lebenserfahrung geht. Unserer Meinung nach ist der archetypische seelische Grundfaktor des Phrixos-Jason-Mythologems auf eine spontane Triebmanifestation zurückzuführen. Beide Helden bezahlen den Preis für ihren unwiderstehlichen Drang zur Selbstbestätigung mit dem »Sich-dem-Zufall-Ausliefern!«. Doch fordert der Sieg über die Hindernisse den Freiheitsentzug, der wiederum Angst im Helden auslöst. Im Verbrauch der Vitalkräfte manifestiert sich der charakteristische Triebzwang des Widders. So gesteht Jason Medea, daß er ihr nur deshalb ewige Liebe geschworen habe, weil er sich in einer außergewöhnlichen Zwangslage befand. Die Befriedigung starker innerer Bedürfnisse sowie die großen, aus psychischem Drang freigewordenen Emotionen haben ihren Preis: das Opfer.

Alle Mittel sind dem Widder recht, um sich selber bestätigen zu können. Seine Impulsivität verbietet ihm jede Überlegung, die zu einer Selbstverwandlung beitragen könnte: Er gibt sich voll und ganz dem Archetypus seines Wesens hin, lebt die explosive Triebkraft und Leidenschaftlichkeit seines Charakters. Phrixos auf seinem geflügelten Widder und Jason in seiner *Argo* scheinen zwei Irrfahrer der Seele, die unbekannten Zielen entgegensteuern. Diese psychologische Grundsituation entspricht dem »Seelenbilden«, von dem Hillman spricht. Medeas Psychopathologie sowie

ihr Zauber, dem Jason verfällt, geben Anregung genug, über die Abenteuerlust und die Leidenschaft der Widdernatur tiefer nachzudenken.

Ttai – der Friede – ist das Hexagramm aus dem chinesischen Buch der Wandlung *I Ging,* das nach dem französischen Astrologen Hadès dem Widderzeichen entspricht; es setzt sich aus den Elementen Erde (Mutter) und Himmel (Vater) zusammen und symbolisiert die Vereinigung der Schöpferkräfte, der eine Periode friedlichen Gedeihens folgt. Auch im Winter vereinen sich die zum Leben erwachenden Kräfte.

Die Primärenergie, die durch das Chaos zu Ordnung findet (»Am Anfang war das Chaos. Gott schuf Himmel und Erde.« *Genesis,* L. L.) ist ebenfalls ein Symbol für den Widder.

Wie wir schon vorhin betont haben, gehört auch der Opfergedanke zu den wesentlichen Symbolen des Widderzeichens. Dies mag paradox anmuten, zumal der Widder das erste Tierkreiszeichen ist, Ausgangspunkt alles Seienden, Totalmanifestation der reinen Urkraft. Wir wollen diesen Gedanken näher erklären:

Energie ist immer Ursache von Bewegung: wird sie eingesetzt, ruft sie eine Veränderung im Aktionsfeld hervor, erzeugt mit einem Wort eine dynamische Situation, die es zuvor nicht gab. Energie manifestiert sich in einem ständigen Sich-Erzeugen und Sich-Verbrauchen. Je stärker sie ist, um so höher ist auch ihr Verbrauch. Deshalb ist die *Manifestation an sich* Ausdruck geopferter Energie. Der Widder ist das Opfer, das aus diesem Kräfteeinsatz hervorgeht. – Die Baumblüte im Frühling ist ein wunderschöner Anblick, doch fordert das Wachstum der Blätter und Früchte das Opfer der Blüten.

In diesem Sinne soll auch das Opfer des geflügelten Widders des Phrixosmythos verstanden werden.

Der bekannte französische Astrologe Jean Pierre Nicola schreibt: »Das Opfer ist nur ein Aspekt des Sich-Verbrauchens; der Widder verbraucht seinen Energiebestand in einer Reihe von Erfahrungen, in denen die Tendenz des Sich-Ermüdens, des Sich-mit-Wonne-Verbrauchens vorwiegt; bis zur Erschöpfung erfahren und erleben, bis zu den Grenzen der Liebe lieben; bis zum Ekel genießen! Der Verneinungs- und Vernichtungsdrang ist in allen Lebenssituationen gegeben. So haben die Exegeten selbst die Christuspassion unter das Zeichen des Widders gestellt.«[14]

Im Alten Testament finden wir die angemessenste symbolische

Darstellung des Widders als Energie, Initiative und Opfer. Man lese in *Exodus* die Kapitel 1–12, in denen vom Auszug der Juden aus Ägypten die Rede ist.

Jehovah, aktives Schöpfungsprinzip, fordert von seinem Volke den höchsten Glaubenseinsatz, der im später institutionalisierten Opfer des jüdischen Osterfestes kulminiert. Abib heißt der Monat der reifen Ähren; nach dem Exil in Babylonien wurde dieser Monat auch Nisan genannt. Er entspricht genau unserem Monat März–April, der Jahresperiode des Widders.

»Darauf sprach Jahwe zu Mose und Aaron in Ägypten: dieser Monat soll euch der Anfangsmonat sein; er sei euch der erste Monat des Jahres... Am Zehnten dieses Monats verschaffe sich jeder ein Lamm für seine Familie, ein Lamm für jedes Haus. Ein fehlerloses, männliches Lamm soll es für euch sein; aus den Schafen oder den Ziegen sollt ihr es nehmen... Von dem Blute sollen sie nehmen und an den Türpfosten und an die Oberschwelle der Häuser streichen, in denen sie es verzehren... Ihr sollt es in Eile essen: ein Pascha ist es für Jahwe.« (*Exodus*, 12.)[15]

Der Mythos vom Goldenen Vlies wiederholt sich, wenn auch in einem anderen Zusammenhang, im biblischen Exodus. Das jüdische Lammopfer entspricht, zumindest der äußeren Form nach, dem christlichen Ostern (Agnus Dei), das auch unter das Zeichen des Widders fällt. Christus wird beim letzten Abendmahl, unter Einführung der Eucharistie, als Opferlamm Gottes und Erlöser der Menschheit »verzehrt«. Das Wort ist Fleisch geworden –, Opfer bringt neues Leben.

Das Opfer, wie Freud meint, manchmal vom Selbstideal erzwungen, ist ein Weg zur Erfahrung der unmittelbaren, transzendenten Wirklichkeit. Der Widder kann nur den Weg des Opfers gehen, um zu einer harmonischeren Persönlichkeitsintegration und Bewußtseinserweiterung zu finden; er muß die polaren Urgegensätzlichkeiten aufheben, muß jedem leichten oder oberflächlichen Weg der Verwirklichung entsagen.

Widmen wir uns nun kurz den psychologischen Grundzügen des Widdercharakters, wie sie die Astrologie an Hand der Sprache der Mythen versteht.

Alle Astrologen sind sich einig, im Widdercharakter eine vorherrschende Primärreaktivität festzustellen. Rasche, impulsive und kurze Antworten rufen im Widder Stimulationen und Reize von außen hervor. Jede Erfahrung wird intensiv, mit feurigem

Einsatz gelebt. Der Widder handelt emotionell, ist energisch, meist hyperaktiv (sowohl auf psychischer wie auf konkret manifestierender Ebene) und kann nur schwer seine starken Emotionen verbergen. Kurz gesagt, er ist ein feuriger Choleriker.

Ferner zeichnet er sich durch intuitive Intelligenz, raschen Erfindungsgeist, brillante Einfälle und Gedankenassoziationen sowie einen Sinn für Synthese aus. Der Widder ist betont dynamisch und sucht immer nach intensiven Gefühlserfahrungen, egal, ob sie mit Freud oder Leid verbunden sind. Seine hohe Emotionalität kann für sein Verhalten einen großen Störfaktor darstellen, besonders wenn Primärinstinkte dominierend sind. Barbault charakterisiert den Widder folgendermaßen: »... deshalb kann der Widder Wunsch und Verlangen nicht widerstehen, gibt nach und erliegt. Die simultane Anhäufung von entgegengesetzten, egal ob oberflächlichen oder intensiven Gefühlen, kann die innere Spannung bis zum Paroxysmus steigern. Alle Gefühlserfahrungen werden in Überbewertung gelebt: Inbrunst, verzückte Leidenschaft, Verzweiflung, Angst, Panik. Die Gefühle haben immer Schockwirkung. Gerade in diesen exzentrischen Zuständen der Panik, heftiger Angst, brennenden Schmerzes, denen gewöhnlich eine gesunde Nervenkrise folgt, begeht der Widder, sich übereilend, das Nicht-Wiedergutzumachende, jenen Schritt, der ihn verdammt...«[16]

Nach C. G. Jungs psychologischen Typen entspricht der Widder dem extrovertierten Typ. Er realisiert sich im Handeln. Doch oft ist dieses Handeln ein Reflex, bevor noch das Ziel, auf das es hinsteuern soll, festliegt.

Der Widder kennt praktisch keine Hemmungen. Nach der Kretschmerschen Typologie ist er der Konstitution nach dem athletischen Typ zuzuordnen; sein Temperament ist schizotym-cholerisch.

In der Psychoanalyse symbolisiert der Widder das Ich, die bewußte Persönlichkeit. Daher führt dieses Zeichen durch seine Ichfunktionen zur Bewußtwerdung der nächsten Umwelt.

Der Stier

♉

Der Stier ist das zweite Sternzeichen, dem ein Tiersymbol zugrunde liegt; mit Jungfrau und Steinbock gehört er zur Gruppe der Erdzeichen. Die Lebenskraft, die sich im Widder noch spontan und ungeordnet manifestiert, findet im Stier ihre natürliche, harmonische Entfaltung: die warme Maisonne läßt Ähren und Knospen sprießen, bricht Vogeleier und entpuppt Larven.

So verstehen wir, daß eher der Kuh, dem weiblichen, gebärenden Tier, und nicht dem Stier, dem männlichen, zeugenden Tier, das entsprechende Symbol für dieses große, sprießende Naturfest zugeordnet wurde. Mit der Symbolik des weiblichen Rindes findet die sanfte, formgebende Rezeptivität und das mütterliche, beschützende Element, das diesem Zeichen zugrunde liegt, seine beste Entsprechung. Die Mutter Erde, der samenempfangende und fruchtbare Schoß, der Sprießen und Gedeihen aller Lebensformen vorbereitet sowie das lebensfördernde Wirken im eigenen Habitat, sind Grundsymbole des Stierzeichens. Seit grauer Vorzeit hat sich im Bewußtsein des Menschen der Zusammenhang von Rind und Scholle für das Überleben verankert. Der Mensch stand zu diesen Lebenerhaltungsquellen in einer sakralen Beziehung und betrachtete sie als wohl zu hütendes Geschenk des Himmels. War der Boden unfruchtbar oder mangelte es an Vieh, so wußte der Mensch der Antike, daß er Hungersnot und Tod ausgeliefert war. In der *Genesis* wird berichtet, daß die Tierwelt gleich nach der Trennung von Licht und Finsternis und der Teilung von Erde und Wasser erschaffen wurde. Gott unterstellte das Tierreich dem Menschen, damit er darüber verfügen könne. Seit je assoziierte der Mensch mit der Erde und dem Rind das weibliche, bergende, gebende Prinzip und erkannte darin zugleich eine Emanation des Göttlichen.

Das Ideogramm des Stierzeichens erinnert an die Stilisierung eines Rinderkopfes. Der Ursprung dieses Zeichensymbols liegt sicherlich weit zurück, denn es ist leicht zu deuten. Im Sanskrit entspricht die Wortwurzel *ge* den Begriffen Erde und Stier. *Gea* und

genos im Griechischen bedeuten Erde, Geburt, Ursprung, Nahrung. Mag sein, daß die Assoziation von Erde und Rind als mütterlich-weibliches Nahrungssymbol in diesem Zusammenhang entstanden war. An Hand von Zeichnungen und Ikonographien der Antike ist das Geschlecht des dargestellten Rindes nicht leicht zu unterscheiden. In den Mythologien tritt es alsbald als heiliges Lebens- und Ernährungssymbol auf und steht mal mit männlichen, mal mit weiblichen Gottheiten in Verbindung. – Das Weideland entspricht in der esoterischen Tradition der Verbindung von irdischem Mutterprinzip und himmlischem Vaterprinzip und ist Lebens- und Kraftquelle. Im Mithraskult wird das Stieropfer gefordert, damit das Blut neues Leben erzeugt. Die archetypische Beziehung zwischen Sohn und Mutter, die sich im Kult der Muttergottheit widerspiegelt, war wahrscheinlich das auslösende Moment für die Beziehung Mensch–Rind.

Robertson will auch in der Mithrasvariante, von der wir später in Zusammenhang mit der mythologischen Stiersymbolik ausführlicher berichten werden, eine mögliche Liebesbeziehung zwischen Mutter und Sohn erkennen. Es soll daran erinnert werden, daß Hades, Zeus und Poseidon mit der vedischen Göttertriade Mithra, Varuna und Indra in Verbindung stehen; wir wollen sie bei der Entwicklungsgeschichte der mythologischen Stiersymbolik nicht außer acht lassen.

Die mythologische Bedeutung des Stieres ist zweifellos sehr weitreichend. In allen Mittelmeerraum-Kulturen tritt er als Fruchtbarkeits- und Ernährungssymbol auf; manchmal bringt er auch mit der Sonne verbundene Eigenschaften zum Ausdruck. Es soll hier eine zusammenfassende Darstellung der Stiersymbolik gegeben werden, bevor wir näher auf das zentrale Mythologem dieses Zeichens, nämlich auf den Mithraskult und das Stieropfer, eingehen, die beide die psychologische Grundlage des Stiercharakters bilden.

Es soll hier präzisiert werden, daß der Name des Gottes Mithras zwei Schreibweisen hat: nach den indischen Veden schreibt er sich *Mitras*; nach den persischen Awesta hingegen wird ein Konsonant hinzugefügt: *Mithras*. Wir verwenden die zweite Schreibart, die von den meisten europäischen Forschern gebraucht wird.

In der ägyptischen Mythologie steht der Stier unter dem Zeichen der symbolischen Vereinigung des göttlichen Geschwisterpaares Isis und Osiris, Mond und Sonne, die jeweils dem weib-

lichen und dem männlichen Prinzip entsprechen. Im ägyptischen Ideogramm des Stierzeichens erkennen wir die in der Mondsichel liegende Sonne ♉ ; dem entnehmen wir seine Bedeutung als Fruchtbarkeitssymbol, das mit dem Frühling, wenn die Sonne in die Konstellation des Stieres übergeht, in Verbindung gebracht wird. Der dem Osiris geweihte Apisstier wurde mit dem Mond zwischen den Hörnern dargestellt, um die Vereinigung mit Isis zu symbolisieren.

Isis ist mit ihrem Hörnerdiadem die gekrönte Kuh, die gehörnte Göttin. Der ebenfalls gehörnte Osiris wurde auch als Stiergottheit verehrt.[17] Diese Vergöttlichung des Stieres erfolgte aufgrund seiner Symbolisierung als Lebens- und Nahrungsspender.

Auch auf den Abbildungen des Gottes Shiva, der auf dem Rükken eines Stieres sitzt, ist der Halbmond zwischen den Hörnern des Tieres erkennbar.

In seiner erweiterten symbolischen Bedeutung nimmt der Stier einen Charakter der zügellosen Triebhaftigkeit und Sinnlichkeit an. In der Astrologie entspricht er der Beziehung zur unmittelbaren Umwelt, von der der Mensch Befriedigung seiner Wünsche und Bedürfnisse erwartet.

Der Stier versinnbildlicht die Vereinigung von Sonne und Mond, von männlich und weiblich, von Erde und Fleisch, ist stark körperbezogen, ist die oral manifestierte Sexualität und die noch in Urtrieben verkleidete Libido. So kommt es, daß die Venus als herrschender Planet des Stieres erkannt wurde: sie symbolisiert das kosmogonische Prinzip der mütterlichen, gebärenden Kraft, der explosiven Freude aller weiblichen Manifestationen, wie Liebe, Zärtlichkeit, Mitleid und Ernährung. Aber Gefühlsleben, Fruchtbarkeit und Ernährung sind nicht die einzigen psychologischen und mythologischen Pfeiler, auf denen die Stiersymbolik ruht. Im Gegenteil. Oft kann man in der psychoanalytischen Praxis oder durch direkte Beobachtung in der Astrologie die Erfahrung machen, daß es unter den Stiergeborenen zahlreiche Individuen gibt, vor allem Frauen, die an großen affektiven Problemen leiden und wenig rezeptiv sind. Meistens sind solche Individuen mit starken sexuellen und Gefühlsverdrängungen sowie mit schweren Integrationsstörungen belastet. Der ausgeprägte Sinn für Heim, Familie und Mutterschaft mag bei tiefgreifenden Zensuren, die Triebhemmungen hervorrufen, in Neurosen münden. Häufig findet der Stiergeborene den Weg der Triebsublima-

tion, weshalb wir unter diesem Zeichen die meisten Künstler und konkret schaffenden Menschen finden. Was ist nun tatsächlich die Ursache für diese »Gleichgewichtsstörungen« der Stiergeborenen, die man sanft und zahm wie Rinder glaubt? Unserer Meinung nach können wir im Stieropfer des Mithraskultes eine ausreichende Antwort finden, denn dieses Mythologem beschreibt zweifellos ein Urgeschehen, das die Ätiologie der psychologischen Konflikte des Stiermenschen, die meist in sexuellen und affektiven Hemmungen und Frustrationen liegen, erklärt.

Der indoarische Gott *Mithras,* Ausdruck des absoluten, höchsten kosmischen Prinzips, galt als *sol invictus* und wurde als Sonnengott mit dem Symbol des Stierkopfes dargestellt wie die meisten ihm analogen Gottheiten. Doch Mithras steht nicht nur mit der Sonne, sondern auch mit den Menschen und der Erde in Verbindung: Der ihn symbolisierende Stier ist hier Ausdruck der menschlichen Triebe, die zur Erlangung des göttlichen Wesens bewältigt werden müssen. Das Stieropfer symbolisiert die Bezwingung der dunklen, niedrigen Triebe und somit die Überwindung des Immanenten. Mithras tötet den Stier, weil er als gefährliches Ungeheuer gilt (man vergleiche dazu den Stier des *Gilgamesch*). Wenn wir C. G. Jungs Untersuchungen in Betracht ziehen, können wir leicht im Stieropfer einen Verteidigungsmechanismus des Menschen erkennen – Verdrängung oder Vernichtung und Sublimation –, den er in der mythischen Mutter-Sohn- bzw. Vater-Tochter-Beziehung aktiviert. Mithras erkennt im Stier sowohl die Mutter (Fruchtbarkeits- und Lebenssymbol analog zu Isis) als auch den Vater (männliches Zeugungssymbol).

Der Mythos des Mithras berichtet, daß der Gott den Stier jagt, fängt und bezwingt, sodann vor Helios tritt, sich mit ihm identifiziert und seine Attribute annimmt. Das Opfer der undifferenzierten Triebe, wie Jung sagt, hat hier ein zweifaches Ziel: einmal soll der Inzest mit der Anima des Stieres bzw. mit der Mutter (Mond auf dem Hörnerpaar; Venus als Herrscherplanet des Zeichens), andererseits soll die Selbstkastration und der eigene Tod mit dem Opfer des Stiervaters verhütet werden; dadurch wird der Weg zur *participation mystique* mit der Mutter freigelegt. Mithras entspricht hier dem Archetypus des Söhnemordes: Haß und Vernichtungsphantasien, die gegen die eigenen Kinder gerichtet sind, beherrschen das Bewußtsein des Vaters, der eine Usurpation seiner Macht und einen Besitzraub

seiner legitimen Frau von seiten der Söhne befürchtet. Diese Thematik wird in den Kapiteln über Jupiter und Saturn näher erarbeitet. Der Stier als Mithrassymbol und als Sternzeichen entspricht der undifferenzierten Triebkraft des Menschen: in diesem Sternbild wird das Wirken der Libido des Menschen bestimmt.

Der Stier als Hüter der Weltachse hat ein transzendentales Schicksal. Mithras will seine wahre Natur verwirklichen, seinem Namen, der »Sonne« und »Liebe« bedeutet, Ehre machen. Deshalb muß er jenen Teil seiner selbst besiegen, der ihn von seiner göttlichen Natur trennt: Er muß Triebe, Sexualität und orgiastische Zügellosigkeit, die sich alle mit der Stiernatur identifizieren, opfern. (Auch Dionysos wurde manchmal als Stier dargestellt, um seine entfesselte Triebhaftigkeit und Sinneslust zu betonen.) Somit charakterisiert den Stier eine starke innere Spannung, Folge zweier entgegengesetzter Tendenzen seines Wesens: zügellose animalische Triebhaftigkeit und Sublimation und Läuterung (Immanenz und Transzendenz).

Mit der Tötung des Stieres überwindet Mithras seine Libido, um zu den Schätzen des *Sol* zu gelangen. Es geht hier um den Kampf gegen den Vater, der die Zensur gegen das freie Ausleben der Triebe des Sohnes symbolisiert. Im Triumph über die eigene tierische Natur wird der Sohn dem Vater, der Sonne identisch, wird Gott ebenbürtig und findet den geistigen Zugang zur Mutter bzw. zur Ewigkeit. In diesem Zusammenhang wird eine Korrelation zwischen dem Mithrasmysterium und dem frühen Christentum klar ersichtlich. Jung schreibt in diesem Zusammenhang: »... das nächste Bild zeigt Mithras, den überwältigten Stier tragend, wobei dem Stier die Bedeutung des Ungeheuers (vergleichbar dem von Gilgamesch überwältigten Stier), der ›Vater‹, der paradoxer Weise als Riese und gefährliches Tier, das Inzestverbot erzwingt, zukommt. Widerspruchsvoll, wie die Mutter, die doch das Leben gibt, als ›fruchtbare‹ oder ›verschlingende‹ Mutter es wieder nimmt, ist auch der Vater, der anscheinend ungehemmte Triebhaftigkeit lebt und doch das triebbehindernde Gesetz verkörpert. Der feine, aber wesentliche Unterschied besteht darin, daß der Vater keinen Inzest begeht, wohl aber der Sohn Neigung dazu verrät. Gegen diesen richtet sich das väterliche Gesetz, und zwar mit dem Ungestüm und der Gewalttätigkeit der ungehemmten Triebkraft... Indem aber der ›Vater‹ als moralisches Gesetz, nicht nur ein objektiver, sondern auch ein subjektiver seelischer Faktor im

Sohne ist, so bedeutet die Stiertötung offenkundig eine Überwindung der tierischen Triebhaftigkeit...«[18]

Aus dem mithraischen Kult entnehmen wird, daß der Gott von der Sonne gekrönt wird; während Helios vor ihm in die Knie fällt, überträgt die Sonne Mithras ihre Machtprärogative. In diesem Mythos können wir eine interessante Dynamik feststellen: Nicht die Überwindung des inneren Mutterbildes, sondern das bedingungslose Opfer der tierischen Triebe bringt den Sieg über die niedrige Natur. Wie am Kreuze Christi wird auch hier das Liebesobjekt vergeistigt und die sublimierte Libido auf die Eltern übertragen. Mit dem »Tod« der Triebsphäre wird die konkrete Körperebene transzendiert, so daß die Vereinigung mit dem Elternteil in vergeistigter Form gelebt werden kann. Deshalb betrachten wir den Stier als das Zeichen der Liebe, des Opfers und der Apotheose der mystischen Vereinigung mit dem Vater oder der Mutter. Die Sexualität und der dionysische Eros werden in diesem Zeichen symbolisiert und sublimiert. Der mythische Held opfert mit seiner Sexualität und Sinneslust einen Teil seines Wesens, erkauft sich aber die »mystische« Vereinigung mit seiner *Matrix* (der mythische Baum, das Kreuz usw.). Die tierisch-menschliche Natur wird besiegt, ohne daß damit eine psychische Regression einhergeht. Unserer Meinung nach verleiht dieser große Mythos dem Stier als Sternbild eine wichtige Rolle der Läuterung und Wandlung; allerdings werden diese Sublimationsprozesse, von denen oben die Rede ist, in diesem Sternzeichen nicht immer vollendet. Deshalb finden wir unter so vielen Stiergeborenen große Gefühlskonflikte, die ihre psychischen Kräfte rauben, oder sie »töten« ihr Triebleben und öffnen nur teilweise den Weg zur Sublimation.

Dieser Mechanismus wird häufiger angewendet, als man annimmt. Wir wollen hier ein berühmtes und vielsagendes Beispiel des angewandten und gelebten mithraischen Stieropfers in der Person von Sigmund Freud anführen, der als Stiergeborener, genialer Erfinder der Sexualtheorie und Entdecker der unbewußten psychischen Gesetze, aus seinen persönlichen Sublimationen und Triebveränderungen kein Geheimnis machte. Er opferte wahrhaft seinen inneren Stier – die Sexualität – und investierte die freigewordene Libido in seine großen psychoanalytischen Forschungen. Dabei kämpfte er verbittert gegen die eigene *imago pater* und glaubte dadurch, seine Autoritäts- und Selbstbestätigungs-

bedürfnisse, die er in einem patriarchalischen Gehabe seinen Schülern gegenüber manifestierte, überwunden zu haben.

Die weitere Erforschung des Mithras-Mythologems unter den bisher dargestellten Aspekten ist unserer Meinung nach von großem Nutzen, wenn wir es mit Stiergeborenen, die an einer starken Gefühlskonfliktualität oder an der Diskrepanz von ethischem Bewußtsein und Triebimpulsen leiden, zu tun haben.

Ferner muß bedacht werden, daß der Stier im Tierkreis dem Skorpion gegenüberliegt, daher als sein komplementäres Zeichen den Valenzen der Sexualität und der Mutterliebe entspricht. Die Dialektik dieser beiden Zeichen ist besonders spannungsgeladen: Der Stier lockt unaufhörlich mit den Verführungen des Liebesplaneten Venus und der Geborgenheit der symbiotischen Vereinigung; doch ist dieses affektive Venusprinzip den heftigen Forderungen der undifferenzierten erotischen Triebe des Skorpions ausgeliefert, der von der entgegengesetzten Seite des Tierkreises nach plutonischen Triebmanifestationen und bestechenden Sinnesentgleisungen in eine irrationale, zügellose Dimension der Triebbefriedigung verlangt. Im Stier ist die Seele zu finden, aber auch jene *imago mater,* die »gegen« den Vater und gegen das Inzesttabu erobert werden soll. Gelingt das Opfer im psychodynamischen Sinne nicht, so unterliegt der Stiergeborene einer reaktiven Ichinflation oder gleitet in einen Rationalisierungsprozeß, der ihm jeden Weg in das Unbewußte verschließt.

Im Mythos von Theseus und dem Minotaurus, dem ebenfalls das Stiersymbol zugrunde liegt, wiederholt sich, wenn auch in erweiterter Form, das mithraische Opfer und der vom Vater begangene Söhnemord. Hier ist es der König, der sich mit Hilfe einer symbolischen Introjektion seiner Opfer gegen die »Kinder« verteidigt. Minos, König von Knossos auf Kreta, fordert von seinen »Kindern«, den unterworfenen Athenern, einen blutigen Tribut: jedes neunte Jahr müssen sie sieben Jünglinge und sieben Jungfrauen nach Kreta entsenden, die als Opfer dem Minotaurus im Labyrinth zum Fraße vorgeworfen werden sollen. Der Athener Theseus ist der Held, der dieser Opferkette ein Ende machen will; er begleitet freiwillig die ausgelosten Opfer nach Kreta. Aus den mythographischen Quellen geht nicht klar hervor, welche Umstände tatsächlich Theseus nach Kreta gebracht haben. Wir halten uns an den Text von Robert Graves. Theseus wird in seinem Unternehmen auf Kreta von Aphrodite beschützt. Dank ihrer

liebevollen Hilfe kann er Minos beweisen, Sohn des Poseidon zu sein. Bei seinem heldenhaften Vorhaben, den Minotaurus im Labyrinth zu töten, kommt ihm Ariadne, Tochter des kretischen Königs und Halbschwester des Minotaurus, die sich brennend in den Athener Helden verliebte, zu Hilfe. Sie gibt ihm das berühmte Knäuel, dessen Faden er beim Eindringen in das Labyrinth nachzieht. Theseus tötet das schlafende Ungeheuer mit dem Stierkopf – auch Asterios oder Asterion genannt – und findet dank Ariadnes Faden wieder aus dem Labyrinth. So konnte er unter der liebenden Mithilfe von Aphrodite und Ariadne die Athener von diesem blutigen Tribut befreien.

Diese mythische Geschichte bestätigt die Befreiung des Menschen von den Fesseln des Unbewußten (Theseus findet aus dem Labyrinth) dank der harmonischen Beziehung zur Anima (Liebe Aphrodites und Ariadnes). Theseus (das bewußte Ich) bezwingt die animalischen Triebe (Minotaurus, der König und Minos, der durch seinen Versuch, eine der Jungfrauen, die Minotaurus als Opfer bestimmt waren, zu vergewaltigen, das Überhandnehmen der menschlichen *Hybris* symbolisiert), um die Fortsetzung des Lebens (die Rettung der jungen Menschen) zu gewährleisten.

Das Ich löst die dramatische Konfrontation mit dem eigenen Schatten, den Trieben, und führt Vernunft und Sinne mit Hilfe der Anima (Ariadnes Faden entspricht der positiven dynamischen Beziehung des Bewußtseins zur unbewußten Seele, der Vitalenergie) und aufgrund der Bezwingung der niedrigen Natur (Minos und der Stier) aus den Meandern der neurotischen Konflikte zum Licht. Theseus entspricht Mithras, und der kretische Stier in seiner Ritualisierung steht in Analogie zum mithraischen Stier: der König von Knossos setzt sich den Stierkopf auf (Asterio heißt »von der Sonne«), um sich mit der als Mondkuh verkleideten Priesterin zu vereinen. Pasifae, so besagt der Mythos, feiert als Mondgöttin ihre Hochzeit mit einem weißen Stier in Analogie zum Hochzeitsritus *Sol et Luna.* Daraus geht klar hervor, daß dem Sternzeichen Stier die mithraische Problematik, der Konflikt zwischen Trieb und Bewußtsein, Integration oder Verdrängung der Erotik und die Auseinandersetzung mit dem Elternbild – auf die Dyade männlich und weiblich, Sonne und Mond – projiziert.

Die symbolische Bedeutung dieser Mythen kann im astrologischen Stier als psychologische Entwicklungsphase der *primären Objektbeziehung* ihre Entsprechung finden. Es ist das Stadium der

ersten Beziehungen des Kleinkindes zu schutzbietenden Figuren seiner unmittelbaren Umgebung. In Zusammenhang mit dieser Entwicklungsphase ist auch die Oralität als aktivierter Mechanismus der Aneignung und Entbehrung zu erwähnen. Daraus geht hervor, daß die Stiersymbolik den Übergang vom Lust- zum Realitätsprinzip darstellt, kurz jenes Moment, wo, nach Freud, die Triebverdrängungen ihren Anfang nehmen und sich der Eros in der Beziehung zur Realität strukturiert.

Die Oralität kommt hier in der Verbindung Stier-Venus-Erde zum Ausdruck. Empfängnis, Gebären, Stillen, Wärme und Schutz sind die ersten Manifestationen der Subjekt-Objekt-Beziehung.

In diesem Sternbild prägen Sinneserfahrungen und direkte Umweltbeziehungen die Seele des Individuums. Die Erfahrungen, die der Mensch in jenem Lebensbereich macht, den der Stier durch seine Position im Horoskop darstellt, sind immer mit direkten, physischen Kontakten verbunden. Das Stierzeichen, das dem zweiten Horoskophaus entspricht, ist auch für das Gefühlsleben und die Sexualität insofern mitbestimmend, als es die Primärbeziehungen und die psychische Prägung der Erfahrungen zum Ausdruck bringt. So kann man aus der Position des Stieres im Horoskop herausfinden, ob das kindliche Lustprinzip erfüllt oder frustriert, ob die Kleinkindoralität befriedigt wurde und ob die Brustentwöhnung traumatisierend war.

Daraus geht hervor, daß diese endopsychischen Merkmale der frühen Kindheit sich im Erwachsenen in jenen Lebensbereichen, die horoskopisch vom Stierzeichen symbolisiert werden, manifestieren. Wir wollen an Hand eines Beispiels diesen Gedanken klarer verständlich machen. Nehmen wir an, das Stierzeichen befindet sich in einem Horoskop im siebten Haus, das heißt im Lebensbereich der Beziehung zum Partner und zur Gemeinschaft: In diesem Fall wird das Individuum seine mehr oder weniger befriedigende Libido weitgehend, wenn nicht ausschließlich, in die Beziehung zum Partner investieren. Nehmen wir dazu an, daß sich auch Sonne, Venus und Mars in diesem Horoskopsektor befinden, die alle in negativem Aspekt zu Saturn und Uranus stehen, so können wir daraus schließen, daß dieses Individuum eine große Gefühlskarenz und ein anspruchsvolles, kastrierendes oder possessives Verhalten mit der Tendenz, Liebesentschädigungen zu fordern, in seine Partnerbeziehung projiziert; oder er könnte aufgrund seiner eigenen Liebesunfähigkeit Protest oder Mißtrauen

gegen alle Liebesbezeugungen, die er immer für unzureichend oder unangebracht erachten würde, kundtun.

Es heißt allgemein, der Stier sei das Zeichen der kreativen Menschen und der Künstler. Wir wollen zu dieser Feststellung erklärend hinzufügen, daß die schöpferische Gestaltungskraft dem Entzug der Libido auf der Ebene der Sinne und ihrer Investition in Geist und Phantasie entspringt, wie uns die Mithrassymbolik gezeigt hat. Der Sonnencharakter des Mithras entspricht hier dem aktiven Schöpferprinzip.

Wenn sich aber im Stierzeichen negative und reduktive astrologische Konfigurationen und Aspekte anhäufen, so kann man auf ein destruktives und regressives Verhalten schließen. Hier ist auch die Dialektik mit dem Skorpion im Spiele, wenngleich die elementare Gegenwart des mythischen Stieres von Mithras oder Minos stark fühlbar ist: der Stier tötet, obwohl er getötet bzw. geopfert werden soll. Wiederum geht es um die Diskrepanz von Triebbedürfnis und ethischem Bewußtsein. Die Grundthematik hier, die zugleich die grundlegendste Erfahrung des Menschen darstellt, ist die einer gratifizierenden oder einer frustrierenden Beziehung zu den Eltern. Sowohl in einem wie im anderen Fall kommt es zur Trennung, zur »Tötung« des natürlichen inneren Bandes: Im ersten Fall muß die Identifikation mit den »unersetzbaren« Eltern vermieden werden, da es sonst zu starken Lebenseinschränkungen kommen kann; im zweiten Fall müssen vitale Ersatzmodelle gesucht werden, um nicht der vernichtenden Wirkung der negativen Elternbeziehung zum Opfer zu fallen.

Das zum Stier analoge Hexagramm im *I Ging* ist *Kun – Das Empfangende,* Symbol des reinen Yin-Prinzips, das rezeptive Element der weiblichen fruchtbaren Erde: passiv, warm, mütterlich, nachgiebig, die Verwirklichung des Einfachen, die Scholle, die humusreiche warme Erde. *Kun* ist das Zeichen des Lebensherdes, in dem die Dinge kochen, bis sie gar (lebensreif) werden. Alle Manifestationen des Yin dienen dem Wachstum, der Formgebung, dem Wechsel und der Ernährung: So ist auch auch der Stier Ausdruck der gebärenden Kraft der Erde, ein Bild von Astarte und Ceres, der warmen Liebesgefühle und des Besitzes.

Eine robuste Konstitution mit starkem Knochenbau und kräftiger Muskulatur entspricht dem morphologischen Stiertyp. Sein Temperament ist ziklothymisch-melancholisch; er tendiert zu Nervosität, ist leicht irritierbar und reagiert emotional. Eine psy-

chologische Charakteristik ist seine *Sekundarität* (Le Senne): Er hat langsame Reflexe, verarbeitet geistig und seelisch nur allmählich; oft hat er seine Reaktionen zu stark unter Kontrolle oder ist zu ungestüm.

Der Stier ist ein wahrer seelischer Widerkäuer. Er kann seine tiefen Unruhen gut verbergen, ist leicht zu erschrecken und verliert seine Orientation. Im allgemeinen liebt der Stiergeborene Genauigkeit und Gewohnheit und paßt sich leicht an.

Er ist ein ausgesprochen vegetativer Typ, ist intuitiv und hat eine praktische Intelligenz; das heißt, alle Erfahrungen werden aus einer konkreten Perspektive assimiliert. Häufig ist der Stiergeborene von einem erheblichen Egozentrismus, fühlt aber zugleich das Bedürfnis zu geben.

Unter den weniger entwickelten Stiertypen finden wir oft Individuen, die ihre Erfahrungen und Interessen auf den häuslichen Herd und ihre nächste Umgebung beschränken. Sie lieben Gewohnheiten und in der familiären oder kulturellen Tradition verwurzelte Rituale. Hier hat weder Phantasie noch intellektuelle Spekulation ihren Platz, im Gegenteil, hier wird das Leben in seiner unmittelbaren, konkreten und utilitaristischen Form gelebt.

Der höher entwickelte Stiertyp hingegen zeugt von einer idealistischen Lebenshaltung. Hier finden wir plastische und ausgesprochen rezeptive Persönlichkeiten, denen es meist gelingt, trotz der Suche nach wirklichkeitsnahen Dingen das Leben außerhalb der gewohnten Schemen zu leben; sie bringen ihre Vorliebe für die gestaltende, konkrete Kunst und ihren Sinn für Ästhetik mit großer Wirkungskraft zum Ausdruck. Liebe grenzt an Leidenschaft. Die stets gegenwärtige Oralität kann sublimiert werden und sich sowohl auf intellektueller als auch auf schöpferischer Ebene genial auswirken. Alle Stiergeborenen haben Geduld und zeugen von Stabilität im Charakter und in den Ideen, neigen zu Cholerik und konzentrieren sich besonders auf die konkreten Aspekte des Lebens.

Die Zwillinge

♊

Mit dem Zeichen der Zwillinge, deren Konstellation die beiden leuchtenden Sterne Kastor und Pollux enthält, erleben wir das letzte Drittel des Frühlings; hier erreicht der natürliche Entwicklungsprozeß seine definitive Form und Ordnung.

Die im Widder noch undifferenzierte, lebendige Energie nimmt im Stier konkrete Form an und wird im Zeichen der Zwillinge nach den Gesetzen der kosmischen Harmonie geordnet und strukturiert. Hier beginnt der Prozeß der Differenzierung und der Individuation.

Das Ideogramm der Zwillinge besteht aus zwei Parallelen, die nach oben und unten jeweils von einer horizontalen Linie abgegrenzt sind. Sénard sieht in diesen Linien das Symbol für Raum und Zeit.

Die Benennung dieses Zeichens stammt aus dem lateinischen *geminus,* Zwilling, das mit dem griechischen *gamos,* Vereinigung, Heirat, verwandt ist. Zwei entgegengesetzte und komplementäre Teile vereinen sich unter dem Zeichen Zwillinge. Merkur, Herrscher dieses Zeichens, symbolisiert auch das hermetische Werk der Alchemisten, die Verschmelzung von Gegensatzelementen, mit dem Lapis oder Stein der Weisen, aus dem der Lebensbaum entspringt, als höchstes Ziel und Vollendung.

Viele Mythen und Symbole verbinden sich mit dem Zeichen der Zwillinge; wir wollen nur die wichtigsten herausgreifen und analysieren.

Vorerst sei an einige bekannte Zwillingspaare wie Jakob und Esau, Romulus und Remus, Monim und Aziz erinnert. Alle diese Paare entsprechen der Polarität gut und böse, positiv und negativ. Das Urgegensatzpaar dieser Polarität finden wir in Kain und Abel.

Auch für die Astrologie ist das Dualitätsprinzip, das alle Oppositionen und Gegensätze, die sich in einer schöpferisch-dynamischen Spannung auflösen, zum Ausdruck bringt, das äquivalenteste Symbol für das Zeichen der Zwillinge. Auch findet das chinesi-

sche kosmogonische Prinzip des Yin und Yang hier seine beste Entsprechung.

Bei genauerer Betrachtung können wir feststellen, daß alle Kulturen und ihre Mythologien dem Phänomen des Zwillingssymbols eine große Bedeutung beimessen. Auf menschlicher Ebene entspricht es dem Eingreifen der Transzendenz in die Immanenz, in die Wirklichkeitsdimension, in der der Mensch Existenzbewußtsein erlangt.

Als Ausdruck innerer Widersprüche bringt das Zwillingssymbol von neuem das Problem der Spaltung, ja des Opfers – ein Pol muß für den andern geopfert werden – zum Ausdruck. Es liegt in der Natur der Dinge, daß sich die Kräfte der Evolution und der Progression über ihren Gegensätzen von Involution und Regression zu behaupten versuchen. Allerdings zeigt das Zwillingssymbol noch einen anderen Aspekt, nämlich die Gleichwertigkeit und Gleichartigkeit des Paares oder des Doppels; hier handelt es sich um eine ausgeglichene Dualität, aus der wir das Konzept der »Harmonie der Gegensätze« herleiten. Die Mythologie, die auf der Ambivalenz der Dinge beruht, bringt die Thematik des Zwillingssymbols, das in jeder mythischen Version mit starken unbewußten Gefühlsprojektionen behaftet ist, bei den Primitivkulturen besonders gut zum Ausdruck.

André Virel sieht in den Zwillingsbildern »die innere Spannung einer nie endenden Situation. Die Angst des Primitiven vor dem eigenen Doppel ist die Angst vor der individuellen Bewußtwerdung, die eigene kollektive, undifferenzierte Struktur zu durchbrechen, bewußt der eigenen Ambivalenz ins Auge zu sehen und Ähnlichkeiten und Unterschiede zu objektivieren«.[19]

Die symbolische Darstellung der Zwillinge entspricht zwei Jünglingen, die sich an der Hand halten, der eine hält die Leier Apollos, Symbol für Harmonie und Licht, der andere die Keule des Herkules, Symbol für Kraft und Macht. Das Element Luft bezieht sich auf das Ein- und Ausatmen. Der Widder entspricht dem Urfeuer der Lebensquelle, der Stier kondensiert die Lebenskraft in die Materie, die sich zum befruchteten Ei kristallisiert; die Zwillinge entsprechen der Teilung des kosmischen Eies in männlich und weiblich.

Diese von den Zwillingen beherrschte Entwicklungsphase finden wir in den Mythen der Genesis, wo die mythologische Projektion und die Phasen der seelischen Entwicklung in einem kos-

mogonischen Zusammenhang aufscheinen. In einem frühen Entwicklungsstadium des Bewußtseins sind Psyche und Umwelt noch undifferenziert: der Mensch ruht im Schoße der Mutter – das Bild der Großen Mutter (Uroboros) –, er wird von ihr getragen und hat daher noch kein individuelles Bewußtsein. Erst in der folgenden Trennungsphase, der kosmischen Loslösung von den Eltern, gewinnt der Mensch ein Eigenbewußtsein. So kommt es zum Gegensatz des Psychischen: die Persönlichkeit organisiert sich in einen bewußten Teil, das Ich, und in einen unbewußten Teil, das Nicht-Ich. Die Gegensätze, die bisher vereint gewirkt haben, stehen sich nun gegenüber. Die Spaltung der uroborischen Ureinheit bewirkt die Differenzierung in die Dualität, das Abstandgewinnen von der hermaphroditischen Ebene, die Trennung von objektiv und subjektiv, von innen und außen. Diese Phase der Selbstteilung führt zur *Individualität.* Hier liegt die Quintessenz des Zwillingszeichens, Symbol des Doppelten, des Vereinten–Unvereinten, der Bewußtwerdung im Zeichen der Intelligenz.

Der merkurische Charakter findet in der Mythologie mit den Dioskuren, dem Geschwisterpaar Kastor und Polydeukes, seinen besten Ausdruck.

Nur Polydeukes, so heißt es in der griechischen Mythologie, ist göttlicher Abstammung, denn er entstand aus der Verbindung von Leda mit Zeus, der sich als Schwan verwandelte. Kastor hingegen entstammte der Ehe Ledas mit Tindar, einem Sterblichen.

Doch gibt es noch eine andere Legende um die Geburt dieses Zwillingspaares: Es heißt, sie seien aus ein und demselben Ei geboren und Hermes–Merkur sei ihr Beschützer (der Merkurstab mit dem Symbol der Doppelschlange!). Er habe sie im Hinblick auf ihre künftigen Heldentaten großziehen lassen. Die Liebe, die die beiden Brüder miteinander verbindet, kommt im Duell mit Idas und Lynkeus in ihrer ganzen Faszination und Dramatik zum Ausdruck. Kastor wird von den beiden feindlichen Brüdern getötet, doch Polydeukes rächt ihn und tötet Lynkeus. Als Polydeukes den Tod seines Bruders gewahr wird, bittet er seinen göttlichen Vater Zeus, er möge Kastor die Göttlichkeit gewähren, damit sie beide im Reiche der Ewigkeit leben könnten, denn der Schmerz der Trennung wäre ihm unerträglich.

»Schnell nun zu seines Bruders Kraft zurück kehrt der Tyndaride, und noch nicht gestorben, aber in Beklemmung des Atems röchelnd fand er ihn.

Warme Tränen vergießend mit Schluchzen, schrie er hoch auf: ›Vater Kronion was wird Erlösung sein aus dem Jammer? Sende auch mir den Tod zugleich mit diesem zu, o Herrscher!‹«[20]

Zeus erfüllt sein Bitten, tötet Idas mit dem Blitz und gewährt den Brüdern eine gemeinsame Unsterblichkeit: sechs Monate verbringen sie gemeinsam in der Unterwelt und sechs Monate auf dem Olymp.

Auf diese Weise wird der Mensch für würdig erklärt, neben den Göttern zu leben; zugleich bleibt das tiefe Band der Liebe des Zwillingspaares sowohl in der Unterwelt als auch auf dem Olymp erhalten. Der Tod Kastors symbolisiert die Überwindung der animalischen Triebe und den Vorstoß in das Reich des Geistes. Andere Versionen des Mythos betonen die Begierde und Wunschabhängigkeit Kastors und die Gelassenheit und Erhabenheit Polydeukes gegenüber der persönlichen Wunschbefriedigung (die Rinderraub-Version).

Psychoanalytisch geschulten Lesern dürfte es naheliegen, diesen Mythos als Gegenüberstellung von Lust- und Realitätsprinzip zu deuten. Kastor entspricht der Entfesselung der Triebe und der unmittelbaren Befriedigung von Wunschträumen und Verlangen. Polydeukes hingegen symbolisiert die Gelassenheit der Sinne und die geistige Beherrschung der dionysischen Triebforderungen; die göttliche Natur triumphiert über das immanente Wesen Kastors. Auf die Astrologie übertragen können wir sagen, daß dieser Mythos im Zwillingstyp das Wechselspiel von Triebbedürfnissen und intellektuellen Forderungen hervorhebt. Oft findet man unter den Zwillingsgeborenen Individuen, die nicht imstande sind, eine harmonische, glückgebende Beziehung aufzubauen und daher oft zu Ironie und Verachtung von Gefühlsmanifestationen neigen, oder sie erarbeiten sich eine intellektuelle Sublimation der Gefühle und verteidigen sich gegen vulgär empfundene Erfahrungen mit aristokratischer Noblesse. Deshalb lebt der unter diesem Zeichen Geborene eine Dualität, wie schon der Mythos aussagt, die als Kontrast von inneren, psychischen Inhalten und äußeren Bedürfnissen empfunden wird. Kommt es zu keiner Harmonie dieser psychologischen Polarität, bleibt es entweder bei einer regen Dialektik (euphorischer Aspekt des Zwillingstypus) oder es erfolgt eine Regression in einer der beiden Pole (depressiver Aspekt).

Die schmerzerfüllte Angst des Polydeukes, für immer von

seinem Bruder Kastor getrennt bleiben zu müssen, entspricht im Zwillingsgeborenen der archetypischen endopsychischen Spaltung und zugleich der Spaltung der Persönlichkeit äußeren Erfahrungen gegenüber und der Trennungs- und Verlustangst (Spaltungsaspekt). Die im Mythos geschilderte Lösung lebt der Zwillingsgeborene oft in seiner täglichen Existenz: er schwankt stets zwischen »Himmel und Hölle«.

Sénard führt in ihrem schon oft zitierten Werk die Zwillinge als Schutzherren der Barden und Dichter, der fahrenden Ritter und Gesellen an; sie haben auch den Vorsitz über Fest und Tanz. Die Dioskuren spielten in den Mythen am Anfang einer jeden neuen Epoche eine wichtige Rolle, deshalb symbolisieren sie den Anfang, die Geburt in Raum und Zeit.[21]

In der Symbolik Asiens entsprechen die Zwillinge den Kindern des Gottes Proteus und sind die Erzeuger der irdischen Flamme, Ursprung aller lebenspendenden Fruchtbarkeit.

Psychologisch gesehen unterscheidet sich der Zwillingstyp durch ein rasches und selektives Reaktionsvermögen auf die aus der Umwelt kommenden Reize, bei dem die emotive Komponente ausgeschlossen bleibt; ferner charakterisiert ihn ein breites Wissen (Barbault).

Wilczrkowski sagt folgendes über den Zwillingscharakter: »Die Zwillinge stellen die Umweltbeziehungen und im allgemeinen alle jene komplexe Sinnes- und Gefühlserfahrungen dar, die ein Adoleszent bei seinen ersten Auseinandersetzungen mit dem konkreten Leben hat. Sie entsprechen der Anziehungskraft der Umwelt, aber zugleich auch der Angst vor ihren verborgenen Gefahren, die erst bei genügender Bewußtwerdung erkannt werden. Sie symbolisieren den Wissensdrang, aber auch den Schmerz der Erfahrung, denn ›Wissen‹ bedeutet nicht nur assimilieren, sich an der Wirlichkeit zu bereichern, sondern auch Unwissenheit, Illusion, kindliche Freuden, Schutz und Sicherheit der Familiengeborgenheit aufzugeben.

Daraus folgt eine schmerzhafte Verdoppelung, bei welcher weder der hyperaktive Idealismus des Widders noch der sinnlich-dionysische Elan des Stiers eine Rolle spielen. Der Zwillingsgeborene, um nochmals kurz auf die Mythologie zurückzukommen, flüchtet nicht wie Phrixos vor der wirklichen oder eingebildeten Gefahr, auch gibt er der Genußsucht des Stieres nicht nach; in ihm sind Lebens- und Erhaltungstrieb eng verwoben. Er

denkt zuviel, um sich zu verschenken, ist mehr Rationalist als Mystiker!«[22]

Dem Körperbau nach ist der Zwillingstyp asthenisch und feingliedrig, nach der Typologie Kretschmers ist er ein Leptosom mit einem schizotymen, nervösen Temperament.

André Barbault führt die Definition des »oberflächlich weitblickenden« Typus ein, die er von Mournier übernimmt, der diesem astrologischen Typus eine besonders labile Rezeptivität zuschreibt. Die geistige und motorische Beweglichkeit der Zwillinge entspringt einem inneren Drang zu Veränderung und Wechsel, weshalb er seine Aufmerksamkeit immer auf neue Objekte richtet. Seine Intelligenz ist flexibel, lebhaft, anpassend; er meidet ernste und tiefe Lebenserfahrungen, wo er kann.

Ein bekanntes Symbol für die Zwillingsdualität ist die Harlekinsmaske. Der jünglinghafte, merkurische Charakter dieses Zeichens kommt in der Veranlagung, niemals die Dinge ernst zu nehmen und zugleich allen sinnlichen Eindrücken nachzujagen, zum Ausdruck. Barbault sagt dazu treffend: »Für den Zwillingstyp zählen die andern. Der Nächste spricht aus ihm. Er leidet, nur er selbst zu sein; er braucht die andern und will von den andern gesehen werden, um seine Existenz bestätigt zu wissen. Er fühlt sich frei, insofern es die andern erlauben. Deshalb ist er für und durch die andern. Die Zwillingsseele hat zwei Naturen (Kastor und Polydeukes): die eine lebt für sich, die andere für die andern. So entfremden sich die beiden Wesensteile; es kommt zu einer möglichen Spaltung. Psychoanalytisch gesprochen kommt es zur Spaltung von Ich und Überich.«[23]

Barbault charakterisiert den Kastortyp als nervös, emotional, wenig aktiv, mit starken lunarischen und merkurischen Zügen wie Phantasie und Begabung. Hier finden wir den künstlerisch begabten, gefühlsbetonten und emotionalen Zwillingsgeborenen mit wechselhaftem Wesen und abwechslungsreichem Liebesleben.

Der Polydeukestyp hingegen ist ein Sanguiniker mit schwacher Emotionalität und vorwiegenden Sonnen- und Jupiterzügen: Ruhig, intellektuell, Herr seiner selbst, der wahre »Geist ohne Seele«, der imstande ist, seine Gefühle zu rationalisieren oder sie mit anderen psychischen Mechanismen bis zur Indifferenz zu beherrschen. Er ist mit einem praktischen Sinn ausgestattet, einfallsreich, skeptisch, kann sich, im Gegensatz zum Kastortyp, der nur in der Gegenwart lebt, leicht in die Zukunft projizieren.

Im praktischen Leben findet man diese beiden Typen niemals so streng getrennt, denn die integrierende Dialektik der Zwillingspolarität ist ständig am Werk.

Der Krebs

♋

Mit dem 21. Juni, Tag der Sommer-Sonnenwende geht die Sonne in das nächste Sternzeichen über. Fruchtbarkeit und Wachstum charakterisieren diese Jahresperiode: die Ähren reifen, die Saat geht auf, Blumen und Blätter wachsen in ihre vollendete Form. Kurz, die Natur erlebt den Höhepunkt ihrer Entfaltung. Das Krebszeichen entspricht dem Element des klaren, tiefen Wassers und der mütterlichen Natur. Es bildet mit dem Steinbock die Vertikalachse des Horoskopkreuzes; die Horizontalachse ergeben Widder und Waage.

Das Symbolzeichen des Krebses besteht aus zwei sich gegenüberliegenden, horizontalen Sechsen ♋, die die Schwangerschaft versinnbildlichen. Es erinnert aber auch an das Zeichen des chinesischen Yin und Yang , mag zugleich das Bild zweier um eine Achse rotierender Lebenskeime erwecken. Auch eine Assoziation mit dem Spermatozoon, dem Ei, dem Atom oder gar mit Nebelschwaden ist vollauf zu vertreten. Doch sehen wir grundsätzlich in diesem Ideogramm ein Symbol für zwei Energiezentren, die sich aufgrund ihrer gegensätzlichen elektromagnetischen Ladung anziehen, vereinen, spalten und vermehren, um zuletzt ein vollständiges Lebewesen zu formen.

Das Krebssymbol trägt das Bild alles schlechthin Mütterlichen in sich, entspricht nach Jung dem Archetypus der *Mutter,* die das keimende Leben in sich birgt. Das Menschenleben ist hier noch archaisch, undifferenziert, unbewußt, geborgen und geschützt. Den Schutz bietet gleichsam der harte Panzer des Krebstieres, dessen Scheu und Verborgenheit zu Wasser und zu Land sowie auch seine rasch wachsende Vermehrung dem Wesen der astrologischen Krebsnatur entsprechen.

Sénard führt in ihrem Buch *Le Zodiaque* die Ethymologie des Wortes *Krebs* auf den griechischen Ausdruck *karkinos*: »Panzer und Schutz« zurück.

In der indischen Astrologie entspricht das Sanskritwort »karkatakam« dem Sternzeichen des Krebses, bezeichnet aber zu-

gleich die Schlange als Symbol der Unterwelt und bedeutet gleichfalls »animalische Urlebensform«. Man kann daher annehmen, daß dieses Wort auf die zum Keimen und Wachsen notwendige Dunkelheit hindeutet. Wir wollen dazu vergleichend feststellen, daß die Alchemisten des Mittelalters ihr Werk im Dunklen und Verborgenen vollzogen; auch wurden die zu neuem Bewußtsein erweckenden Initiationsriten in dunklen und abgeschiedenen Orten abgehalten.

Die Schlange symbolisiert nun die Geburt in die Materie, die Manifestation des göttlichen Kraftprinzips in der menschlichen Erscheinungsform. In diesem Zusammenhang wollen wir näher auf das heilige Tetragramm der Hinduisten cingehen. Nach Sénard versinnbildlicht die Schlange die Geburt in die Materie, die Manifestation des göttlichen Kraftprinzips in der menschlichen Erscheinungsform. Daher steht ihre Symbolik auch in Analogie zu der des Krebses. Im heiligen hinduistischen Tetragramm finden wir noch eine andere Bedeutung des Schlangensymbols.

Der Krebs als viertes Sternzeichen entspricht dem brahmanischen System der vier Seinsebenen, in denen sich das heilige Wort manifestiert. Das Tetragramm setzt sich aus vier heiligen Buchstaben zusammen, die den Namen des Schöpfers ergeben und folgenden vier Bewußtseinszuständen entsprechen: 1. Erleuchtung, 2. tiefer Schlaf, 3. Traumbewußtsein, 4. Wachbewußtsein.

Nach der Doktrin der Vedanta entspricht das Tetragramm vier Phasen: 1. Spannung, 2. Konzentration, 3. Fusion der beiden ersten Phasen, 4. Verwandlung und Manifestation.[24]

Der Krebs untersteht dem dominierenden Einfluß des Mondes, der aufgrund seiner reichen Symbolik diesem Zeichen eine große Vielfalt von Bedeutungen zukommen läßt. Hier ist der Mond in erster Linie das archetypische Mutterbild, mit dem sich Ursprung, Wachstum und Geburt verbinden. Dieses kühle, wäßrige, weibliche, stumme und in sich gekehrte Nachtzeichen erweckt in uns die Vorstellung der symbolischen Urgewässer gleich der amniotischen Flüssigkeit im Mutterleib, der klaren, tiefen und stillen Gewässer der kleinen Seen, denen rauschende Bäche entspringen, ja selbst den unendlich weiten Meeren. In diesem Zeichen vereinen sich Ursache und Wirkung, Vergangenheit und Gegenwart, ähnlich der Mutter, die eine Verbindung zwischen der Menschenrasse und dem Neugeborenen, in der sie sich fortsetzt, darstellt. Somit wird der Krebs mit Vergangenheit und Erinne-

rung, mit Träumerei und Sehnsucht gleichbedeutend und bietet aufgrund seiner Passivität und Empfänglichkeit sowie seinem natürlichen Desinteresse an Macht und Herrschaft eine großartige Symbolik für alle weiblichen und mütterlichen Inhalte. Verschiedene Mythen verbinden sich mit diesem Zeichen: der Kampf des Herakles gegen die Hydraschlange, deren rasch wachsende Köpfe der Held nicht zu beherrschen vermag; der Mythos von der schönen Helena, um deren Gunst Paris und Menelaos in ihrem gegenseitigen Kampf ringen. Auch die Mond-und Muttergottheiten der griechischen Mythologie wie Artemis, Astarte und Hekate, die alle archetypische Züge der Großen Mutter tragen, gehören in den Symbolbereich des Krebses.

Aus den ältesten mythologischen Quellen geht hervor, daß der Krebs ein Schwangerschafts- und Mutterschaftssymbol war: tatsächlich sah man in diesem Sternbild die Pforte des Tierkreises, durch welche die Seelen ihrer Inkarnation entgegeneilen. Vor dem großen Tor der Geburt trinken sie den Lebensrausch aus dem Becher des Bacchus, um über das Dasein in der Geborgenheit des Mutterschoßes zu vergessen und das Leben ohne das Bewußtsein von Leid und Schutzlosigkeit anzutreten. Ähnlich den berauschten Seelen, die durch das Lebenstor schreiten, ließen die trunkenen Krieger Mütter und Frauen zurück, um in den Krieg zu ziehen.

Durch das Tor des Krebses tritt der Mensch in das Leben, aus demselben Tor tritt er aus dem Leben. Geburt und Tod, Werden und Vergehen bilden die Lebensspanne, die im Krebs enthalten ist. In der Tiefenpsychologie entspricht dieses Zeichen dem unbewußten persönlichen Elternkarma: mit der Geburt sind Herkunft und Familie für ein persönliches Schicksal bestimmend. T. S. Eliots berühmte Worte »Birth, copulation, death« charakterisieren sehr gut die innere Bestimmung des Krebses, Vorbereitung auf das Leben, Vorbereitung auf den Tod.

Es ist zweifellos naheliegend, den Ödipuskomplex mit der Krebssymbolik in Zusammenhang zu bringen: Zeit seines Lebens hegt der Mensch den unbewußten Wunsch nach der Rückkehr in den Mutterschoß, nach dem Eintauchen in die nächtliche Mondsphäre, in alle stillen Sehnsüchte und Erinnerungen. Kindheit und Alter, *puer* und *senex,* sind die zwei Extreme des krebsischen Lebensbogens, die die ganze potentielle Schaffenskraft des Menschen enthält.

Die Hemmung ist der größte Schutzmantel des Krebses, eine passive, rezeptive Haltung der Selbstverteidigung, die es den Individuen, die unter diesem Zeichen geboren sind, ermöglicht, sich zu isolieren und gegen den harten Aufprall mit der Wirklichkeit zu schützen. Auch der Kampf zwischen persönlichem und kollektivem Unbewußten sowie das Trauma von Geburt und Loslösung stehen hier unter dem Einfluß der Hemmung. Diese Verteidigungshaltung läßt Grenzen erkennen, in denen sich Handlungsfähigkeit eher als Schutzaktion denn als Angriff ausdrückt.

Doch geht das eigentliche Drama im Krebs um das erbitterte Spiel zwischen Realität und Phantasie: ein ständiges Hin- und Herschwanken bewirkt seine große Unbeständigkeit und Sensibilität. Wünsche und Träume sind immer größer als die zur Verfügung stehenden Mittel zur Verwirklichung; der Wunsch nach dem Unrealisierbaren oder Utopischen erweckt zugleich eine durch die Niederlage hervorgerufene Ohnmacht. Die passive, feine Anpassung ist die goldene Regel für den Krebsgeborenen, der weder Kampf noch Streit liebt, da er sich einer aggressiven Herausforderung seiner Kräfte gegenüber ohnmächtig fühlt; zugleich verursachen die bittere Niederlage und die daraus folgende Enttäuschung ein regressives Verhalten und veranlassen ihn, sich sehnsuchtsvoll an die Vergangenheit zu klammern.

Die psychologische Bedeutung dieses Sternbildes liegt in der Strukturierung der unbewußten Psyche des Menschen, dessen Bewußtsein allmählich aus den Urgewässern des kollektiven Unbewußten austritt gleich einem Küken, das aus der schützenden Eischale steigt und seine nächste Umgebung vorsichtig erforscht.

Barbault schreibt folgendes über den Krebs: »Er weiß, daß die ruhigsten Wasser auch die tiefsten sind; mit Vorliebe hält er sich des Nachts in seinen Urgewässern auf, wenn die seelischen Tiefflüge zu narzißtischen Genüssen, aber auch die Höhenflüge geistiger Erkenntnis am ehesten zu verwirklichen sind. In seiner inneren Stille stehen Tierseele und Engelseele im Zwiegespräch.«[25]

Diese Beschreibung erweckt sofort eine Assoziation zum mythischen Narziß, der, von seinem geheimnisvollen Wesen und seiner subjektiven Welt gefangen, sein Spiegelbild im klaren und tiefen Wasser betrachtet. So neigt der Krebsgeborene stark zur Introversion, und oft bestimmt seine Egozentrik seine Abwehrhaltung. Er ist nicht gern der erste, weil ihn seine starke Emotionalität am tatkräftigen Handeln hindert.

Er verwirklicht sein amphibisches Wesen an Hand seines ausgeprägten Narzißmus: Er trachtet, direkte und herausfordernde mit Verantwortung einhergehende Erfahrungen zu vermeiden und zieht es vor, seine große Sensibilität und Empfänglichkeit in einem passiven Verhalten zu verfeinern. Als Wasserzeichen wie auch als Nacht- und Mondzeichen ist seine Identifikation mit der Mutter sehr stark, und oft bleibt er seelisch ein Leben lang an sie gebunden. Der Ödipuskomplex, hier eher eine psychische Realität, verzögert oder verhindert manchmal sogar den inneren Reifeprozeß mehr als in irgendeinem anderen Sternzeichen. Das Ich bleibt in sich selbst gefangen, und bei bestimmten Planetenaspekten kann es zu mehr oder weniger starken autistischen Zügen oder gar zu innerer Vereinsamung kommen (negativer Mondeinfluß). Zudem veranlaßt ihn häufig seine übergroße Verletzbarkeit, Kontakte mit der Umwelt zu meiden, da sie als unbekannt, riskant und aggressiv empfunden wird; er zieht es vielmehr vor, in seiner inneren Phantasie- und Erinnerungswelt zu verweilen.

Nach der Kretschmerschen Psychotypologie gehört der Krebs zum schizoiden, nervös-asthenischen Typ.

Doch ist der Krebstyp nicht immer so extrem in sich gefangen, wie wir ihn bisher charakterisiert haben: mit einem logisch-rationalen Panzer ausgestattet, kann er sehr wohl sein gefühlsbetontes Verhalten beherrschen und sich auch gegen emotionale Schocks abschirmen. In diesem Fall ist sein Wesen nachdenklich, unentschlossen, zögernd und oft gehemmt. Doch finden wir unter den Krebstypen auch Individuen, die mit großen inneren Widersprüchen zu kämpfen haben und nach immer neuen Eindrücken suchen; ihr Gefühlsleben ist unbeständig und komplex.

Unter den Krebstypen finden wir auch Menschen, die zu großer Immobilität neigen oder gar von Unruhe und Bewegungsdrang bestimmt werden. Der Krebs identifiziert sich leicht mit seinem Selbstideal.

Auch die Populärastrologie bezeichnet den Krebs als »lunatisch« oder launenhaft; sein Verhalten kann sich plötzlich ändern.

Seine psychologische Integration hängt von Wesen und Intensität des Ödipuskomplexes ab, der diesem Zeichen als archetypische endopsychische Erfahrung zugrunde liegt. Je stärker die Bindung zur Nabelschnur, desto später gelangt der Mensch zu innerer Reife und seelischer Autonomie.

Oft manifestieren Krebsgeborene unter Verneinung der ödipa-

len Komponenten eine starke Rebellion gegen das introjizierte Mutterbild, von dem sie sich frühzeitig gelöst haben. Gerade hier besteht meistens eine unbewußte Abhängigkeit von der *imago mater,* die die psychische Reaktion des »untreuen Sohnes« oder eine fatale Vergangenheit in Iokastes Netz verursacht. Barbault meint dazu: »Der wahre Erfolg der Krebsnatur liegt nicht in der Abhängigkeit von der Mutter oder in ihrer Verneinung, sondern in einer realistischen Annahme und Verwirklichung der Mutterwerte innerhalb der autonomen Persönlichkeit.«[26]

Der große Kampf des Krebsgeborenen geht gegen die verführerische Sehnsucht nach der Vergangenheit. Hier können wir Marcel Proust als typisches Beispiel anführen. Das Ringen um ein Gegenwartsbewußtsein ist für den Menschen dieses Zeichens immer mühsam; die Konfrontation der inneren Persönlichkeit mit der Umwelt bedeutet eine konstante Herausforderung. Der Krebs sieht die Welt nur durch sich selbst, doch kann gerade dieser egozentrische Narzißmus Quelle von Genialität und schöpferischer Meditation sein.

Der Krebs ist ein problematisches Zeichen, unter welchem es sich schwer leben läßt, denn es ist sein unweigerliches Schicksal, das Karma der Elternbeziehung und noch mehr der Mutterbeziehung zu leben. Sein von Mond, Nacht und Wasser geprägter Charakter erlaubt ihm eine starke, plastische Gefühlsäußerung, ist zugleich aber auch Ursache von Schlaffheit, neurotischen Krisen und Anpassungsschwierigkeiten, da er sich nur selten von seinen infantilen Triebfixierungen befreien kann. Der Krebsgeborene träumt von einem ruhigen, bewegungslosen Leben, denn meistens gelingt es ihm nicht, seine Träume zu verwirklichen. So zieht er es vor, in seiner inneren Welt der Illusionen und Sehnsüchte zu verweilen, um der Auseinandersetzung mit dem konkreten Leben aus dem Weg zu gehen. Die Psychologie des Krebses ist zweifellos eine der komplexesten des Tierkreises: nicht zufällig unterstellt C. G. Jung die archetypische Grundstruktur der Psyche sowie das persönliche Unbewußte der Symbolik des Mondes und des Krebses. Die vielen verschlüsselten Aspekte seines Wesens machen ihn zu einem der enigmatischsten und zugleich faszinierendsten Sternbilder.

Immanenz und Transzendenz sind im Krebs eng verwoben: einerseits sucht er Befriedigung durch die Oralität, andererseits bestimmen auch geistige Forderungen sein Wesen. Diese innere

Dualität mag an den mythischen Januskopf erinnern; auch entspricht das Symbolzeichen des Krebses zwei Wesenheiten, die um ein und dieselbe Persönlichkeitsachse rotieren: manchmal trennen sie sich und mal tritt die eine, mal die andere Wesenshälfte in Aktion.

Der ganze nächtliche Zauber liegt in der Krebsnatur verborgen: die unerfaßbare, magische Welt des Unbewußten mit ihren Archetypen von Mutter und Sohn, von Mensch und Mond, von Schwangerschaft, Geburt und primären Objektbeziehungen. Lebt im krebsgeborenen Sohn das Ödipusgespenst immer fort, so bleibt auch die sophokleische Iokaste in der Krebsmutter lebendig.

Wir bringen hier eine Klassifizierung des Krebstyps nach Sénard:

a) der *Selenetyp* hat ein ausgeprägtes lunares Wesen mit einer künstlerischen Komponente, ist ruhig, sanft, exzentrisch, verträumt und passiv;
b) der *Artemistyp* hat einen unschlüssigen Charakter, ist einfach, sentimental und fügsam; an Tradition und Gewohnheit gebunden, zeigt er wenig Initiative, hält aber auch an eigenen Ideen kaum fest.

Die starke Dominanz des Unbewußten in der psychischen Realität des Krebses bewirkt die rege Phantasie, mit der dieses Zeichen ausgestattet ist, und belebt die verborgensten Archetypen der menschlichen Seele. Doch bleiben Eltern und Familie der Grundarchetyp dieses Zeichens; tatsächlich können wir feststellen, daß die psychologische Dynamik der Krebsgeborenen um die Familie – Vater, Mutter, Kinder und Verwandte – kreist. Der Krebs liebt das Beisammensein um den häuslichen Herd, der gegen die Bedrohungen der Außenwelt abschirmt. Physische Einsamkeit und Isolierung sind ihm verhaßt; weswegen er ein großes Bedürfnis nach Zusammengehörigkeit hat. In der häuslichen Geborgenheit nimmt er Zuflucht vor einer möglichen Konfrontation zwischen der guten Mutter und der unbekannten Frau. Die Angst ist ein dominierender Wesenszug des Krebses, denn es gibt für ihn eigentlich nur die Kindheit, die Sanftheit der mütterlichen Hingabe, das weiche, fahle Mondlicht, das zu unaussprechlichen Träumereien und Phantasien anregt.

Die Welt der konkreten Dinge ist für den Krebs einfach erschreckend und problematisch. Er trachtet, ihr aus dem Weg zu gehen, indem er sich den Verantwortungen entzieht. Lieber will er

in der Kindheit verweilen, ja sich geradezu in ihr verschanzen und sich von der Erinnerung aufzehren lassen; mit einem Wort: lieber stirbt er in seiner Vergangenheit als durch Gegenwartsein zur Neugeburt zu finden. Er hat Angst, erwachsen zu werden, und geht einer jeden bewußten Arbeit an sich selbst aus dem Weg, um die Erlangung der Persönlichkeitsautonomie zu verzögern. Sein Ideal ist es, zwischen uterinem Sein und Im-Leben-Stehen zu schweben.

Wir gehen absichtlich nicht auf die mit diesem Zeichen in Zusammenhang stehenden Mythen ein, denn wie wir schon festgestellt haben, ist der Krebs der Archetyp des Mütterlichen, mit dem sich die großen Mondmythen und ihre Gestalten wie auch die Große Mutter verbinden. Im Kapitel über den Mond als Planet und Symbol der weiblich-mütterlichen Eigenschaften werden diese Mythen eingehend behandelt; aus jenen Seiten wird die besonders subtile Analogie zwischen Krebs und Mond zu erkennen sein.

Der Löwe

♌

Dieses bedeutende fünfte Zeichen des Tierkreises ist das zweite Feuerzeichen. Die Sonnenkraft des Hochsommers bringt die Früchte der Natur zur vollen Reife: in der Periode vom 23. Juli bis zum 22. August werden die satten, farbenprächtigen und fruchtbeladenen Formen der Natur von der Sonne geradezu ausgebrannt. So sind auch wir Menschen wie die Früchte der Erde mit diesem Sternzeichen in das Alter der vollen Reife getreten. Das Symbol dieser Entwicklungsperiode ist der Löwe, der König der Tiere: Zeichen souveräner Macht, edler Lebenskraft und Herrschaft über alle Lebensformen, Jahreszenit, Höhepunkt der Sonnenbahn und Sinnbild von erhabener Wandlungskraft – das göttliche Feuer –, die den Individuationsprozeß einleitet.

Dieses Tierkreiszeichen hat die Aufgabe, alle Existenzformen zu entziffern und die Synthese des Individuums durch Verschmelzung von Materiensubstanz, Geistessenz und Seelenprinzip zu verwirklichen.

Das Ideogramm dieses Zeichens entspricht der Stilisierung des Löwenschwanzes. Schon im ägyptischen Tierkreis des Hermes finden wir dieses Symbolzeichen. Sénard stellt folgendes fest: »Der Löwe gilt als der König der Tiere, das heißt er ist der Erste unter allen lebendigen Formen oder jenen Lebewesen, die eine *Anima* besitzen. ›Anima‹ bedeutet Lebenshauch, Seele, Geist, daher bedeutet animalisch ›das was lebt‹. So ist der Mensch König aller Lebewesen, denn sein Leben spielt sich auf drei Ebenen ab: auf der Ebene des Körpers, der Seele und des Geistes.«[27]

Das Wort Löwe stammt aus dem Lateinischen: *leo, leonis,* das wahrscheinlich im griechischen Wort *slei* »lösen, zerreißen, verwunden« seinen Ursprung hat.

Der Trennungsakt, der sich im Zeichen des Löwen vollzieht, kann als Abstandgewinnung des nun schon individualisierten Menschen von einem früheren Stadium der Unbewußtheit und der undifferenzierten kosmischen Partizipation betrachtet werden.

Während im Krebs die Geburt das psychologische Grunderlebnis des Menschen darstellt, erfährt er im Löwezeichen die Loslösung von der Matrix und die Strukturierung des Ichbewußtseins. Das königliche Sonnenzeichen vollzieht eine andere Geburt, die des Intellekts, der Ratio, unter deren Kontrolle die Libidoinvestition fällt, sei es auf schöpferisch-geistiger oder sexuell-genitaler Ebene.

Die erste Stufe des Ich-Bewußtseins, das aus dem kollektiven Unbewußten emporsteigt, organisiert seine Initiativefreiheit nach dem Realitätsprinzip, allerdings noch in egozentrischer Weise. Daher finden wir im Löwetyp zwei interessante endopsychische Phasen: den Übergang vom Unbewußtsein zum Bewußtsein, vom Nicht-Ich zum Ich.

In allen Mythologien symbolisiert der Löwe die subjektive Macht und bestätigt den Menschen in seiner Individualität und seiner göttlichen Herkunft. Er ist der Logos, das männliche Prinzip, ist das Wort und der geistige Gehalt. Er ist das Sonnenzeichen schlechthin. Jenes psychische Lebensprinzip, das Jung *Animus* nennt, finden wir im Löwezeichen ausgedrückt; es entspricht dem durch Erfahrung und Definition bestimmten Handeln und Schaffen. Indem man den Dingen einen Namen gibt, sie definiert, heben sie sich von ihrer Umgebung ab und werden auf psychischer Ebene zu unabhängigen Bewußtseinsinhalten, die in logischen Zusammenhang gebracht werden können. Die Sonnennatur des Löwe-Logos erhebt somit den Menschen auf die Ebene der höheren Persönlichkeitsintegration.

Wir wollen kurz auf die religiöse Symbolik des Löwen eingehen: In der hinduistischen Liturgie ist Krishna Gita der Löwe, das heilige Tier; Buddha ist der Löwe der Sachya und Christus ist der Löwe aus dem Stamme Juda.

Da die Sonne in der Astrologie als absolutes Lebensprinzip und als wichtigster Planet gilt und das Zeichen des Löwen beherrscht, muß das Ich-Bewußtsein in seiner symbolischen Dimension bis auf den Gottes- oder Sonnenursprung erweitert werden. Deshalb ist der Löwe mit dem Gesetzesprinzip, der Gerechtigkeit und der Herrscherkraft gleichbedeutend.

Als Beispiel mögen uns die Löwedarstellungen in der Kunst dienen: Löwen auf dem Throne Buddhas, auf dem Throne Salomons und im Abendland in den Wappen fast aller europäischer Herrscherhäuser. Daneben ist der Löwe Symbol des Evan-

gelisten Markus und ist auf allen Standarten der Dogen von Venedig abgebildet.

In der *Genesis* entspricht die Sonne dem Lebensanfang; der Löwe ist das Symbol ihrer Kraft und ihrer lebensspendenden Eigenschaft. Im Zusammenhang mit der Öffnung des siebenten Siegels wird der Löwe in der Apokalypse zitiert: »Hör' auf zu weinen. Siehe der Löwe aus dem Stamme Juda, der Sproß Davids, hat gesiegt, so daß er die Buchrolle und die sieben Siegel zu öffnen vermag.«[28] Grison hebt in diesem Zusammenhang hervor, daß in den mittelalterlichen Darstellungen des Löwen der Kopf und der vordere Körperteil die göttliche Natur, der hintere Teil die menschliche Natur des Christus symbolisieren.[29] Demnach hat das Löwenbild stets eine tiefere Aussage: die Begegnung zwischen Gottnatur und Menschnatur, zwischen Transzendenz und Immanenz.

Wie uns aus der Astrologie bekannt ist, hat das Löwe-Sonnen-Symbol auch eine negative Valenz, den sogenannten Schatten der Sonnenherrschaft: Es handelt sich um eine aggressive Inflation des Ichs; im Löwen kann der Individuationsprozeß, das heißt die Bewußtwerdung um die vervollkommnungsfähige Subjektivität, zu einem höchst egozentrischen Individualismus führen, wobei das eigene Ich als ritueller Bezugspunkt genommen wird. Diesen negativen Ich-Aspekt finden wir in der Beschreibung der aufbrausenden und ungestümen Natur des Menschen, beim Heiligen Johannes vom Kreuz. Wir sagten schon vorhin, daß der Löwe ein Christussymbol ist; er kann aber auch als Symbol des Antichristen gelten. In der Tiefenpsychologie entspricht der Löwe auch dem Drachen. Hier hat er seine göttliche Natur verloren und wird zu einem dämonisierten Bastarden.

André Barbault behauptet, das Sternzeichen Löwe sei die erste Inkarnation des Wortes Gottes. Alice Bailey zufolge gilt der Löwe als Zeichen Christi, entspricht der inneren Wahrheit des Menschen und leitet mit dem Selbstbewußtwerdungsprozeß einen neuen Zyklus ein.[30]

C. G. Jung macht in seiner Studie über die Libido auf die negative Bedeutung des Löwe-Sonnen-Symbols in Zusammenhang mit den Sommerhundstagen aufmerksam, denen der Sonnengott Samson ein Ende bereitet: Er tötet den Löwen und setzt der Trockenheit und Dürre, von der die Erde befallen war, sowie dem Viehsterben ein Ende. »Der Löwe, das Zodion der höchsten

Sommerhitze, ist das Symbol der ›concupiscentia effrenata‹, des mächtigsten Begehrens.«[31] Der Löwe symbolisiert somit auch das Selbstopfer Gottes.

Der Kampf des Herakles mit dem Löwen von Nemea ist wahrlich jenes mythische Geschehen, das mit dem astrologischen Löwezeichen am besten in Verbindung gebracht werden kann. Für die Psychologie und die Psychopathologie ist Herakles die emblematischste Personifizierung des Löwecharakters. Seine mythischen Heldentaten schildern den individuellen Bewußtwerdungsprozeß: Herakles identifiziert sich mit der Rolle des Helden und inflationiert sein eigenes Ich (zuerst Sieger über die Minyer, wird er sodann eine Plage für ganz Griechenland); damit gefährdet er seine Anima und zugleich den Individuationsprozeß, den er als Personifizierung der Löwenatur einführt. Die Antwort der Anima liegt im bösen Verhalten Heras dem Helden gegenüber: sie treibt ihn in den Wahnsinn. Erst mit der Versenkung des bewußten Ich ins Dunkel des eigenen Schattens beginnt der eigentliche Bewußtwerdungsprozeß: das inflationierte Ich, der Animus, steigt wieder in das Licht des Bewußtseins hoch.

Nicht die undifferenzierte Aggressivität, sondern die allmähliche Integration der Energie in das bewußte Handeln führt Herakles zur harmonischen Strukturierung seiner Persönlichkeit. Hier sehen wir den positiven Sonnenaspekt des Löwen. Nachdem Herakles wieder zu sich gekommen war, befragt er das delphische Orakel, was er zu tun habe (nach der überwundenen Phase des unbewußten Verhaltens nimmt der Mensch den Dialog mit den Göttern wieder auf). Pythia rät ihm, nach Tiryns zu gehen und dem König Eurystheus zwölf Jahre lang zu dienen.

Im folgenden Geschehen bietet der Mythos einen sehr interessanten psychologischen Aspekt des Löwetypen: der große Held wird neben Eurystheus zu einem demütigen Menschen, dem es gelingt, sein Ich zu deflationieren, da er sich bereiterklärt, den ganzen psychologischen Werdegang der Persönlichkeitsintegration durchzumachen: vom undifferenzierten, aggressiven Eros auf der Ebene des Ich bis zur Erarbeitung des Schattens und des zur integrierten Persönlichkeit kohärenten Handelns. Die eigenen unbewußten Regungen und destruktiven Persönlichkeitsteile müssen in die Ebene der Selbsterkenntnis eingebaut werden, damit die Neugestaltung der Selbstbewußtheit vollzogen werden kann; dadurch kommt es erst zur wahren Individualität. So bietet

Herakles dem König seine Dienste an; dieser erteilt ihm die zwölf Aufgaben, die wir als Sühne ansehen können, durch die sich der Löwe immer wieder erneuert.

Welches ist nun die psychologische Entsprechung dieser mühsamen zwölf Arbeiten? Unserer Meinung nach stellen sie ein Äquivalent zum analytisch-therapeutischen Prozeß dar, in welchem es nicht aufgrund bewußtgemachter pathologischer Seeleninhalte zur integrierenden Selbstbewußtheit kommt (der aggressive, manische Held oder der mit dem Über-Ich identifizierte Löwetyp); vielmehr erlangt der Mensch die höchste Persönlichkeitsintegration durch eine Depotenzierung der negativen Libido, die, statt verdrängt zu werden, durch die mythische Arbeit des Herakles erkannt, angenommen und ausgelitten wird. Daher können wir sagen, daß die zwölf Aufgaben des Herakles die »seelenbildenden« Faktoren darstellen, in welche die Libido und die undifferenzierten Triebe kanalisiert werden.

Mit den berühmten Aufgaben des Herakles begegnet der Löwetyp seinen eigenen megalomanen Tendenzen; erst durch langsame und mühsame Aufbauarbeit kann ein Gleichgewicht zwischen differenzierten Seelenschichten und undifferenzierten Trieben erlangt werden. Die Symbolgestalten der zwölf Arbeiten des Herakles enthüllen den tiefen psychischen Gehalt des Mythos, der der psychologischen Wirklichkeit des Löwezeichens entspricht. Herakles muß töten, zähmen, fangen, reinigen, bezwingen und opfern. Die herausfordernden Symbolgestalten seiner Arbeiten sind: Der Löwe von Nemea, die Lernaische Hydra, die Keryneiaische Hindin, der Erymanthische Keiler, die Ställe des Augias, die Stymphalischen Vögel, der Kretische Stier, die Rosse des Diomedes, der Gürtel der Hippolyte, das Vieh des Geryon (die Rinder des Apollo), die Äpfel der Hesperiden, die Gefangennahme des Kerberos (des Höllenhundes). Symbole entfesselter, gewaltiger Energien und unbewußter Aggressivität, denen sich der Mensch zu stellen hat, bis er sie in die bewußte Persönlichkeit integriert. Das Individuum Löwe muß seiner eigenen Triebhaftigkeit begegnen, sich seelisch mit ihr auseinandersetzen und sie integrieren. Dabei verliert die chthonische, destruktive Energie ihren pathologischen Charakter und wird Mittel zur Selbstverwirklichung. Auch sprechen wir nicht mehr von einem gefürchteten, feindlichen Schatten, sondern von einem neuerarbeiteten Seeleninhalt. Der Heraklesmythos entspricht dem Weg, den jeder

Mensch auf der Suche nach sich selbst zu gehen hat. *Arbeit* und *Aufgabe* des Löwen bestehen, wie wir schon sagten, in der *Bewußtwerdung*.

Die Bezwingung des Löwen von Nemea ist die erste Arbeit des Herakles. Dieser mythische Löwe terrorisierte die Bewohner der Stadt Nemea, unter denen er die Opfer seiner Beute suchte. Es hieß, weder Eisen, Bronze noch Stein konnten ihn verletzen. Vielleicht war Selene seine Mutter (deshalb symbolisiert er eine von einem aggressiven Mutterbild freigewordene destruktive Energie) oder Typhon sein Vater (auch in diesem Fall kommt die negative Energie von einem höchst destruktiven Vaterbild). Der Kampf Herakles' mit dem Löwen symbolisiert die innere Konfliktualität des Löwezeichens: der Mensch muß seine eigenen autopunitiven Neigungen überwinden lernen und eine psychologische Unverletzbarkeit entwickeln. Herakles als Mann-Löwe-Individuum bekämpft, besiegt und verarbeitet seine triebhafte Löwenatur.

Der Löwe von Nemea sollte innerhalb eines Monats getötet werden. Im Falle seiner Bezwingung versprach Herakles, Zeus ein Opfer darzubringen. Herakles stellt sich dem Löwen mit Pfeil und Bogen, doch rasch erkennt er die Wirkungslosigkeit der *objektiven* Waffe und greift daher zur *subjektiven* Waffe, seiner eigenen Körperkraft. Nach einem langen und erbitterten Kampf gelingt es dem Helden, den Löwen in seine Höhle zurückzudrängen (die kontrollierte Verdrängung der Libido!) und ihn durch Zusammenpressen des Sonnengeflechts zu ersticken: somit ist seine eigene undifferenzierte Löwenatur besiegt. Das Fell des Löwen dient Herakles als Bekleidung, der entleere Löwenschädel als Kopfbedeckung (Introjektion der Löwevalenz!).

Das Heilige und Göttliche der Löwesymbolik ergibt sich aus der psychologischen »Unverletzbarkeit«.

Wir möchten hinzufügen, daß das Realitätsprinzip in der Heldentat des Herakles symbolisch enthalten ist: Durch die Auseinandersetzung mit den Schwierigkeiten des konkreten Lebens werden diese bezwungen (Realitätsprinzip), da der Mensch nicht länger in der krebsischen Erinnerungswelt verweilt (Lustprinzip); Sicherheit und Unversehrtheit müssen für ein bewußteres integrierteres Sein geopfert werden können. Deshalb ist es notwendig, die eigenen Kräfte, die in diesem Kampf mit der Wirklichkeit eingesetzt werden, gut zu kennen.

»Die Bewußtwerdung ist nicht das Resultat einer natürlichen Überlegenheit, die zur Selbstverherrlichung führen würde, sondern die Entdeckung eines Schlüssels, der den wahren Lebenssinn aufschließt.«[32]

Die wahre Bedeutung dieses Mythos liegt für den Löwemenschen in der unbedingten inneren Öffnung zum Transzendenten und in der Suche, mit sich und den Kräften der Natur, mit denen er zu ringen hat, um eine höhere Bewußtseinsstufe zu erreichen, in Einklang zu stehen. In der Symbolgestalt des Löwen konzentrieren sich die verschiedenen Bedeutungen der Sonnenkulte und Mythologien. Hier soll darauf nicht näher eingegangen werden; im Kapitel über die Sonne als Planet wird ausführlich auf ihren mythologischen Gehalt Rücksicht genommen. Die vitale Sonnenkraft findet im Löwen in Form eines starken Eros, der sich in Genitalität und Orgasmus manifestiert, ihren Ausdruck. Die psychodynamische Manifestation des Eros geht beim Löwegeborenen von der undifferenzierten ichbezogenen Sexualität bis zur höchsten Integration des Eros wie bei Dante das »Sich-in-Gott-Versenken«. Der Löwe gibt seinen Trieben einen natürlichen Auslauf, hat aber zugleich ein gut differenziertes Ich-Bewußtsein, das er sich nur mühsam erkämpft und das sich vom Über-Ich eindeutig unterscheidet.

Nach der sehr gelungenen typologischen Klassifikation von A. Barbault unterscheiden wir im Löwen den Herkuleischen und den Apollonischen Typ (Apollo – der Sonnengott). Der erstere wird durch starke Triebhaftigkeit, Pragmatismus und Extroversion charakterisiert. Er ist der Realist, der sich nur auf seine eigenen Kräfte verläßt, auf sich selbst bezogen lebt, stets sich andern gegenüber behaupten will und daher zur Herrschsucht neigt. Der andere Löwetyp ist durch einen geistig idealistischen Wesenszug gekennzeichnet: Er ist der Antipode zu Nietzsches Dionysius, ist aufgrund der introjizierten Sonnenkraft diszipliniert (entspricht auch Herakles nach der Vollbringung der zwölf Arbeiten) und führt oft eine künstlerisch schaffensreiche oder von religiösen und erhabenen geistigen Ideen geprägte Existenz. Wie wir schon gesagt haben, neigt der Löwetyp zur Inflation des Ich, daraus folgt eine selbstbestätigungssuchende Hyperaktivität im sozialen Bereich. Der überaus betonte Individualismus des Löwentyps kann die Entwicklung der Persönlichkeitsintegration beeinträchtigen. Siehe Herakles, der mit seinen triumphalen Siegen in Griechen-

land den Zorn der Göttin Hera herausfordert, die ihn mit dem Wahnsinn bestraft. Hier kommt der narzißtische, niedrige Drang zur Selbstbestätigung, das »Ich will« zum Ausdruck, um seine eigenen Wünsche und Bedürfnisse zu befriedigen.

Der durchschnittliche Löwemensch ist in sich selbst verhaftet. Das tyrannische Ich finden wir auch bei Individuen mit entwickelterer Selbstbewußtheit; alle Konflikte werden introjiziert.

Unter den höher entwickelten Löwemenschen stoßen wir auf intellektuelle und schöpferische Individuen, deren archetypisches Vorbild der griechische Gott Apollo ist. Dieser Löwetyp besitzt eine eigene rationalistische Gedankenstruktur. In der Gestalt des Christus können wir den vollkommen verwirklichten Löwemenschen erkennen: Durch sein Selbstopfer (Gott nimmt Menschengestalt an und identifiziert sich auch mit den niedrigsten menschlichen Trieben: das göttliche Selbstopfer ist uns aus dem Mithraskult und dem Christentum wohl bekannt) erreicht der Mensch seine höchste Bestimmung. Es handelt sich dabei um einen hochdifferenzierten astrologischen Typ, der Sühne und Opfer bewußt auf sich nimmt, um altruistische Ziele für das Wohl der Gemeinschaft zu erreichen.

Die Jungfrau

♍

Mit Maria Himmelfahrt, am 15. August, nimmt die Sommerhitze allmählich ab und acht Tage später, am 23. August, geht die Sonne in das Zeichen der Jungfrau über.

Die Natur tritt in eine neue Phase ihres Werdeganges: das Getreide ist bereits geschnitten, die Früchte geerntet, und mit den leichten Septemberwinden fallen die ersten Blätter von den Bäumen. Mit der Jungfrau geht der Evolutionszyklus der Natur zu Ende und die materielle Substanz beginnt ihren Involutionsprozeß, die Rückkehr in ihre Essenz. Auch markiert dieses Zeichen auf psychologischer Ebene den Übergang von Individuation und Nicht-Ich – Ich-Bewußtsein zur intuitiven Erfahrung der kosmischen Ganzheit.

Wir möchten hier die sehr suggestive und zugleich interessante Beschreibung von M. Sénard über das Wesen der Jungfrau wiedergeben: »Die dualistische Energie der Verstandeskapazität des Löwen läuft Gefahr, sich in einem sterilen Kampf zu erschöpfen. Die ›pro und contra‹ Dialektik kreist in einem ›circulus vicious‹ von Gedankengängen, die auf Logik und Sinneswahrnehmung beruhen. Doch allmählich kommt er zur Feststellung, daß seine auf Logik und Ratio basierenden Erkenntnismethoden unzulänglich sind. Auch kommt hinzu, daß sein ichbezogenes Handeln und sein starker Selbstbehauptungswille Frustrationen ausgesetzt sind. Die Dichotomie zwischen Wunsch nach materiellem Besitz und Wissen um die großen potentiellen Erkenntnismöglichkeiten des Menschen erzeugt eine konstante Unzufriedenheit, wenn nur materielle Wünsche Befriedigung finden. Der Mensch beginnt, nach anderem zu suchen. Will man das Leben in seinem astrologischen Werdezyklus betrachten, so muß die Jungfrau vor dem Kreuz Raum-Zeit-Materie in die Knie gehen und den Sinn ihrer Inkarnation verstehen lernen. Die Position der Jungfrau im Tierkreis befindet sich am unteren Ende des senkrechten Kreuzarmes, der dem Lebensbaum entspricht, dessen Gipfel in den über den Lebensstrom hinausgehenden Manifestati-

onskreis, wie ihn der ägyptische Tierkreis mit den Konstellationen der südlichen Hemisphäre darstellt, hineinreicht und sich im Ozean des Absoluten und Unendlichen verliert.«[33]

Das Symbol für das Sternbild Jungfrau ist eine mit Flügeln dargestellte, schreitende junge Frauengestalt; in der Rechten hält sie einen Pflanzenschößling, der die Lebenskontinuität symbolisieren soll; in der Linken hält sie eine Ähre, Symbol für eine sichere, reiche Ernte.

Das Ideogramm des Jungfrauzeichens ist der Buchstabe M in seiner gotischen Schreibweise: vom letzten Längsstrich geht eine Krümmung nach unten und nach rückwärts. Damit sollen die Flügel der Jungfrau angedeutet werden.

Der Buchstabe M kann für das Jungfrauzeichen Verschiedenes bedeuten: zum Beispiel bringt Sénard die germanische Rune *Madr* mit dem Buchstaben M in Zusammenhang; diese Rune hat die Bedeutung: göttlicher Ursprung, höhere Kenntnis. Eine einfache Assoziationskette mit dem Buchstaben M: Mutter-Jungfrau-Maria-Madonna genügt, um die religiöse Symbolik dieses Zeichens zu erfassen, die weit über jeden Symbolgehalt menschlicher Prägung hinausreicht. M bedeutet geistige und intellektuelle Evolution zu kosmischem Bewußtsein.

Eine naturalistische Deutung dieses Zeichensymbols sieht in der Jungfrau eine Entsprechung für den natürlichen, irdischen Lebenszyklus: um diese Jahreszeit hat die Erde bereits ihre meisten Früchte vergeben, sie wird wieder steril und unproduktiv. Doch zugleich beginnt sie einen anderen Zyklus: neuer frischer Humus entsteht, damit sie die kommende Saat aufnehmen und in ihrem Schoße vorbereiten kann.

Sterilität und Fruchtbarkeit stehen in Analogie zur menschlichen Jungfrau: sie verbindet Reinheit mit Fruchtbarkeit. Dieselbe Analogie finden wir in den verschiedensten Religionen noch stärker ausgeprägt. Große Bedeutung hatte die Jungfraugestalt in den Mysterienschulen von Eleusis und Ephesus. Auf ihre überragende symbolische Bedeutung in der christlichen Religion muß hier nicht näher hingewiesen werden.

Im Jungfrauzeichen verwirklichen sich Geist und Intelligenz in ihrer vollkommensten menschlichen Ausdrucksform.

Während im Löwen das erste autonome Ich-Bewußtsein entsteht, erweitert und verfeinert sich das subjektive Bewußtsein in der Jungfrau. So gewinnt das Ich allmählich Distanz zur dionysi-

schen Immanenz und nähert sich der apollonischen Transzendenz. Das rationale Bewußtsein dehnt sich aus, während die Triebe eine Umgestaltung erfahren. Deshalb erkennt man allgemein in der Jungfrau das Zeichen der Vernunft, der Logik und des systematischen Erwerbes. Der Planet Merkur – Hermes, der Götterbote – beherrscht dieses Zeichen, gibt ihm eine vorherrschende Intelligenz, die in ihm die Bereitschaft zur höheren Integration seiner Persönlichkeit erweckt.

Astrologisch gesehen ist die Jungfrau auch Symbol für die Mutter und das Matriarchat. »Das Wort ›virgo‹ (lat. Jungfrau) ist Abkömmling und Verunstaltung eines uralten atlantischen Wurzelnamens, der in jenen fernen Zeiten dem Mutterprinzip gegeben wurde. Diese Jungfrau war die Gründerin des Matriarchats, das damals die Zivilisation beherrschte und für das die verschiedensten überlieferten Mythen und Legenden Zeugnis ablegen; sie handeln von Lilith, der letzten der jungfräulichen Gottheiten in atlantischer Zeit.«[34]

Alle diese Mythen deuten auf die Befreiung des geistigen Menschen aus der Sklaverei der Materie hin. In ihrer weiblichen Essenz ist die Jungfrau vom mütterlichen Element des Krebses verschieden, bei dem es eigentlich nur um die fötale Existenzphase bzw. die Schwangerschaft geht.

Jene große mythische Gestalt, die der Symbolik der Jungfrau am nächsten kommt, ist Demeter, die Göttin der goldenen Ähren; selbst ein Stern wurde nach ihr benannt. Es wird berichtet, daß Hades, Gott der Unterwelt, sich unsterblich in Demeters Tochter Persephone verliebt, sie ihrer Mutter raubt und sie auf seinem von vier Rappen gezogenen Wagen in die Unterwelt bringt. Demeter vermißt ihre Tochter und sucht sie auf der Erde. Ihre verzweifelten Rufe erhalten als Antwort den Widerhall ihrer eigenen Stimme.

Das erfolglose Suchen treibt sie in den Wahnsinn, der sie steril macht. Sie verliert den Kontakt mit der fruchttragenden Erde, verweilt unter den Felsen von Eleusis, während Trockenheit und Dürre das Land befallen. Hier liegt die Grundbedeutung dieses Mythos: die Mutter muß die Trennung von der Tochter akzeptieren.

Die Jungfrau muß das Opfer auf sich nehmen, in eine höhere Lebensdimension aufzusteigen. Demeter ist verzweifelt bemüht, die Nabelschnur zu ihrer Tochter zu erhalten, wird dabei ihrer

Erde, ihren Feldern und Früchten untreu, vernachlässigt ihre eigentliche Rolle, weshalb sich die beschützende jungfräuliche Wärme in destruktive Unfruchtbarkeit verwandelt.

Ihr verzweifeltes Schluchzen erweckt Hekates Mitleid, die sich an die Sonne, den Gott Helios, wendet, um Persephone mit Merkurs Hilfe zu finden. Merkur stellt jedoch fest, daß Persephone aus freiem Entschluß in der Unterwelt weilt, nachdem sie von den Granatäpfeln, die ihr Hades reichte, gegessen hat.

Weiter berichtet der Mythos, daß Zeus dieses Problem vorgelegt wird, damit er ein gerechtes Urteil fälle: Er entscheidet, daß sich Persephone weder von ihrer Mutter noch von ihrem Gatten trennen soll; Herbst und Winter, während die Erde schläft, soll sie mit Hades in der Unterwelt verbringen, Frühling und Sommer, wenn auf der Erde alles blüht und gedeiht, soll sie mit Demeter auf dem Olymp weilen.

Dieses Urteil bringt die Verschmelzung von Vernunft und Trieb zum Ausdruck, heißt aber auch, genereller gesehen, daß die Einseitigkeit auf jeder Seinsebene geopfert werden muß. Mit der Demeter-Persephone-Symbolik geht die subjektive und individuelle Lebensbetrachtung zu Ende, während eine erweiterte, altruistische Weltschau ihren Anfang nimmt. Darin liegt die psychologische Bedeutung und Aufgabe der Jungfrau.

Gehen wir nun kurz auf die innere, psychologische Struktur der Jungfrau ein, um ihre überragende Bedeutung für die menschliche Evolution besser zu verstehen. Demeter als Schutzherrin des Jungfrauzeichens ist nicht nur die egoistische, gequälte Mutter, wie wir sie aus der Mythologie kennen, sondern auch die arbeitsame Göttin des Getreidebaues und der Jahreszeiten, die eleusinische Gottheit der Heilsinitiationen und der Getreidemysterien.[35]

Die Psychologie der Jungfrau ist komplex und nicht leicht zu erfassen, da ihr so viele Symbole zugrunde liegen. In erster Linie wollen wir der Meinung, dieses Sternbild wäre schwach, unglücklich und negativ, energisch widersprechen. Hingegen ist die Tatsache hervorzuheben, daß dem Jungfrautyp eine starke Ambivalenz des Charakters innewohnt. Meist ist der Jungfraugeborene zyklothymisch-melancholisch; sein nervöses Temperament verdankt er dem vorherrschenden Merkureinfluß, auch legt er auf seine geistig-seelische Aktivität mehr Gewicht als auf sein Triebleben. Er leidet häufig unter Anpassungsschwierigkeiten und assimiliert nur allmählich seine eigenen Lebenserfahrungen. Seine tief innewoh-

nende Unruhe läßt ihn ständig zwischen Wohlbefinden und Unbehagen hin- und herschwanken, wie Demeter, die zwischen Fruchtbarkeit und Sterilität ihrer inneren Ruhelosigkeit Ausdruck gibt. Seine selektive Geisteshaltung entspricht einer Hypersensibilität, der ein feines, aristokratisches Wesen, das durch die selbstverneinende Haltung oft nicht wahrgenommen wird, zugrunde liegt. Der Pessimismus der Jungfrau reicht manchmal bis zu Zwangsvorstellungen von negativen Ereignissen und Katastrophen. Hier ist wieder Demeter ein erklärendes Beispiel: Aufgrund ihrer irren Verzweiflung flüchtet sie sich vor der objektiven Beziehung mit der natürlichen, konkreten Wirklichkeit. »Die Unfruchtbarkeit« der Jungfrau widerspiegelt die Beziehung der Göttin zur Erde; sie verliert aufgrund des Tochterwahns ihre göttliche Funktion und identifiziert sich mit dem Bild der negativen obsessiven Mutter. Ihre Sterilität überträgt sich auf die Erde, Objekt ihrer Funktion als Fruchtbarkeitsgöttin.

Doch ist die Jungfrau auch fruchtbar und kreativ: Demeter erreicht nach langer, irrender Suche und Wanderung Eleusis und dringt als alte Frau verkleidet in den Königspalast ein. König Keleus vertraut ihr seinen Sohn Triptolemos zur Erziehung an. Die Göttin zieht ihn mit Ambrosia auf und reinigt ihn des Nachts mit Feuer, um ihm Unsterblichkeit zu verleihen. Doch, überrascht von den Eltern des Kindes, muß sie diese magischen Praktiken aufgeben, gibt sich als Göttin zu erkennen und gebietet Keleus, ihr in Eleusis einen Tempel zu errichten. Nachdem sie Triptolemos in die eleusinischen Mysterien eingeweiht hat, reicht sie ihm eine Getreideähre und lehrt ihn, diese zu pflanzen. Auch weist sie ihn an, den Getreidebau in der ganzen Welt zu verbreiten und den Menschen ein friedvolles Zusammenleben zu gewähren.

Der doppelte Jungfrauaspekt kommt an Hand dieses Mythos klar zum Ausdruck: einmal der kreative,vitale, nach dem Lebensprinzip geordnete Aspekt, dann der pessimistische, neurotische Demeter-Hekate-Aspekt. Das Jungfrauzeichen verneint noch die natürliche psychische Entwicklung, um in der Ödipusthematik verweilen zu können, doch paßt er sich zugleich dem Lebensrhythmus an und schafft bleibende Gesetze. Ausdruck der *Ratio* und der ordnenden Intelligenz ist deshalb Merkur-Hermes, der geflügelte Götterbote, Herrscherplanet dieses Zeichens. Aus psychologisch-astrologischer Sicht entspricht das

Jungfrauzeichen dem konkreten Ausdruck aller jener Funktionen, die mit Aktivität, Intelligenz und Sachlichkeit zu tun haben.

Sénard schreibt: »Das rastlose Tun hat zum Teil seine Ursache im Wunsch nach ›anderem‹, das sich unbewußt als Suche nach dem Ideal der Isis-Wanderung auswirkt. Die Jungfrau wird von der Unruhe des Strebens nach Besserem heimgesucht… dies manifestiert sich in einem unwiderstehlichen Bedürfnis, aktiv zu sein, das sich aufgrund eines zwanghaften Perfektionstriebes bis in die Psychose steigern kann.«[36]

Der Jungfraugeborene kann sich durch eine besondere Intelligenz auszeichnen, doch bleibt sie immer rational, praktisch-analytisch; jedes kleinste Detail wird in Betracht gezogen, um den Dingen auf den Grund zu gehen. Aus dieser intellektuellen Grundhaltung entspringt der praktische Sinn der Jungfrau.

Das Psychische hat meist die Oberhand über dem Physischen; häufig finden wir bei den Jungfrautypen eine totale Verneinung der Triebe, weshalb anale Verdrängungen und damit verbundene Komplexe entstehen. Die symbolische Analogie zu Demeter liegt darin, daß sie Persephones Liebe zu Hades nicht akzeptieren kann und somit die Realität des Trieblebens verneint. Ihre Depression hat den Entzug ihrer Libido von der Erde, die unfruchtbar wird, zur Folge, während sie ihrem Wahn, ihre Tochter wiederzuhaben, ausgeliefert ist. Das Verhalten der mythischen Demeter entspricht der psychopathologischen Situation des Jungfrauzeichens.

Die Retentionslust – wie der Freudianer A. Barbault meint – erzeugt im Jungfraugeborenen übertriebene Sparsamkeit, Eigensinn, Selbstkontrolle, starke Skrupel, ja sogar manische Tendenzen. Kann er seine Analität sublimieren, so haben wir es mit dem höherentwickelten Jungfraumenschen zu tun: unter ihnen finden wir die wahren Intellektuellen und Künstler. Der unbewußte, niedrigere Jungfrautyp ist seinem Analkomplex ausgeliefert und kann sich aus der Ebene des konkreten, rationalen Denkens nicht erheben. Daher bleibt er ein Leben lang in einer tödlichen Mittelmäßigkeit stecken. Vermeidet der Jungfrautyp Kleinkrämerei und Perfektionszwang, indem er zwischen Physis und Psyche ein Gleichgewicht findet (diese Möglichkeit hängt vom individuellen Horoskop ab), so kann er sich in einer überrationalen, harmonischen und höchst kreativen Dimension verwirklichen.

Die Waage

♎

Am 23. September, bei Tag- und Nacht-Gleiche und Herbstbeginn, tritt die Sonne in das Zeichen der Waage. Zu dieser Jahreszeit kommt die Natur nach den großen Sommerhitzen zum Ruhen, und die Vegetation geht ihrem Involutionszyklus entgegen. Alles Leben tritt in eine Ruhepause des Gleichgewichts, deshalb haben wir für diese Periode das Symbol der Waage.

Die Ethymologie des Wortes »Waage«, im Griechischen *lekos, lakane,* erweckt die Idee eines Tellers, einer Fläche, ja sogar des Ehebettes; doch läßt sich seine Bedeutung auch auf Zeugung, gesundes Wachstum und Harmonie der Gefühlskräfte erweitern (*eleutheros* kommt von *eleutho*: »steigen, wachsen«; das lateinische Wort für »Waage« *libra* heißt auch Maß).[37]

Das Symbol der Waage ist die Vereinigung zweier Pole, die Unio von Menschen, Seelen, Herzen, Gedanken, Gefühlen, Kraftquellen, ja von Wissen und Kenntnissen, um durch einen intimen Projektionsprozeß (Agape, Hierosgamos) von einem Pol in den andern das perfekte Gleichgewicht der Zweiheit in der Einheit herzustellen.

Das Symbolzeichen der Waage besteht aus zwei horizontalen Parallelen, von denen die obere in ihrer Mitte einen kleinen Halbkreis formt. Dieses Zeichen ist der ägyptischen Hieroglyphe für Gleichgewicht ähnlich. In manchen Tierkreisen wird das Waagezeichen als Männergestalt dargestellt, die in einer Hand eine Waage hält, in der andern ein Meßgerät. Hier wird der rückläufige Zyklus der Natur symbolisiert: die Vegetation geht Tod und Verwandlung entgegen, um in neuen Formen und Substanzen wiederaufzuleben.

Im menschlichen Entwicklungszyklus entspricht die Waage der Integration des Ich im Du. Um dies zu erreichen, müssen die Gesetze und Normen der Gesellschaft und des Zusammenlebens assimiliert und angewendet werden.

Auch muß das eigene Schicksal nicht in seiner konkreten, physischen Verwirklichung wahrgenommen werden, vielmehr

in seiner transzendentalen Dimension, in der der Mensch Tod und Verwandlung seiner egozentrischen Vitalkräfte erfährt, um zuletzt im Zeichen der Fische in die kosmische Energiequelle zurückzukehren.

Die Waage als Gleichgewicht und Maß aller Dinge bringt ein neues Bewußtsein mit sich: der Mensch sucht seine Verwirklichung nicht mehr in einem exaltierten Individualismus, sondern in der Vereinigung und Ergänzung mit dem Partner: *unio e coniunctio oppositorum* (Jung).

Wir wollen nun das Zeichen der Waage mit ihrer mythologischen Symbolik in Zusammenhang bringen, um ihre Psychologie besser zu verstehen.

Wie wir bei den Zwillingen gesehen haben, sind Ich und Nicht-Ich in ständigem Konflikt. In der Waage hingegen sucht das Ich seine Ergänzung durch die Beziehung zum andern. Erst wenn sich der Waagemensch im Du gefunden hat, kann er sein Wesen in erfüllender Ganzheit erfahren. Doch um zu diesem Ziel zu gelangen, muß das Individuum zuvor die Kontakte suchen, Bekanntschaft mit dem Partner machen, Unsicherheiten der ersten Begegnungen überwinden, Risiken einer Enttäuschung auf sich nehmen und viel eigene Kraft zur Verwirklichung der *Unio* einsetzen.

Aus der Mythologie soll uns die Geschichte von Eros und Psyche die Waagepsychologie veranschaulichen, denn hier geht es um die Suche nach dem Ideal-Du, das nicht mehr eine Projektion der Phantasie ist, sondern einer evolutiven Eigenenergie entspricht.

Es wird berichtet, daß Psyche, eine nach Vollkommenheit und Idealität strebende Frau, sich mit Eros, dem Gott der Liebe, vermählt und mit ihm an einem dunklen Ort lebt, wo sie ihn nicht sehen kann. Doch will sie ihren Gatten gegen den Willen der Götter zu Gesicht bekommen und zündet eine Öllampe an (die Lampe des Wissens!); während sie die Lampe voller Neugierde über ihren schlafenden Geliebten hält, fällt ein heißer Öltropfen auf ihn. Erzürnt über Psyches Verstoß gegen den Willen der Götter, macht er ihr Vorwürfe und verläßt sie. Nun beginnt Psyches verzweifelte Wanderung auf der Suche nach ihrem geliebten Gatten, mit dem sie so hohes Glück, allerdings nur in der Dunkelheit, erfahren konnte. Vergeblich steigt sie auf den Turm der Erkenntnis; Eros ist nirgends zu finden. Entmutigt und voller

Verzweiflung will Psyche Selbstmord begehen und sich von einem Felsen stürzen, als sie eine Stimme vernimmt, die ihr sagt, welchen Weg sie gehen soll, um Eros wiederzufinden. Sie muß in die Unterwelt hinabsteigen und nach Bewältigung vieler Hindernisse das Gefäß mit den magischen Salben Persephones finden.

Psyche kommt endlich in Besitz dieser magischen Salben. Maßlos vor Freude über ihren Fund öffnet sie mit einer impulsiven Geste das Köfferchen, aus dem die magischen Düfte entweichen und sie betäuben. Hier eilt ihr Eros mitleidsvoll zu Hilfe, und mit Genehmigung der Götter führt er Psyche zurück auf den Olymp, wo sie ihre heilige Hochzeit feiern. Der Mythos von Eros und Psyche symbolisiert die Unfähigkeit des Menschen, ein ideales Gleichgewicht zu finden.

Die Vereinigung mit dem Du kommt nicht durch ein Verstandesurteil und die Kenntnis durch die Sinne zustande, sondern aufgrund seelischer Nähe und Intimität, liebevoller Hingabe und starker, umfangender Gefühle, die das eigentliche Wesen der menschlichen Erotik ausmachen. Zu Wissen gelangt man nicht durch die Flucht vor dem Konkreten in Verfolgung eines abstrakten Weges, sondern durch ein noch tieferes Eindringen in das Wesen der konkreten, physischen Wirklichkeit, ohne von ihr den Geist zu trennen. Dieses Lebensprinzip widerspiegelt sich im chinesischen *Tao,* im *Taoteking* und im *Buch der Wandlung (I Ging)*.

Das Gleichgewicht polarer Gegensätze finden wir auch im Mythos von Adonis, der Aphrodite und Persephone zugleich liebt, sich aber für keine der beiden Göttinnen entscheiden kann. So verweilt er, dem Willen seines Vaters Zeus zufolge, sechs Monate auf der Erde mit Aphrodite und sechs Monate in der Unterwelt mit Persephone. Adonis stirbt an einer Jagdwunde, wird aber wiedergeboren. Diese Wiedergeburt symbolisiert das Gleichgewicht der Jahreszeitenzyklen. Seine Unstetigkeit und Rastlosigkeit in der Liebe – mal ist er mit Aphrodite, mal mit Persephone – versinnbildlicht die Beziehung zwischen dem Ich und dem Du (das Hoch und Nieder der Waagschalen!).

Die Waage ist das Zeichen der Gerechtigkeit, der Gleichheit; sie hält zwei verschiedene Elemente, zwei äquivalente Maße im Gleichgewicht. Ihrem Sinn entsprechen Nr. 11 »Der Friede«: Himmel und Erde begegnen einander und bereiten in diesem rezeptiven und kreativen Zeichen den Frühling vor; Nr. 12 »Die

Stockung« entspricht der Jahreszeit des Herbstes und der Involution der Natur, zwei Hexagramme des *I Ging*.

Die Idee von Maß und Gerechtigkeit, von abgerundeten, harmonischen Formen widerspiegelt sich astrologisch in der Herrschaft des Planeten Venus und der Erhöhung des Planeten Saturn im Zeichen der Waage; Liebe und Gefühlswärme verschmelzen mit ausgeprägtem Gerechtigkeitssinn und strenger Vernunft.

Die Waage gehört dem Luftelement an, ist ein Kardinalzeichen und entspricht der rechten Horizontalachse des Menschenkreuzes im Horoskop. Zwischen Seele und Form herrscht Gleichgewicht und Kontemplation: niemals darf das eine über das andere vorherrschen. Das Zeichen der Waage stellt eine Art Zwischenspiel der Seele dar, um nach dieser Ruhepause in Harmonie und Ausgeglichenheit den Kampf der Persönlichkeitsintegration in ihrer höheren Form gestärkt anzutreten.

Alice Bailey behauptet, daß im Zeichen der Waage der absolute Dualismus experimentiert wird. Aus diesem Grunde sind die Waagemenschen bemüht, sich psychologisch im Gleichgewicht zu halten, sich mit Hilfe von Kompromissen, Konventionen und Normen vor Lebensschwierigkeiten zu schützen. Sicherlich beschränkt diese große Vorliebe für Gleichgewicht, Harmonie und Ausgeglichenheit die schöpferische und leidenschaftliche Ausdruckskraft der Seele. Der saturnische *senex* vereint sich mit der Venus-Dimension des *puer,* um ein emotionales Gleichgewicht herzustellen. Der Waagemensch ist meist sentimental-nervösen Charakters und kann introvertiert und extrovertiert sein. Ist der Löwe Ausdruck des Willens und die Jungfrau Ausdruck der ordnenden Intelligenz, so bereichert die Waage das Gefühlsleben mit Intuition und Sinn für Pathos.

Mehr als jede rationale Überlegung bestimmen Gefühl und Emotion die Erfahrungen des Waagemenschen (Mythos und Psyche). Seine saturnische Ich-Begrenzung läßt ihn sein inneres Gleichgewicht fast ausschließlich im Du, in seiner Ergänzung suchen. Er hat ein liebenswürdiges, geselliges Auftreten, wirkt jedoch oft verhalten, ja abweisend. Aus seinen starken Gefühlen macht er kein Hehl, ist warmherzig und unruhig zugleich.

Der Waagemensch hat Angst vor den Angriffen und Kränkungen der Umwelt, denen er sich ausgesetzt fühlt, und aufgrund seines introvertierten Charakters zieht er sich oft traurig und enttäuscht zurück.

Sein ausgeprägtes soziales Bewußtsein (man denke nur an die Symbole der Waage, wie Märkte, Handelsplätze, Justizpaläste, die die Idee der Zusammenkunft und des Zusammenhaltens hervorrufen) bewirkt im Waagegeborenen Solidarität und ein starkes Zusammengehörigkeitsgefühl.

In der Tiefenpsychologie symbolisiert die Waage den auf das Du projizierten eigenen Schatten, denn das Ich tritt im Zeichen der Waage mit dem Du in eine dialektische Beziehung und aktiviert alle bekannten Mechanismen der zwischenmenschlichen Kommunikation.

An Hand einer Geschichte, die wir A. Barbaults *La Balance*[38] entnehmen, wollen wir die Hemmung schildern, unter der der Waagetyp oft zu leiden hat.

Der Autor erzählt die Geschichte des Esels von Buridano, der, gequält von Hunger und Durst, dieselbe Entfernung bis zur Wasserquelle und zum Heubottich zurücklegen muß. Unfähig, sich zuerst für das Essen oder das Trinken zu entscheiden – der zweifache, gleichstarke Anreiz blockiert seine Entscheidungskraft –, bleibt er unbeweglich zwischen den beiden Nahrungsquellen und stirbt an Hunger und Durst.

Die hemmende Unsicherheit und ambivalente Unschlüssigkeit sind wahrscheinlich der geheime Dorn eines jeden Waagegeborenen. Wahl und Entscheidung werden vom Gefühl bestimmt. Daher ist der Wille der Waagemenschen zögernd; allerdings zeichnet ihn eine akute Intelligenz und rasche Aufnahmefähigkeit aus, mit denen er sein Ich-Bewußtsein im Aufprall mit dem ergänzenden Partner untermauert.

Sénard unterscheidet den niedrigen, durchschnittlichen und den höher entwickelten Waagetyp.[39]

Der durchschnittliche Waagemensch ist liebenswürdig, anpassungsfähig, taktvoll und zeigt oft ein musikalisches oder schauspielerisches Talent. Während er eine starke sinnliche Ausstrahlung haben kann, bleiben seine Erfahrungen oberflächlich, hedonistisch, in Ausnahmefällen manieriert.

Wesen und Charakter des *niedrigen* Waagetyps prägen eine starke Erotik und leidenschaftliche Gefühle: Er liebt Luxus und Wohlstand, sucht nach sinnlichen Genüssen und ist zu keiner Selbsthingabe fähig. Undifferenziert in seinen psychischen Manifestationen, bleibt er meistens oberflächlich und hedonistisch.

Der *höhere* Waagetyp vereint hingegen die besten Eigenschaften dieses Zeichens und ist von Harmonie, Anmut, Intelligenz und schöpferischen Gaben durchdrungen. Sein mythologisches Vorbild sind Aphrodite und Adonis. Dantes Beatrice ist eine repräsentative Inkarnation des höheren Waagetyps, der, sofern er die Immanenz überwindet, die höchste Stufe der Persönlichkeitsintegration erreichen kann.

Mit dem Zeichen der Waage beendet der Mensch seinen evolutiven Alleingang und beschreitet den Weg der *Unio,* der Vereinigung mit dem Du.

Der Skorpion

♏

Der Herbst mit seinen Tod verkündenden Farben und den früh hereinbrechenden Nächten ist schon voll im Gange, wenn die Sonne am 23. Oktober in das achte Tierkreiszeichen übergeht. Die Pflanzenwelt hat die Phase der Auflösung ihrer Formen und Substanzen bereits eingeleitet: Blätter und Wurzeln, Stengel und Halme vermengen sich mit der ruhenden Erde, wenn die ersten warmen Regengüsse dem anfänglich milden Herbstklima ein jähes Ende bereiten. Der Skorpion ist das zweite Wasserzeichen und leitet eine der geheimnisvollsten und beunruhigendsten Entwicklungsphasen der Natur ein: ihr Vergehen und Wiedererwachen, Tod und Wiedergeburt. Ähnlich den vegetativen Substanzen, die sich unter der Herrschaft des Skorpionzeichens verwandeln und auflösen, erfährt auch der Mensch im Skorpion seine Bewußtseinswandlung, damit er unter Zusammenschluß seiner zur Koordination und Synthese hinarbeitenden Entwicklungskräfte seine immanente oder transzendente *Neugeburt* vorbereiten kann.

Anfang November wird das christliche Fest der Heiligen und der Verstorbenen gefeiert, wobei die Sanktifikation Opfer, Entsagung und Tod gerecht wird. Doch bedeutet der Tod hier nicht ein endgültiges Lebensende, sondern nur den Übergang von einer Lebensform in die andere; so verwirklicht sich das Gesetz des Karma im Skorpion. Neben Entsagung durch den »Tod« gehören auch Eroberung und Aufbau in die Verwirklichungsebene dieses Zeichens: Tod und Leben feiern hier ihre paradoxale Hochzeit, Immanenz und Transzendenz vereinen sich zu einer einzigen Erfahrungsdimension.

Der Widder versprüht die noch undifferenzierte Lebenskraft, der Stier lenkt sie in konkrete, harmonische Formen, der Zwilling strukturiert sie, der Krebs investiert sie in Schwangerschaft und Geburt, im Löwen formt sie das individuelle Bewußtsein, in der Jungfrau wird sie intellektuelle Kraft, die Waage integriert sie in den Aufbau der Beziehung mit dem Du, im Skorpion hingegen

erschöpft sie sich in ihren konkreten Formen, damit sie in einer neuen Dimension Ausdruck findet; hier wird die Lebenskraft endgültig verwandelt, um sich auf einer höheren Manifestationsebene zu konkretisieren.

Im Skorpion wird inerte Materie zur Hüterin von Lebenskeimen. Als Beispiel möge hier die Seidenraupe erwähnt werden, die in der Ruhe und Dunkelheit ihres Kokons den Faden erzeugt; es fallen die vergilbten Herbstblätter in den schlammigen Boden, und alle toten Substanzen vermengen sich zu einem keimträchtigen Humus, der die von den sommerlichen Hitzen ausgedörrte Erde wieder befruchtet. Alles, was im Skorpion vergeht und stirbt, bereitet die Wiedergeburt auf einer anderen Ebene vor. Der Zyklus von Geburt, Tod und Wiedererwachen verwirklicht sich im Skorpion auf dramatische Weise, denn er läßt für die Erlösungserfahrung keinen Raum.

Die herkömmliche Astrologie betrachtet den Skorpion als »Friedhof« des Tierkreises. Sein Symbolzeichen hingegen ist fast dem der Jungfrau gleich, ein M, nur läuft der letzte Längsstrich nach oben aus. Die beiden ersten Längsstriche entsprechen den Scheren des Skorpions, während die nach oben auslaufende Endung den giftigen Stachel des Tieres symbolisieren soll.

Sénard erklärt den Ursprung des Skorpionideogramms: »Der Buchstabe M entspricht der Rune MAN, Wortwurzel für MANU, Urahne der Menschheit. Im Papyrus Mout-Hetep heißt es über Rà, Schöpferprinzip und Sonnengott: ›Du gehst in deinem Land Manu unter‹ (Manu ist der Name des Berges, hinter dem die Sonne untergeht). Das gotische Wort *man* bedeutet »Mensch« und Mensch bildet die Wurzel für *mens* = Geist, Bewußtsein, Denkprinzip, in das der Mensch im Augenblick des Todes ›untergeht‹ wie die Sonne hinter dem Berg Manu. Dies ist die Rückkehr zum Urahnen, zum menschlichen Urprinzip.«[40]

In anderen Tierkreisen kann das Skorpionsymbol von unserem ganz verschieden sein, doch bringt es immer wieder den Gedanken von Leben, Tod und Auferstehung zum Ausdruck. So wird zum Beispiel im ägyptischen Tierkreis des Hermes der Skorpion als Menschengestalt mit in Fischschwänzen endenden Beinen und in den Händen jeweils einen Blitzpfeil haltend dargestellt: ein Symbol für das Ungeheuer Typhon, Sohn des Tartarus und der Gea, das wutentbrannt Feuerwolken aufstößt. Das Krokodil, eine von einer Schlange umwundene Menschengestalt oder der Skor-

pion selbst sind weitere Symbole für dieses Sternzeichen; allen diesen Symbolen liegt die Idee zugrunde, daß das Leben erlöschen muß, um nach dem alchimistischen Prinzip *solve et coagula* verwandelt werden zu können.

Das Emblem dieses Sternzeichens ist insofern treffend gewählt, als es von allen Tierkreiszeichen am meisten gefürchtet wird; der Skorpion ist eines der gefürchtetsten Tiere, das auch beim Menschen Angst und Panik hervorruft. Der Skorpion ist eines der ältesten Tiere der Erde, schon die Babylonier kannten es unter seiner heutigen Form: ein feingliedriger, artikulierter Körper mit einem metameren Schwanz, der in einem giftigen Stachel endet. Der Skorpion scheut das Licht, lebt in alten Mauerrissen oder feuchten und unzugänglichen Erdfurchen und Löchern. Er lebt ein versteckt aggressives Leben, greift seine Beute plötzlich an und verteidigt sich mit vernichtender Gewalt. Er ist das einzige Tier, das sich mit seinem giftigen Stachel in einer Situation äußerster Gefahr selber den Tod geben kann.

A. Barbault schreibt folgendes über das Skorpionzeichen: »Tatsächlich kann man dieses Sternbild nur in einer Dialektik verstehen, die die außerordentliche Ambivalenz zwischen Leben und Tod zum Ausdruck bringt. Dem Skorpion werden viele negative Valenzen zugesprochen: Leid und Tod, das Nichts und das Absurde, der Abgrund, das Schlechte, das Drama usw. Diesen negativen Inhalten schließt sich jedoch immer wieder der Wiedergeburtsgedanke an. Der Skorpion ist auflösend und zersetzend, gibt Alter und Verwesung und bewirkt die alchemistische Verwandlung materieller und geistiger Substanzen.«[41]

Pluto, der Herrscherplanet des Skorpion, erinnert an den Fürsten der Unterwelt und an das Reich der Toten. Dieser mythologische Hintergrund allein gibt schon Aufschluß über Wesen und Charakter des Skorpion.

Die Geschichte von Orion ist der zentrale Mythos, der mit dem Skorpionzeichen in Verbindung steht. Kerényi beschreibt diesen Mythos sehr klar in seinem Buch über die griechische Mythologie[42], wobei die Analogien zum Skorpioncharakter nicht zu übersehen sind.

Betrachten wir in einer klaren Nacht den Sternenhimmel, so können wir die leuchtende Konstellation des Orion gut unterscheiden. In diesen flimmernden Lichtern erscheint das Bild des riesigen Jägers Orion, der von den Göttern bestraft wurde, weil er

sieben Jahre lang eine Schar von Mädchen, die später der Himmel zu sich nahm und die nun unter dem Namen der Plejaden als Gestirnkonstellation leuchten, verfolgt hatte. Einer andern Quelle zufolge sollen die Plejaden nicht Mädchen, sondern Tauben gewesen sein, die Orion in seiner unersättlichen Jagdlust töten wollte.

So heißt es im Mythos von Orion: Zeus, begleitet von Hermes und Poseidon, besuchte den König Hyrieus in seinem Palast. Alle drei Götter hinterließen ihre Samen in der Haut eines geopferten Stieres und geboten dem König, diese Hautbeule in der Erde zu vergraben. Nach zehn Monaten wurde Orion daraus geboren, der später, zum Jäger geworden, seinen starken Trieben zum Opfer fiel. Eines Tages, so geht die Legende weiter, vergewaltigte er in betrunkenem Zustand die Frau seines Stiefvaters Oinopion, Merope. Orion mußte die furchtbare Rache des Oinopion über sich ergehen lassen, der ihn im Schlafe so stark blendete, daß er die Sehkraft verlor.

Der Kernpunkt dieser Geschichte ist zweifellos der Inzest mit der Mutter, der mit der Erblindung bestraft wird (wie Ödipus). Doch enthält diese Geschichte gerade jene negativen Aspekte, wie Alkohol, Sexualität, Gewalttat, Blut und Schmerz, die dem Skorpion entsprechen.

Der Mythos berichtet weiter, daß sich Orion auf die Insel Lemnos begab, wo in der Schmiede des Hephaistos lärmend gearbeitet wurde, Hephaistos' Lehrmeister, Kedalion, ihn ergriff und auf seine Schultern setzte, damit ihn dieser an das Sonnenlicht führen sollte. Der blinde Orion setzte seine Augenhöhlen der aufgehenden Sonne aus und gewann seine Sehkraft wieder. Nun sann er nach Rache und suchte Oinopion wieder auf, konnte ihn jedoch nicht finden, da er sich in einer ehernen Kammer unter der Erde versteckt hielt. Orions Rachedurst wandte sich nun gegen die Natur und drohte, auf seinen Streifzügen alle Tiere der Erde zu töten. Als er gerade auf Kreta jagte, verfolgten ihn Artemis und Leto. Um seine aggressiven Triebe einzudämmen, brachte die Erde einen Skorpion hervor, der Orion mit seinem giftigen Stachel tötete; beide wurden im Himmelsgewölbe aufgenommen und bilden seither die Konstellation des Skorpion.

Aus einer anderen mythologischen Quelle geht hervor, daß Artemis selbst Orion getötet haben soll, nachdem Apollo ihm aus Eifersucht eine Falle gestellt hatte. Hier finden wir andere Skorpi-

oneigenschaften, wie Eifersucht, Rachsucht, Lust und Neigung zum Verbrechen. Orions Verhalten symbolisiert die unbewußte Tendenz der Selbstzerstörung: vom übermäßigen Alkoholgenuß, der die Sinne vergröbert, bis zum wutentbrannten, rachesuchenden Herumirren, das die tödliche Falle zur Folge hat; in diesem ambivalenten, destruktiven Verhalten liegt der Kern der Skorpionnatur.

Auch der Mythos von Orpheus, sein Gesang, mit welchem er Eurydike aus der Finsternis der Unterwelt (des Unbewußten) in die Welt des Lichtes führen wollte, gehört in den mythologischen Symbolkreis des Skorpion. – In anderen Kulturbereichen wird dem Skorpion ebenfalls das Symbol der blutigen Gewalttat zugeordnet. Bei den Mayas gilt der Skorpion als Jagdgott, allerdings versinnbildlicht er auch die Läuterung.

Bei den Dogon-Völkern Afrikas wird das Skorpionsymbol mit dem weiblichen Kastrationsritus in Verbindung gebracht.[43] Bei manchen afrikanischen Völkern darf der Name des Skorpion gar nicht ausgesprochen werden, denn dadurch werden Naturkräfte gegen den Menschen heraufbeschworen.

Im chinesischen Wandlungsbuch *I Ging* entspricht das Hexagramm Nr. 23 »Die Zersplitterung« dem Skorpion; in den Tarokarten ist es die Karte Nr. 13 »Das Haus Gottes« oder »Der Tod«.

Dunkle Zerstörerkräfte vernichten das schon Erbaute, um durch Veränderung und zersetzende Dynamik konstruktive Aufbaukräfte zu aktivieren. Diese paradoxe Skorpiondynamik ist ein charakteristischer Zug des Dämonischen und der erotischen Leidenschaft, die ihm eigen sind. Ordnung wird zur Zerstörung errichtet, damit das schwarze giftige Tier aus seinem Versteck hervorschnellen und mit seinem todbringenden Stachel angreifen kann.

Wie schon der Orionmythos beweist, wird der Skorpion von einer betonten Triebhaftigkeit beherrscht. Seine aggressive Triebmanifestation ist plastisch und grob: Orion vergewaltigt seine Mutter-Gattin-Seele, wobei sein aggressives Verhalten in einer blinden, entwürdigenden Art fleischlichen Begehrens zum Ausdruck kommt. Hartnäckigkeit und Brutalität des Skorpion sind Ausdruck einer tiefen Existenzangst, denn er lebt, handelt, fühlt, ja denkt, ohne sich selbst akzeptieren zu können, ohne sich selbst verantwortungsvoll in das konkrete Leben gestellt zu sehen, als

würde gleichsam eine unbekannte Macht durch seine Person Ausdruck suchen.

Das Skorpionindividuum erfaßt nicht leicht seine eigene bewußte und konkrete Dimension, hat aber ein ausgesprochenes Talent, in die unsichtbare Welt seines eigenen Innern, seines Unbewußten oder Nicht-Ich, oder in den Bereich des Okkulten, des Religiösen und Paranormalen, vorzustoßen. Um den Sinn seines eigenen Schicksals näher zu kennen, muß sich der Skorpionmensch mit dem Tod als Gegenpol und Komplement zur Geburt auseinandersetzen, über ihn meditieren, ja ihm manchmal sogar ins Auge sehen. Die astrologische Ergänzung des Skorpion ist der Stier, deshalb entspricht dieses Sternzeichen der positiven Lebensdimension, mit der sich der Skorpion ein Leben lang zu beschäftigen hat.

Der Skorpion symbolisiert den Sonnenuntergang und den Einbruch der Dunkelheit; er bildet die Grenze zwischen dem Reich des Lebens und des Todes. Im Stier hingegen steigt die Sonne im Frühlingsdiapason gleich dem berstenden Wachsen der lebendigen Formen hoch. Dem genitalen fruchtbaren Stier steht der Skorpion als Wandlungszeichen durch die *putrefactio* der Materie gegenüber. Diese skorpionische Alchemie ermöglicht die Überwindung der Immanenz zur Erlangung der Transzendenz. Mit der Opferung des heiligen Stieres im Mithraskult (Stier) wird der Weg in die übermenschliche Dimension aufgetan.

In seinem Werk *Symbole der Wandlung* führt Jung eine ähnliche Assoziation mit dem Skorpion an.[44] Der Skorpion öffnet den Weg von der menschlichen zur göttlichen Dimension, doch führt dieser so schwere Weg – weil Eros und Thanatos vereint – durch Höllen, durch Sümpfe, ja durch die ganze Schwerkraft der Materie, die als Schatten und Hindernis erfahren wird.

Die psychologische Dimension des Skorpion bewegt sich zwischen der »Wirklichkeit des Körpers« und der »Wirklichkeit des Geistes«. Gerade dieses Dualitätserleben bewirkt im Skorpionmenschen eine instinktive Angst vor der Auflösung der Persönlichkeit. In gewisser Weise ist es die Angst zu leben, frei zu sein, leben oder sterben zu können, um nicht wirklich zu sterben. Laut Sénard lebt der Skorpion zwischen wirklichkeitsbezogenem Bewußtsein und blinder, unaufhaltsamer Triebhaftigkeit. Dieser Dynamik entspringt oft eine psychologische Hemmung. Die traditionelle Astrologie schreibt dem Skorpion den anatomischen

Bereich der Geschlechtsteile und des letzten Darmtraktes zu, der in der psychoanalytischen Symbolik dem primären Entwicklungsstadium der *analen Phase* entspricht. Hier strukturiert sich die infantile Sexualität in einem Duell um die Vorrangstellung zwischen Eros und Thanatos. Erotik und Aggressivität entsprechen den antagonistischen Trieben von Lust und Tod. Beide Manifestationen können nach Freud lebenserhaltend oder lebensvernichtend sein.

Der Skorpion entspricht dem achten Horoskophaus, mit dem in erster Linie die Sexualität und der Tod, aber auch Geld und materieller Besitz assoziiert werden. Die Querverbindung zur Psychoanalyse, wonach Geld auch die Exkremente und somit die Analität symbolisiert, mag hier gerechtfertigt sein. Eine Erfolgsbestätigung im Wirtschaftsbereich durch Geld entspricht oder ersetzt die sexual-erotische Bestätigung.

Der Skorpion markiert den Übergang des chthonischen, undifferenzierten kriechenden Schlangenstadiums in das aufrechte, manifeste und differenzierte Schlangensymbol erwachter geistiger Potenz, Kundalini der Vedanta. Kundalini entspricht der erotisch-sexuellen Energie, die als Schlange an der Rückgratbasis eingerollt ruht und bei ihrem Erwachen das Rückgrat entlang bis zum Scheitel emporsteigt, wo sie sich als göttliche Geisteskraft manifestiert.

Freud erklärt mit dem Analkomplex das Sich-Entwickeln der Libido, die, in der erogenen Analzone fixiert, das Spiel zwischen Retention und Exkretion durch die Muskelbewegung des Afters regelt; im Kleinkind äußert sie sich als Aggressivität oder als Lustempfinden.

Übertragen wir nun den Analkomplex auf die Skorpionpsyche, um festzustellen, welche endopsychischen Mechanismen in ihr arbeiten: Die Retentionslust äußert sich im Verhindern der natürlichen Entfaltung der Dinge, im Fürsichbehalten von materiellem wie immateriellem Besitz, in der Exaltierung des Körperbewußtseins, um jeder Verlustangst aus dem Weg zu gehen: Orion sucht im gewalttätigen Besitzergreifen seiner Mutter-Gattin Merope die tragische Exaltation seines eigenen Körpers. Aller Besitz muß betastet, befühlt werden können. Doch ist zugleich das Bewußtsein der unausweichlichen Trennung von dem, was man besitzt, immer gegenwärtig.

So wie die *Exkretion* in der Psychoanalyse dem »Tod«, dem Verlust eines narzißtisch-libidinösen Besitzes, entspricht und die

Retention, einem aggressiven Verweigern zu geben, so ist auch der Herbst als Jahreszeit des Skorpion mit Absterben und Vergehen formgebundenen Lebens gleichbedeutend. Während die anale Phase in eine spätere Phase der Genitalorganisation übergeht, in der das Individuum aus Anpassungsgründen seine Sexualität zu sublimieren lernt, geht der Mensch im Skorpion durch den Umwandlungstod, durch seine karmische Purifikation. Dem Stierzeichen entspricht die *orale* Phase, dem Skorpion, wie wir schon gesehen haben, die *anale* Phase, in welcher der Trieb um seine Vorherrschaft kämpft und die Sexualität oft den Weg der Selbstzerstörung geht.

Der Skorpiontyp wird von seiner starken erotischen Natur oft zu einem exzentrischen Individualismus getrieben; er rebelliert infolgedessen gegen jede Form von Disziplin. Sein starker Selbstbehauptungsdrang aktiviert narzißtische Charakterzüge.

Wilczrkowski schreibt über den Skorpion: »Glühende Erotik verbindet sich mit destruktiver Tatkraft. Selbstbehauptung und Selbstverneinung, Zynismus und Abstraktion, exaltierter Mystizismus und brutaler Realitätssinn stehen in ewigem Antagonismus zueinander und bewirken seine explosive psychische Spannung. Plötzlich mag er gegen jede Lebensform und Harmonie rebellieren, jeder Gefühlsregung Gewalt entgegenzusetzen, wie Orion, berauscht von seiner eigenen Körperkraft, sich vornahm, alle Tiere der Erde zu töten und nur auf die Stimme der Gewalt zu hören, um keinem Liebesgefühl zu unterliegen. Der Orionmythos umfaßt die ganze Problematik des Skorpioncharakters: Er muß einem falschen, übertrieben männlichen Selbstideal entsagen lernen und dafür die weibliche Komponente seiner Seele wiederfinden ... Die Versuchung des Skorpion ist die Versuchung, grundlos zu zerstören, Freude an der Zerstörung zu finden.«[45]

Berühmte Skorpionmenschen waren unter anderem Luther, Dostojewski, Picasso, Sartre. Die innere Dynamik aller starken Skorpionnaturen bewegt sich immer zwischen Leben und Tod, Engel und Teufel, Individualität und Kollektivität, Liebe und Zerstörung.

Nun wollen wir noch kurz auf André Barbaults ausgezeichnete psychoanalytische Studie über den Skorpion eingehen[46], um die Charakterstudie dieses Zeichens zu vervollständigen.

Von der Voraussetzung ausgehend, daß im antiken Tierkreis der Skorpion direkt der Jungfrau folgte – die Waage wurde erst

später dazwischengesetzt – und daß die Jungfrau anatomisch den Gedärmen entspricht, hat Barbault die beiden Sternbilder unter Heranziehung der Psychoanalyse dialektisch verbunden. Ihre Symbolzeichen sind fast gleich: das der Jungfrau erweckt in etwa die Idee eines Bauches, das heißt einer assimilierenden Funktion, wohingegen das Skorpionsymbol sich auf den Anus und auf die Rektalzone bezieht. Die physiologische Funktionskette Nahrungsaufnahme – Assimilation – Exkretion entspricht somit den psychologischen Funktionen von Affektion – Protektion – Expression. Die Jungfrau ist zurückhaltend, rational und maßvoll, der Skorpion hingegen ist locker, ausstoßend, irrational und ungestüm. In diesen Rahmen entgegengesetzter Triebe setzt Barbault die Dialektik zwischen *Retentions*- und *Exkretions*komplex; im einen Fall wird die Libido introvertiert, im anderen Fall extrovertiert.

Die sadomasochistischen Neigungen entspringen dem dialektischen Spiel dieser beiden Komplexe; Neurosen, Schuldkomplexe, Selbstaufopferungsverlangen und sonstige Ersatzmanifestationen ermangelnder Bedürfnisbefriedigung werden hier zu einem schmerzlichen Spiel auf der Suche nach Fülle und Glück wie nach Zerstörung angeregt.

Der explosive, spannungsgeladene Skorpionmensch lebt nach der Maxime *divide et impera*.

Unter den Skorpionmenschen können wir verschiedene Typen unterscheiden. Besonders problematische und schwer zu lebende Horoskopaspekte haben oft Individuen mit kriminellen Tendenzen; nicht selten finden wir Mörder, Asoziale oder Pervertierte unter ihnen, denn diese starken Störfaktoren können nur in psychologischen oder moralischen Normüberschreitungen gelebt werden. Diese sind die wahren in der Analphase fixierten Typen, die, ohne eine Gefühlsgratifikation zu kennen, gegen die »bösen« Liebesobjekte rebellieren.

Der Durchschnittsskorpion lebt seine inhärente Gefühlsambivalenz, die ihm bei einer zu starken Polarisierung der Gegensätze fatal werden kann, da sie eine Schuldkomplexneurose auslösen mag.

Der höher entwickelte Skorpiontyp strebt nach einer betonten Differenzierung seiner Persönlichkeit und lenkt seine Vitalkräfte hauptsächlich auf Ziele, die das Menschsein veredeln. Unter ihnen finden wir natürlich schöpferische Menschen, Künstler, aber

auch Ärzte, Psychiater, Juristen, Wissenschaftler, Psychoanalytiker, Okkultisten und der Religion zugewandte Menschen. Wie wir feststellen können, beschäftigen sich diese Menschen mit Dingen, die aus dem Rahmen der rationalen Wirklichkeit und des positivistischen Denkens hinausreichen.

Zum Abschluß wollen wir M. Sénard zitieren, die den esoterischen Aspekt des Skorpionzeichens besonders gut herausgearbeitet hat:

»Der Skorpion ist nicht imstande, sich mit seinen persönlichen Mitteln von der Verstandesebene, in der die ganze Kraft seiner Intellektualität liegt, zu erheben. Doch gibt er sich seiner Intuition hin und faßt den Mut, sich von der materiellen und sinnesbedingten Verstandesebene zu lösen und seine subjektiven Prärogative zu opfern, so öffnet er sich das schmale Tor des großen Intuitionsstromes, wo das Werk der endgültigen Regeneration begonnen werden kann. Die Zerstörung des kleinen, bewußten Ich bewirkt die Verwandlung der inneren Persönlichkeit, die den Weg zum wahren Selbst und zu neuen Fähigkeiten öffnet. Der Phönix ersteht aus seiner Asche, der Stein der Weisen zeichnet sich ab, nachdem die magische Arbeit des Großen Werkes begonnen hat: Faust hat Mephistopheles bezwungen... Zusammenfassend können wir sagen, daß der Triumph der Skorpionphase für die menschliche Evolution in der Umkehrung der psychologischen Gegensätze liegt: das Bewußtsein geht von der rationalen Verstandesebene in die Ebene geistiger Intuition über; die Wirklichkeit der Sinne spielt hier nur mehr eine untergeordnete Rolle. So öffnet sich der Weg zur Geburt des Tages.

Dieser Transfer der Bewußtseinsmitte ermöglicht eine bessere Einsicht in die menschliche Psyche, in die Beziehung zwischen Bewußtsein und Unterbewußtsein, welches nicht mehr als unklar und dunkel empfunden wird, sondern als hell und offenkundig, während der Mensch aufgrund wachsender Bewußtseinshelle, Gefühlen und Bildern einen neuen Sinn geben kann... Dann wird er nicht mehr von unbekannten Kräften seiner seelischen Tiefen beherrscht, sondern erkennt vielmehr in ihnen die eigenen Aufbaukräfte, die er nun selber lenken kann...«[47]

Der Schütze

Das Opfer und die alchemistische Transmutation des Skorpion geben der Natur ihren endgültigen Todesstoß. Wenn die Sonne am 22. November in das Zeichen des Schützen übergeht, ist die Natur bereits in Schweigen erstarrt: nackte, ausgedörrte Äste und eine öde, feuchte Scholle sind in Erwartung des kalten Winters, den der Steinbock mit sich bringt. Dieses Bild der Natur erweckt die Vorstellung, daß etwas zur Zeit Unsichtbares und Verborgenes durch die kommende Prüfungszeit hindurchgerettet werden muß.

Was der Skorpion angehäuft und verwandelt hat, das projiziert der Schütze auf ein Ziel; daher verbindet er die Gegenwart mit der Zukunft.

Der Humus, der sich aus toten Pflanzensubstanzen gebildet hat, bereitet die Erde zur Aufnahme der neuen Saat vor. Die im Skorpion erfahrene innere Verwandlung, läßt den Menschen im Zeichen des Schützen jeden rationalen Widerstand aufgeben und das Tor der Immanenz am Schwellenhüter vorbei (Skorpion – Pluto – Anubis) in die transzendente Dimension durchschreiten. Im Schützen erreicht die Lebensenergie ihre Synthese und zugleich ihre Erhöhung in die transzendente Dimension, denn dieses Sternzeichen entspricht dem Übergang von der sinnlichen Wahrnehmung zur unmittelbaren Erfahrung der kosmischen Gesetze: das menschliche Bewußtsein öffnet sich für die geistige Ebene der Primärursachen.

Die Tradition verbindet mit dem Schützen eine mythische Figur des Kentauren, halb Mensch, halb Tier, der einen Bogen zum Abschuß eines Pfeiles spannt.

Das Symbolzeichen des Schützen ist ein Pfeil, dessen Richtung auf das hohe, transzendentale Ziel dieses Sternbildes hinweist. Der mythische Kentaur gilt zweifellos als Symbol der Verbindung der undifferenzierten tierischen mit der menschlichen Natur. Für uns bedeutet er auch das Eintauchen des Bewußtseins in die übersinnliche Dimension.

In dem von Kircher angeführten ägyptischen Tierkreis[48] entspricht die Darstellung des Schützezeichens einer Hand mit einem Pfeil, der einen Stern berührt; darüber befindet sich eine menschliche Gestalt, die mit einer Lanze den Kopf eines Schweines durchbohrt. Dies soll auf den religiösen Gehalt dieses Zeichens hindeuten: in dem der Mensch seine tierische Natur besiegt. Auch in anderen Tierkreisen finden wir den Kentauren wieder, doch meist mit einem doppelstirnigen Menschenkopf.

Alle uns bekannten Schütze-Ideogramme bringen denselben Grundgedanken zum Ausdruck: harmonische Synthese der Natur, die zu höheren Zielen des Seins führt. Deshalb prägt der Schütze das neunte Horoskophaus, Haus der geistigen Evolution sowie der inneren und äußeren Reisen des Menschen; der Weg führt hier zu einem höheren Bewußtsein.

Während die Sonne zur Zeit der Wintersonnenwende am tiefsten steht, ist das Feuer des Schützen Ausdruck der emporsteigenden göttlichen Flamme des Geistes; zugleich erlischt das Feuer der Materie, des Fleisches.

Die Geschichte des Kentauren, halb tierische, halb menschliche Kreatur der griechischen Mythologie, gibt die Doppelnatur des Schützen sehr treffend wieder. Sein trauriger Gesichtsausdruck widerspiegelt den Zusammenprall von animalischen Trieben und Streben nach Transzendenz. Es gab zwei Kategorien von Kentauren, die jeweils von Ixion und Cheiron vertreten waren: Ixion verkörpert Gewalt und Betrug, Cheiron hingegen Weisheit und das innere Licht des Wissens, die groben, gewalttätigen, beutesüchtigen und die ruhigen, gerechten und weniger kampfeslustigen Kentauren.

Im Schützetyp müssen diese psychologischen Wesenszüge, durch die mythischen Gestalten veranschaulicht, immer in Betracht gezogen werden.

Dies gilt eigentlich für alle Tierkreiszeichen. Bei einer gründlichen Betrachtung unseres individuellen Horoskops können wir Analogien zu unserer eigenen Persönlichkeit feststellen, wenn wir nicht bei einem einfachen Ablesen der Eigenschaften unseres Sternzeichens stehenbleiben, sondern in uns selber tief hineinschauen, um Mythos und Symbole unseres Sternbildes auf unsere eigene Psyche zu übertragen: erstaunliche Dinge können dabei über unsere bewußte und unbewußte Psyche erkannt werden. Dieses »Schöpfen« aus dem kollektiven Unbewußten, wie Jung es

nennt, ermöglicht ein bewußtes Vorstoßen in die eigene innerseelische Dimension. Der Mensch trägt den Kern allen mythischen Geschehens in sich, denn seine Psyche reicht in das kollektive Unbewußte hinein, das das ganze archetypische Erbe enthält, welches der Mensch in Form von Mythen und Symbolen ausschöpft.

Wenden wir uns nun dem Kentaurenmythos zu. In der Gestalt des Ixion können wir noch einen starken skorpionischen Wesenszug erkennen, denn dieser Schütze-Kentaur besitzt alle tierischen Triebe und Eigenschaften des Pferdes, während in Cheiron nicht nur die menschlichen Wesenszüge vorherrschen, sondern schon der Weg zur geistigen Initiation offensteht (Abschuß des Pfeiles), die aber erst im Steinbock konkret vollzogen wird. Kerényi berichtet von verschiedenen Versionen des Ixionmythos; eine davon sei hier wiedergegeben:[49]

Ixion, Sohn des Phlegyas, König der Lapithen, heiratete Dia, eine Tochter Heras und Deioneus' und versprach seinem Schwiegervater eine reiche Brautgabe. Als Deioneus diese holen wollte, fiel er Ixions List zum Opfer: er hatte ihm eine sehr gut getarnte Feuerfalle gestellt. So war Ixion der erste unter den Sterblichen, der sich eines Verwandtenmordes schuldig machte. In der Bibel finden wir im Brudermord des Kain eine Analogie zu diesem mythischen Vorfall, dem sich auch der Schuldkomplex, den der menschliche Schützeteil als Erbe mitbringt, um zuletzt im Zeichen der Fische in das Göttliche einzugehen, erklären läßt.

Ixion wurde für dieses Verbrechen mit Wahnsinn bestraft, und kein Gott des Olymp war bereit, ihn von seiner Schuld zu erlösen. Nur Zeus ließ sich durch sein Flehen erweichen, befreite ihn von seiner Schuld und holte ihn auf den Olymp. Doch selbst hier konnte Ixion seinem physischen Verlangen nicht widerstehen und verliebte sich in die schöne Hera. Zeus, der sich von seinen Absichten überzeugen wollte, schickte Ixion eine Wolke in Gestalt der Hera zu. Ixion umarmte sie in wilder Leidenschaft und zeugte mit ihr eine Kreatur, zur Hälfte Mensch und zur Hälfte Pferd. Über Ixions neues Vergehen erzürnt, fesselte ihn Zeus an ein Feuerrad und ließ ihn mit den Worten »Du mußt deinem Wohltäter Dankbarkeit zeigen« durch den Olymp drehen. Nach abgebüßter Strafe wurde er für immer in die Unterwelt verbannt; sein Nachkomme hieß *Kentaur*.

Als dieser herangewachsen war, begattete er die Stuten der Hänge des Berges Pelion und gründete somit das Geschlecht der Kentauren.

Dieser Mythos schildert die Irrationalität, die Anmaßung und den beharrlichen Widerstand des Menschen gegen die göttliche Stimme. Ixion wurde wegen seines destruktiven Verlangens, das ihn von seinem göttlichen Ursprung entfernte, aus seiner inneren Mitte gebracht und fiel seinen Trieben zum Opfer.

Bei Individuen, die in ihrem Horoskop Mond oder Venus im Schützen haben, finden wir häufiger, als man annehmen würde, einen Charakterzug Ixions: die Anima wird mal als heilig, mal als profan empfunden und gelebt; deshalb neigt der Schützemann dazu, die Frau teils zu idealisieren oder zu intellektualisieren, teils aber in sie das Paradies seiner erotischen Triebe zu projizieren.

Der menschliche Aspekt des Kentauren-Schützen tritt mit der Gestalt des Cheiron, Sohn des Saturn und der Fihra, hervor. Cheiron lebte am Fuße des Berges Pelion, aber im Unterschied zu allen anderen Kentauren war er sanft und liebte die Gerechtigkeit. Diese Eigenschaften erarbeitete er sich während seines langen Aufenthaltes in einer Grotte: Abgeschiedenheit und Einsamkeit führten ihn zu Weisheit.

Cheiron war der Erzieher der Kinder von Göttern und Helden; unter ihnen befanden sich auch Peleus und Asklepios, der Götterarzt.

Der weise und gütige Cheiron, so besagt der Mythos, fiel einem unglücklichen Zufall zum Opfer: er wurde von einem von Lerna in Hydras Blut getauchten Pfeil getroffen und getötet. Ergriffen über sein tragisches Schicksal, holte Zeus Cheirons leblosen Körper auf den Olymp unter die Sterne; so entstand die Konstellation des Schützen.

Während in Ixion Irrationalität und Triebhaftigkeit vorherrschen, wird Cheiron von Bewußtsein und Beherrschung der Sinne geleitet, denn mit ihm fragt der Mensch nach dem Sinn über Leben und Tod. Das Denken geht der Intuition voran: gerade diese für den Schützen so charakteristische Spannkraft zwischen Trennung und Vereinigung ist stets bemüht, die Dualität, die sich schon in der Dialektik der Zwillinge so klar abzeichnet, aufzuheben und zur Einheit zu führen.

Noch ein anderer Kentaurenmythos, die Geschichte von Nessos, soll uns weitere Aspekte der Schützenatur vergegenwär-

tigen: Es war Nessos' Aufgabe, alle jene, die den Fluß Euenos überqueren wollten, von einem Ufer zum andern zu tragen. Eines Tages standen Herakles und seine Gattin Deianeira am Ufer. Nessos nahm die Frau des Götterhelden auf seine Schultern und tauchte mit seinen vier starken Pferdebeinen in den Fluß. Von einem unwiderstehlichen Verlangen getrieben machte der Deianeira freche Annäherungsversuche, bis diese um Hilfe rufen mußte. Wütend schoß Herakles vom Ufer einen Pfeil auf Nessos ab und rettete seine Gattin. Doch bevor der schlaue Nessos starb, gab er Deianeira vor, ihr ein magisches Geschenk zu machen: Er empfahl ihr, sein Blut aus der klaffenden Wunde zu sammeln und Herakles' Gewand darin zu tränken, denn es besäße Zauberkraft und würde Herakles daran hindern, sich in andere Frauen zu verlieben.

Deianeira, die auf Herakles sehr eifersüchtig war, befolgte diesen listigen Rat, und als Herakles das blutdurchtränkte Gewand anzog, das ihm Deianeira geschenkt hatte, fing seine Haut an zu brennen. Er konnte den giftigen Stoff nicht mehr vom Leib reißen und erkannte, daß sein Ende nahe war; so beschloß er, auf einem Scheiterhaufen lebendig zu verbrennen, um Zeus' Gunst zu erwerben. Deianeira, die sich ihrer egoistischen und folgenschweren Handlungsweise bewußt geworden war, nahm sich das Leben.

In dieser Geschichte offenbart sich nochmals ein aggressiver und hinterlistiger Zug der menschlichen Psyche, wenn sexuelles Verlangen und Besitzgier im Spiele sind. In Herakles hingegen sehen wir Cheirons Eigenschaften erweitert: nach Augenblicken von Gefühls- und Triebschwäche gibt er sich endgültig dem Reinigungsopfer hin. Daher können wir sagen, daß sich im Zeichen des Schützen die Integration der Triebe in höhere Seelenfunktionen vollzieht. Darüber hinaus bringt dieses so komplexe Sternzeichen auch den Sinn der Gesetze sowie den philosophischen Geist und die salomonische Weisheit des Zeus zum Ausdruck.

Nun kann in diesen Schützeaspekt auch die Geschichte der Hochzeit des Peleus mit Thetis einbezogen werden: Sie wurde in der Grotte des Cheiron gefeiert, die in gewisser Weise die innere Welt des Menschen darstellt, in der sich Anima und Animus unter dem Zeichen höchster Harmonie, hier durch Zeus personifiziert, vereinen. Peleus hatte, wie wir wissen, schon alle

Stadien der Läuterung überwunden, als er sich mit der Göttin der Gerechtigkeit, Thetis, vermählte. Alle Götter wohnten dieser Hochzeit bei, doch als es zum Hochzeitsmahl kam, wurde Eris, Göttin der Zwietracht, ausgeschlossen. Hier liegt nun, wenngleich vereinfacht, die Apotheose des Schützen, denn sein Wesen reicht von der niedrigsten, undifferenzierten menschlichen Ebene bis zur höchsten transzendentalen und geistigen Integration. Cheiron war auch Arzt; dies mag auf einen therapeutischen Aspekt des Schützezeichens hindeuten, nämlich auf die von den irdischen Leidenschaften »geheilte« Seele. Im Schützen werden die Energien zu einer absoluten Synthese verwandelt, koordiniert und sublimiert. Deshalb entsprechen auch alle auf den Menschen und auf seine transzendentale Bestimmung bezogene Wissenschaften, wie Philosophie und Theologie, diesem Zeichen. Ferner ist der Schütze auch das Zeichen der Priesterschaft.

Er ist Ausdruck des glorreichen psychologischen Opfers zum geistigen Aufstieg; Erhebung, Entsagung bedeuten hier Zurücklassen einer niedrigeren Stufe.

Gehen wir aber nochmals auf den immanenten, undifferenzierten und triebhaften Schützetyp ein, der sich, wie wir schon gesehen haben, in der mythischen Gestalt des Kentauren am deutlichsten manifestiert.

Der untere Körperteil dieses vierbeinigen Wesens ist der eines Pferdes. In der Psychoanalyse symbolisiert das Pferd die freigewordene sexuelle Energie. In der Tiefenpsychologie Jungs entspricht das Pferd dem ursprünglichen Mutterprinzip und reicht noch weit über das Sexualitätssymbol hinaus: das Pferd versinnbildlicht die *Libido* und die Vitalenergie in ihrer Ganzeit. Jung mißt dem Pferd einen erotisch priapeischen Aspekt sowie das Symbol des Lebensspenders, aber auch eine radiästhetische Fähigkeit bei, denn das Pferd kann mit seinen Hufen unterirdische Schätze »ausklappern«.[50]

Den Pferdeschenkeln schrieb man die Fähigkeit zu, Blitze abzuleiten. Auch bedeutet dieses Tier den Wind, das *tertium comparationis,* das wiederum ein Libidosymbol ausdrückt. In der deutschen Sage ist der Wind ein lüsterner Frauenjäger, wie die Kentauren in verschiedenen mythographischen Quellen auch »Götter der Winde« genannt werden. Aus all diesen Gesichtspunkten geht die Tendenz des Schützen zu einer starken Libido hervor; sein erotisch-triebhafter Wesensteil sucht in sinnlichen

und physischen Manifestationen Befriedigung. Meistens sehen die Astrologen vornehmlich die religiösen und hohen Idealen ergebene Komponente der Schützenatur. Wir wollen noch hinzufügen, daß sich der Schütze oft durch eine betonte Jovialität und einen gastronomischen Sinn auszeichnet (Planetenherrscher Jupiter!).

Das Schützesymbol stellt den Kentauren dar, der einen Bogen zum Abschuß des Pfeiles spannt. Bogen und Pfeil sind die beiden antithetischen Symbole des Schützen: Die Synthese ergibt sich erst aus dem perfekten Gleichgewicht zwischen Armspannung und zielfixierendem Auge; erst dann erreicht der Pfeil sein Ziel, das heißt, erst wenn die Triebe beherrscht werden, kann das Bewußtsein in eine höhere Dimension aufsteigen.

Der Schütze bringt noch stärker als der Zwilling die psychologische Dualität, die für diese beiden Sternzeichen so charakteristisch ist, zum Ausdruck. Das bewußte Ich kann hier bereits seine Grenze überschauen und lernt zugleich, sich in einer überrationalen Dimension zu erweitern. Der Schütze überwindet seine Subjektivität, denn der Einsatz seiner Kräfte ist auf die Vereinigung der Gegensätze ausgerichtet. Er will stets aus seiner nächsten Umgebung ausbrechen und in neue, unbekannte Gebiete vorstoßen, die über die physischen und rationalen Horizonte hinausreichen. Daraus geht hervor, daß der Schütze auch den großen physischen und geistigen Reisen entspricht.

Die Antwort auf die Spannung im Schütze-Kentauren ist die Erhöhung: als wäre der Kopf bemüht, sich vom Körper zu trennen. Das Hauptbestreben des Schützen geht dahin, seine persönlichen und inneren Ziele zu erreichen. Deshalb ist er stets bemüht, Leidenschaften und aggressive Spannungen, die an die irdische Dimension fesseln, zu vermeiden. Großzügigkeit und Sanftheit (Cheiron) werden Rebellion und Unordnung (Nessos) vorgezogen. Gerne würde der Schütze der konventionellen Lebensdimension, wie Familie, Vaterland, Rasse und Nation, entkommen und sich an der Welt nur als inkarnierte Idee erfreuen. Die Idee der Ganzheit ist stets in ihm wach; er strebt in seinem Handeln immer wieder nach ihrer Verwirklichung. Sein Hauptanliegen ist die Aufhebung der Dichotomie, die sich aus seiner inneren Spannung ergibt, nicht aber ihre Verschärfung wie bei den Zwillingen.

Unserer Meinung nach liegt es im Sinne der aktuellen Psy-

chologie, die vertikale Konzeption der Astrologie: Erde–Materie, Himmel–Geist als überholt zu betrachten; vielmehr sollte ein individuelles Horoskop nach dem Prinzip der »Integration der Gegensätze« und der historischen und strukturellen Zusammensetzung des dynamischen Ablaufs eines Lebens analysiert werden.

Im Mythos von Ixion und Nessos haben wir einen Aspekt der Gewalt und der Triebdominanz festgestellt, der zu den hohen geistigen Zielen des Cheiron-Schützen in Kontrast steht. Wir glauben aber, daß gerade die starken irdischen Erfahrungen den Vorstoß in die geistige Dimension ermöglichen. Geist ohne Materie ist »undenkbar«. – Nach überstandener Prüfung auf der Erde werden die Kentauren in den Olymp aufgenommen. Dieses mythische Ereignis entspricht der Erwartung aller Menschen in allen Kulturen; es ist Ausdruck der archetypischen Beziehung zwischen Mensch und Gott.

Allgemein beurteilt die herkömmliche Astrologie den Schützen nach den beiden Grundaspekten Materie und Geist. Demnach unterscheiden wir zwei Schützetypen: Der eine ist durch ein sanguinisches Temperament gekennzeichnet, liebt Abenteuer, Beweglichkeit, Unruhe und das Konkrete, ist von Natur aus optimistisch und jugendlich in seinem Verhalten. Der zweite Typ ist plethorisch-phlegmatisch und lebt nach innen; Eschatologie und geistige Existenzprobleme bilden den Mittelpunkt seiner Gedankenwelt. Priester, Mönche, Nonnen und Mystiker gehören zu diesem Typ. Beide Schützetypen zeigen ein starkes Bestreben nach Verwirklichung ihres Selbstideals; doch ist dieser schwierige innere Weg oft von Neurosen begleitet, wie uns die astrologische Praxis zeigt.

Erst aus dem individuellen Horoskop mag hervorgehen, inwieweit der Schütze ein echter Konformist ist, die herkömmliche Ordnung liebt und Angst vor dem Neuen und Unbekannten zeigt. Bei besonders starken Spannungsaspekten finden wir unter den Schützen oft rebellische, ja fanatische Naturen, die einem starken Unabhängigkeitsdrang nachgehen: dies ist der Nessostyp. Doch liegt das Unabhängigkeitsbedürfnis des Schützen schon in seiner psychischen Konstitution. Als impulsiver Charakter entwickelt er Hyperaktivität, erzeugt Unordnung. Velleität und Unklarheit der Ideen, ist egozentrisch und oft sogar ein Hypokrit.

Unter den Schützen gibt es viele Erfinder und Vorläufer kühner und origineller Ideen.

Der hochentwickelte Schützetyp verwirklicht alle jene menschlichen Eigenschaften und Ideale, die wir bei Cheiron kennengelernt haben; vorherrschend sind bei diesen Menschen großer Altruismus und starker Glaube. Hier finden wir die starken Persönlichkeiten mit ausgeprägtem psychologischen Feingefühl und großem Organisationstalent. Diese mit starkem Charisma ausgestatteten Menschen verstehen es meistens, andere um sich zu scharen; oft sind sie echte geistige Führer, die warme Menschlichkeit und Liebe ausströmen.

Von der psychologischen Entwicklung her gesehen stellt der Schütze die letzte Phase der Polarität und der Ambivalenz dar; in ihm bereitet sich die individuelle Ganzheit durch die Überwindung der archetypischen Doppelnatur vor, nämlich die Synthese von *soma* und *psyché,* von Erde und Himmel, von Körper und Geist, von Sohn und Vater, die im Steinbock zu konkreter Erfahrung wird und in ihrer Dialektik unversöhnbar erscheint.

Es soll nochmals betont werden, daß im Schützen das religiöse Element vorherrschend ist. Auch die Mythen deuten darauf hin: die Spannung, die sich erst im Steinbock ganz lösen wird, muß der Schütze bis zum äußersten leben.

Abschließend können wir sagen, daß der Schütze bereits eine Schwelle übertritt, die der Skorpion nur angedeutet hat: von nun an geht der Mensch den Weg vom Ich zum Selbst.

Der Steinbock

Mit dem 21. Dezember tritt die Sonne in das Zeichen des Steinbocks ein. Die Natur taucht in das eisige Dunkel der langen Winternächte, während die kurzen Steinbocktage von einem schwachen Sonnenlicht gekennzeichnet sind, das rasch entweicht, um der Erschaffung des inneren Lichtes Platz zu machen.

Auf der Erdoberfläche sehen wir nur bewegungslose, nackte, kraftlose Natur, ohne Hauch und Leben.

Schnee überdeckt die erstarrten Formen, Tiere suchen Unterschlupf, Larven überwintern tief in der Erde, während unsere Vögel längst in wärmere Gegenden gezogen sind. Die Menschen suchen häuslichen Schutz und Wärme. Der Steinbock beherrscht mit majestätischer, saturnischer Erhabenheit diese dramatische und zugleich komplexe Phase des Lebenszyklus.

Doch bei näherer Betrachtung ist diese Bewegungslosigkeit, diese Atmosphäre von Tod und Unfruchtbarkeit nur scheinbar, denn unter der Schneedecke wachsen neue Lebenskeime im noch saatlosen Humusboden. Neues Leben entsteht im verborgenen. Dies entspricht einem wesentlichen Charakterzug des Steinbocks: langsames, ausdauerndes Wachsen im Unsichtbaren, unter dem Schutz eines Kältemantels.

Der Steinbock bildet den Höhepunkt des individuellen Lebens, das Ende eines Zyklus, der die Vitalenergien darauf vorbereitet, von der Form in die Substanz überzugehen.

Das Symbolzeichen des Steinbocks ist sehr komplex und umstritten. Sénard gibt vier Zeichen an[a], und Alice Bailey trifft zum zweiten Zeichen folgende esoterische Feststellung: »Das Symbol dieses Zeichens[b] ist unerklärbar, und das ist absichtlich so eingerichtet.

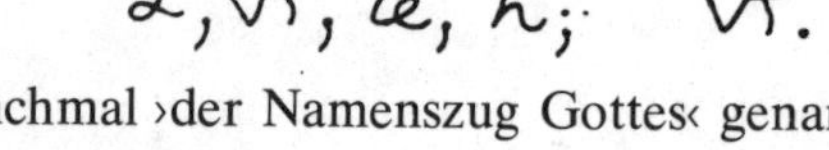

Es wird manchmal ›der Namenszug Gottes‹ genannt. Ich darf nicht versuchen, es euch zu erklären, teils, weil es noch niemals richtig beschrieben worden ist, und teils, weil seine korrekte Dar-

stellung und die Fähigkeit des Eingeweihten, es zu beschreiben, einen Kräftestrom mit sich bringen würde, der erst nach angemessener Vorbereitung und entsprechendem Verständnis wünschenswert wäre.«[51]

In der angewandten Astrologie sind beide Ideogramme gebräuchlich. Doch halten wir jenes Zeichen, das eine Stilisierung des Tieres und somit des Sternbildes wiedergibt, für zutreffender: zum Teil stellt es eine kletternde Ziege dar, zum Teil einen Fischschwanz. Ein Blick auf ein echtes Steinbocktier genügt, um dieses Symbolzeichen als das seine zu erkennen.

Ziege und Fisch: zwei Tiere in einem, denn im Steinbock vereinen sich – nicht mehr in dialektischer und antinomischer, sondern in dynamischer Folge – die greifbaren Substrate der Elementarenergien, Erde und Wasser. Zwei Pole gehen ineinander über: Geist-Unbewußtes in Fisch-Wasser und Körper-Bewußtsein in Steinbock-Erde. Der Fisch symbolisiert den Einbruch in die Abgründe des Immanenten, der Steinbock hingegen Aufstieg und Vorstoß ins Unendliche.

Wir wollen versuchen, die Bedeutung des Steinbocks im Lichte der Mythologie näher zu ergründen. Laut M. Sénard stellt der Ziegenfisch ein Symbol für die babylonische Gottheit *Ea* dar, Herr der Urgewässer und Ausdruck der Beziehung zwischen Entsagung und Eingehen in das Absolute. Verschiedene Quellen bestätigen die Analogien zwischen Steinbock und Krokodil, wie zum Beispiel im Sanskrit der Name für den Steinbock *(makara)* auch dem Krokodil entspricht; wahrscheinlich ist der amphibische Charakter der beiden Tiere in der semantischen Entstehung dieses Wortes enthalten.

Das Krokodil gilt oft als Symbol einer archaischen, destruktiven Triebhaftigkeit (ähnlich dem Drachen, der auch die schwarze Mutter darstellt), das aus seinen dunklen Gewässern herausgleitet, um plötzlich nach seiner Beute zu schnappen. Dieses Symbol veranschaulicht den Kampf zwischen Geist und Materie und muß vom Steinbock-Fisch-Symbol, das die Beziehung zwischen Geist und Materie, zwischen Mensch und Natur wiedergibt, unterschieden werden.

Laut Kirchner entspricht dem zehnten Zeichen des ägyptischen Tierkreises das Symbol der tiergestaltigen, furchterregenden Gottheit Anubis, Ausdruck chthonischer Kraft; er wacht über der Jenseitsschwelle, die toten Seelen für das ewige Leben bewahrend.

Anubis' Gestalt ist furchterregend und eindrucksvoll: Er hat den Körper eines Menschen und den Kopf eines Schakals; sein Blick ist grausam und feierlich zugleich. Ihm zur Seite steht ein in Ketten liegendes Tier, der Ziegenfisch. So entstand im Laufe der Zeit eine Verbindung zwischen Anubis und dem Steinbock.

Anubis, Gott der Unterwelt, symbolisiert mit dem Steinbock die von Saturn zurückgehaltene unsterbliche Seele: Er bewirkt die Verwandlung der Materie (Bock) in Geist (Fisch, das Absolute). Diesem Prozeß entspricht die dynamisch-dialektische Beziehung zwischen Bewußtsein und Unbewußtem.

Um das Wesen des Steinbockmenschen zu erfassen, ist es notwendig, die Bedeutung der Verschmelzung von Ziege und Fisch genauer zu untersuchen.

Die Ziege ist ein freiheitsliebendes Tier, haßt Promiskuität und ist am liebsten allein. Die eigenartig nervösen Reaktionen des Tieres bezeugen es, wenn man sich ihm nähert. Die Ziege ist ein »asketisches« Tier, das sich von spärlichen Grashalmen nährt. Wahrscheinlich war sie deshalb immer das emblematische Begleittier von Hirten, Einsiedlern und wandernden Predigern. In Indien hat die Ziege eine bedeutsame Symbolik: sie ist die Mutter der Welt, *Prakriti;* sie entspricht dem Archetypus der *Großen Mutter,* Symbol der Urlebenskraft. In Tibet hat die Ziege eine Vermittlerrolle zwischen Himmel und Erde; sie wird als eine weitere Emanation der tibetischen Blitzgottheit, der den schuldigen Sündern den strafenden Blitz sendet, angesehen. Auch gilt sie als Amulett und Fürbitterin.[52]

In *Symbole der Wandlung* beschreibt C. G. Jung die Ziege in Zusammenhang mit dem Steinbock unter folgender Metapher: »Die Sonne steigt wie eine Ziege auf den höchsten Berg und ist in der Tiefe des Meeres wie ein Fisch.«[53]

Aus diesem Bild geht klar hervor, daß die Ziege die gottmenschliche Sonnennatur manifestiert, die dem Geist in der inkarnierten Fischseele begegnet.

Auch Alice Bailey betont die Verwandtschaft der Ziege mit dem Einhorn, dem bekannten Symbol aus dem alten Testament. Wir kommen darauf später zurück.

Die Triade »Widder – Sündenbock – Einhorn« spiegelt sich in der göttlichen Trinität »Vater – Sohn – Heiliger Geist« wider, der Sohn ist der Sündenbock, der für alle sühnt, er ist das Leiden schlechthin. Der Widder entspricht der Einweihung in die

Leidensmysterien und verkörpert das Handeln. Das Einhorn symbolisiert die großartige Verwirklichung im Zeichen des Heiligen Geistes. Jung bringt sowohl das Einhorn als auch den Stier und den Hirsch in Zusammenhang mit der Gestalt Christi: Sie alle sind Symbol für das Opfer.[54] Zum besseren Verständnis der Wandlung dieses Symbols wollen wir Alice Bailey zitieren: »Der Widder, der Sündenbock und der heilige Steinbock sind Drei in Einem und Eines in Dreien. Der Widder wird zum zweiten und das zweite ist das dritte. Der Widder, der alles hervorbringt und befruchtet, der (Sünden-)Bock in der Wildnis, sühnt und erlöst; der heilige Bock, der mit dem Einhorn verschmilzt und die bezwungene, auf sein Horn aufgespießte Form emporhebt – darin liegt das Geheimnis verborgen... Der Bock wird zum Einhorn und führt zum Sieg. Das Krokodil, der Bock und das Einhorn schildern drei Stadien der menschlichen Entfaltung.«[54]

In der Entwicklungsphase, die dem Ziegenbock entspricht, lebt der Steinbockgeborene die Suche nach dem Göttlichen; doch erst wenn der Bock in den Fisch übergeht, kann sich das Göttliche endgültig manifestieren.

Mit seinem Schwanzteil, der im Ideogramm des Steinbocks enthalten ist, bestimmt der Fisch die Richtung, in die er sich bewegt. In seiner esoterischen Bedeutung symbolisiert der Fisch das Wasser der Reinigung, der Taufe und der Verwandlung. In dieses Wasser kehrt der Mensch nach Vollendung seines Entwicklungszyklus zurück. Der Ziegenbock erklimmt die Bergspitze und erfährt die Einweihung in die göttlichen Mysterien. Laut Jung entspricht diese Metapher der Zenitsonne, und der Steinbock als zehntes Tierkreiszeichen steht analog zum zehnten Horoskophaus, dem sogenannten *Medium coeli,* Lebenszenit oder Sonnenmittag des Menschen.

Im Fisch vollzieht sich die Wandlung vom merkurischen Element des Menschen zum Göttlichen. Erst muß die Steinbocknatur gelebt werden, um in der Fischnatur das Göttliche erfahren zu können. Der Fisch ist Symbol der Gottesnatur des Christus oder anderer Inkarnationen des Göttlichen.

Die Psychoanalyse sieht im Fischesymbol die Rückkehr und Einkehr in das Unbewußte, das Hinabgleiten in die unergründlichen Tiefen der Seele. Der sakrale, mystische und theologische Grundton, von dem das Wesen der Fische gekennzeichnet ist, gibt dem Steinbock, diesem strengen, unnahbaren Charakter,

einen ausgeprägten Sinn für Leiden, Sühne und das Transzendente.

Die meisten Mythologeme, aus denen wir die Bedeutung des Steinbocks herleiten, haben den Ziegenbock zur tragischen Zentralfigur. Der Ziegenbock, nach dem der Gesang der dionysischen Feste benannt war, bei welchen er den Göttern geopfert wurde, stand sicherlich in Zusammenhang mit der griechischen Tragödie; er war dem orgiastischen Dionysos geweiht, wobei betont werden soll, daß das Opfer eines Sündenbocks bei derartigen Riten einen starken Identifikationsprozeß auslöst. Der Sündenbock wird mit der Gottheit identifiziert, Gott und Opfer werden eins. Der Verlust des geopferten Gottes und das daraus folgende Leid sind der Preis, mit dem sich der opfernde Mensch von der geopferten Gottheit loskauft.

Der Mythos von Pan hebt die Bedeutung des Steinbocks klar hervor: Während des zum Teil am Nil ausgetragenen Wettkampfes zwischen Typhon, dem Drachenungeheuer und dem zornentbrannten Zeus, verwandelt sich der Gott Pan in einen Ziegenbock und versteckt sich mit der Hälfte seines Körpers, dem Fischschwanz, im Wasser und mit der anderen Hälfte, den Ziegenhufen, hält er sich am Land fest und rettet sich auf diese Weise. Wie bekannt stellt Typhon den Ausbruch der Naturgewalten dar, Pan hingegen zeigt durch seine doppelnaturige Widerstandskraft den Weg der Rettung.

Der Ziegenbock wird auch mit der Gestalt des Satans in Zusammenhang gebracht; er ist der große Ziegenbock des Sabbat, eine satanische Emanation. Meist wird Satan in Menschengestalt mit einem Tierkopf, eine Mischung von Esel, Wolf und Ziege, dargestellt; die Ohren laufen spitz nach oben und umranden ein Hörnerpaar, das in der Mitte eine Verzierung aufweist, die einem Einhorn ähnlich ist. Auf der Stirn ist ein fünfzackiger Stern, *Makara,* gezeichnet, der die fünf Sinne symbolisiert. Rumpf und Arme sind anthropomorph, die erhobene rechte Hand deutet mit zwei Fingern ein magisches Zeichen, die linke Hand deutet nach unten. Auf der Höhe des Sonnengeflechtes erkennt man einen Merkurstab und einen Kreis. Die Beine sind von einem Mantel bedeckt, die Füße enden in Ziegenhufen; von den Schultern breiten sich zwei große spitze Flügel aus. Diese Gestalt ist eine der erschreckendsten und dämonischsten, die wir kennen.

Horaz beschreibt den triebhaften und lasziven Charakter

dieser Gestalt, doch würde es dem mythologischen Hintergrund des Ziegengottes entsprechen, in ihm den Ausdruck eines unerhört starken, wenn auch verderblichen, Lebensimpulses zu erkennen. Vielleicht leitet sich von dieser Gestalt des Archetypus der absoluten, nicht manifesten und nicht kontrollierbaren Vitalkraft ab.

Im Mittelalter symbolisierte der Ziegenbock die höllischen Kräfte und die schwarze Magie; wir wissen aber, daß zu einer früheren Epoche der dämonische Charakter dieses Symbols dem Dionysos geopfert wurde, um der Verwirklichung des göttlichen Planes zu folgen. Es soll hier nur kurz an die esoterische Bedeutung der Satan-Gott-Polarität und an die eschatologische Funktion des *Dämonischen* im menschlichen Schicksal erinnert werden.

Wie aus der Mythologie hervorgeht – dies sei nochmals betont – steht der Ziegenbock mit Buße und Opfer in enger Verbindung, das heißt, das Satanische muß geopfert werden, damit sich das Göttliche verwirklichen kann.

Ziegenbock und Steinbock, die jeweils dem Opfer und der Sühne entsprechen, bilden den Rahmen, in welchem sich das ganze menschliche Schicksal des Steinbocks in teleologischem und ontologischem Sinne abspielt.

Wir wollen nun auf den Mythos von Amaltheia und der Gestalt der Ziege, auf griechisch *aigokeros,* näher eingehen.

Amaltheia war die Amme des Zeus; sie zog ihn mit der Milch aus ihrem berühmten Füllhorn groß, das entweder ein Stierhorn oder das Horn von Amaltheias Ziege war. Verschiedenen Quellen zufolge war Amaltheia selbst die Ziege, die Zeus großgezogen haben soll. Tatsache ist, daß sie schrecklichen Anblicks war, so daß die olympischen Götter ihr geboten, sich in einer Grotte des Berges Ida versteckt zu halten. Auf diese Weise sollte ihr Anblick den kleinen Zeus nicht erschrecken, der, von ihr genährt und großgezogen, als erwachsener Gott den Kampf gegen die Titanen unbewaffnet aufnehmen sollte.

Das Orakel riet Zeus, die Ziege Amaltheia zu töten und sich mit ihrem Fell zu bedecken, um dadurch unverwundbar zu werden. Aus dieser Geschichte geht das Doppelopfer der Ziege eindeutig hervor: nach einem Leben verborgener Hingabe opfert sie dieses zum Heil anderer.

Dieses Opfer ist aber von einer tragischen Note gekennzeich-

net: Erst den anderen dienen, um dann für sie zu sterben, hier liegt die wesentliche Bedeutung des Steinbocks, für das Heil der Gemeinschaft den Opfertod auf sich zu nehmen! Aus diesem mythischen Geschehen können wir das Symbol des Sündenbocks herleiten.

Auch im dionysischen Kultleben gewinnt der Ziegenbock einen tragischen Charakter: Er wird geopfert, damit das Göttliche über das Menschliche triumphieren kann. Immer wieder geht es um das dialektische Spiel zwischen Gott und Satan, Eros und Thanatos, Gut und Böse; das Gute als Quelle des Bösen und umgekehrt.

Zweifellos hebt Jesus Christus mehr als jede andere historische Figur Wesen und Bedeutung der Symbolik des Sündenbock-Steinbocks hervor. (Dazu sei am Rande bemerkt, daß Weihnachten in die erste Dekade des Steinbocks fällt.)

Der unter dem Steinbockzeichen geborene Christus kam als Sohn Gottes in die Welt, um die Menschheit von ihrer Erbschuld zu erlösen. Die irdische Einsamkeit des Christus, sein bescheidenes, unauffälliges Leben, irgendeinem Sterblichen gleich, sein Leidensweg und zuletzt sein Opfertod am Kreuze entsprechen der tiefen Symbolik des Ziegenfisches und des Sündenbocks. Christus geht den Weg von der irdischen zur göttlichen, von der bewußten in die unbewußte Dimension, offenbart sich als Sonne am Zenit und geht am Horizont der göttlichen Geheimnisse unter. In Christus wird Handeln zu Leiden, Sühne zu Opfer.

Kurz gesagt, der Steinbock lebt sein Schicksal und die damit verbundene Fatalität bewußt und dramatisch. Um diesen Gedanken noch näher zu beleuchten, wollen wir den Mythos vom Schicksalsgott Kronos-Saturn eingehender untersuchen.

Kronos (Saturn in der römischen Mythologie) ist das Symbol der Zeit: alles Vergängliche ist ihm unterworfen. Aus der griechischen Mythologie ist er als einer der Titanen bekannt. Folgendes wird über ihn berichtet: Der Himmelsgott Uranus suchte seine Gattin, Gaia, die Erde, jede Nacht zur Begattung auf. Aber die Kinder, die er mit Gaia zeugte, waren ihm zutiefst verhaßt. Kaum waren sie geboren, versteckte er sie in Höhlen und Grotten der Erde und ließ sie nicht mehr an das Licht. An diesem schändlichen Werk fand er große Befriedigung. Gaia war von der Gewalttat ihres Gatten zutiefst angewidert und ertrug das Ge-

wicht der vielen Kinder, die in ihren steinigen Höhlen verschlossen waren, nicht mehr. Das große Leid der in der Finsternis ihres Leibes stöhnenden Kreaturen ließ sie auf Rache sinnen. Sie erzählte ihren Kindern von dem grausamen Werk ihres Gatten. Alle waren zutiefst entrüstet, doch nur das jüngste der Kinder, Kronos, ergriff das Wort und machte ein feierliches Versprechen, den Vater für seine Grausamkeit zu bestrafen. Gaia, freudig bewegt über den Mut ihres Sohnes, erdachte eine List, mit der Kronos seinen Vater überrumpeln sollte. Sie gab ihm eine scharfe Sichel und versteckte ihn, bis es Nacht wurde. Als Uranus, wie üblich, sich Gaia näherte und sie fest umfaßte, packte Kronos aus dem Hinterhalt zu und holte mit der Rechten, in der er die Sichel hielt (die Sichel des Saturn), weit aus, schlug seinem Vater die Geschlechtsteile ab und warf sie hinter seinen Rücken. Gaia stand bereit, das Blut, das ihrem Gatten entströmte, in sich aufzunehmen; mit diesem Blut befruchtet, gebar sie die Erinnyen, die Giganten und die Nymphen, die dem Menschengeschlecht vorausgingen.

Aus dem Geschlechtsteil des Uranus, der ins Meer gefallen war, wurde Aphrodite geboren. Mit dieser Bluttat, die zur Entthronung des Uranus führte, wurde Kronos zum Herrscher des Himmels; von da an, so besagt der Mythos, wollte sich der Himmel der Erde nicht mehr nähern. Es folgte die Herrschaft des Kronos.

Das Orakel jedoch prophezeite Kronos dasselbe fatale Schicksal, das seinen Vater ereilt hatte. Kronos, der mit seiner Gattin Rhea bereits sechs Kinder gezeugt hatte, war über diese Aussage sehr bestürzt und beschloß wutentbrannt, seine Kinder zu verschlingen, um nicht sein Reich bedroht zu sehen. Als Rhea, die noch Zeus gebären sollte, von der Absicht ihres Gatten erfuhr, erbat sie Hilfe von Himmel und Erde, damit ihr letztes Kind gerettet würde. Sie erhielt einen Rat, demzufolge sie folgende List anwandte: statt des neugeborenen Zeus reichte sie Kronos einen in Tücher gehüllten Stein, den ihr Gatte aus aggressiver und obsessiver Selbstverteidigung sogleich verschlang und nicht merkte, daß Zeus allmählich an sicherem Ort zu einem stattlichen Mann heranwuchs.

Später jedoch wurde Kronos von der Schlauheit und Tatkraft seines Sohnes besiegt, der ihn zwang, alle verschlungenen Kinder auszuspucken und sich somit zu seiner eigenen Niederlage zu be-

kennen. Zeus verbannte sodann seinen Vater auf die Insel der Seligen am äußersten Rand der Erde. Dort schmachtete Kronos in seinem Turm, von den Winden des Meeres umspielt, Gefangener und König zugleich, ohne jemals die Freiheit wiederzuerlangen.

Dieser Mythos zeigt uns, wie sich das fatale Schicksal vom Vater auf den Sohn überträgt. Leben, Tod und Auferstehung verflechten sich mit Liebe und Haß. Machtdurst, maßloser Egoismus und Rache verbinden sich mit Hingabe, Altruismus und Gehorsam.

Alle Charakterzüge des Steinbocks finden wir in diesem Mythos symbolisch dargestellt: grausamer Egoismus und Gefühlskälte (Uranus, der aus Machtgier in seinen Söhnen keine Rivalen duldet und sie deshalb auf grausame Weise aus seinem Reich verbannt; Kronos, der, seinen Vater nachahmend, seine Kinder aus derselben Angst verschlingt), leidenschaftliche Liebe und bedingungslose Hingabe an die eigenen Ideale (Kronos wird aus Liebe zur Mutter zum blutrünstigen Vatermörder), Sühne und innere Läuterung (Kronos, auf die Insel der Seligen verbannt, wird zu einem guten ackerbautreibenden König, der sich um das Wohl seines Volkes bemüht).

Kronos-Saturn ist einerseits ein treuer, rechtschaffener Sohn, der das grausame Werk seines Vaters verurteilt und ihn dafür bestraft, andererseits identifiziert er sich durch das tragische Schicksal mit seinem Vater (ödipeische Bindung an die Mutter) und wiederholt dessen tragisch-irres Handeln. Erst durch Einsamkeit und Sühne beginnt Kronos-Saturn, sein Schicksal zu begreifen.

Die ambivalente Kronosnatur finden wir im griechischen Gott Pan, aber auch im Symbol des Ziegenfisches wieder. Es erübrigt sich zu betonen, daß der Steinbock wirklich der doppelgesichtige Janus des Tierkreises ist. Wir wollen kurz nochmals den antithetischen Doppelcharakter des Kronos-Saturn unterstreichen, um die grundlegende Bedeutung des Mythos für die Steinbockpsychologie klarzumachen: Kronos erzeugt seine Kinder aus Liebe und tötet sie aus Haß; ist grausam und sanft zugleich, zeigt sich unter dem Rausch des Alkohols und des Nektars triumphierend, doch maßvoll und gelassen im Exil.

Mit den Worten Hillmanns ist Kronos-Saturn-Steinbock »der Archetypus der alten Weisen, ist der *Lapis,* der Fels der Zeit,

aber auch aufgrund seiner intellektuellen und moralischen Eigenschaften der alte König und zugleich das kastrierende und kastrierte Ungeheuer.

Er ist der Erbauer der Städte, aber auch das Exil, ist der Vater aller und konsumiert alles. Er lebt von und durch seine Vaterschaft und nährt sich in unersättlicher Weise von den Früchten seines Paternalismus. Saturn symbolisiert den positiven und negativen Senex.«[56]

Der Steinbock trägt den Archetypus des *senex* in sich; seine Doppelnatur offenbart sich in jeder Lebenssituation: Seine konstante Todesangst treibt ihn zu einem intensiven Leben. Neben großem Egoismus ist er zu tiefem Mitgefühl imstande; durch sein starkes »am Leben Hängen« projiziert er ständig Vitalkräfte in die Zukunft und, um der Angst um sein eigenes Leben zu entkommen, sucht er Zuflucht in nostalgischen und regressiven Seelenzuständen.

Gewöhnlich schreibt man dem Steinbockgeborenen Gefühlskälte zu – wie uns die besprochenen Mythen auch weitgehend bestätigen –, die sich meist durch eine maßvolle Distanz zu den Dingen manifestiert. Diese sogenannte »Kälte« ist zugleich ein Schutzpanzer, um seine große Leidenschaftlichkeit, von der sein Wesen beherrscht wird, nicht preiszugeben. Vergegenwärtigen wir uns nur einmal den scheinbaren Gleichmut, mit dem Christus seinen Leidensweg beschritt, um das Wesen der Liebe, von dem der Steinbockmensch durchdrungen sein kann, besser zu erfassen. Der Steinbock entspricht auch dem Archetypus des verstoßenen Sohnes, der ferngehalten wird (Uranus' Söhne, die in unterirdischen Höhlen isoliert sind). Daraus erklärt sich das konstante Einsamkeitsgefühl, das für dieses Sternzeichen so charakteristisch ist, sowie seine Angst, verlassen und ausgestoßen zu werden. Kronos' Gefühlskälte symbolisiert die grausame, unabänderliche, tragische Wirklichkeit.

Distanzierte menschliche Beziehungen und die Fähigkeit zu objektiver Kritik sind weitere wesentliche Eigenschaften des Steinbockmenschen.

Kronos-Saturn betrachtet als Herrscher der Abgründe die Welt immer von außen. Der Steinbockmensch neigt zur Introversion und ist nicht sehr gefühlvoll: Seine mythologische Vorgeschichte zeugt kaum von starken Gefühlsmomenten; sein überragender Ehrgeiz hingegen kennt weder Hindernisse noch

moralische Skrupel (Uranus und Kronos stützen ihre Selbstbehauptung auf das Opfer anderer).

Doch zeigt Kronos-Steinbock auf der andern Seite große Opferbereitschaft, ohne nach Anerkennung zu suchen (Amaltheia opfert ihr Leben für Zeus). Die konstante Angst des »Sich-nicht-mitteilen-Könnens« und der Selbstisolierung im Gefühlsbereich sind weitere, weniger sichtbare Wesenszüge des Steinbockgeborenen, die wir ja schon in den mythischen Vorbildern von Uranus und Kronos vorgeprägt finden, denn beide Gottheiten leben ihre Beziehung zur Frau in völlig autistischer Weise.

Der Steinbock zeigt Ausdauer, Entschlußkraft und Ordnungssinn; er lebt das Realitätsprinzip und läßt sich nicht von seinen Aufgaben ablenken. Er sucht nicht einen ruhigen Zufluchtsort, sondern will mitten im Lebenskampf stehen und gewagte, schwierige Erfahrungen machen. Ähnlich dem über Abgründe springenden Steinbock springt auch der unter diesem Zeichen Geborene über Existenz- und Seelenabgründe, erklettert die höchsten Höhen der Schaffenskunst, des sozialen und kulturellen Lebens. Sein ganzes Leben wird von Eroberung und Erfolgsbestätigung charakterisiert, gleich Uranus und Kronos, die ihr Reich nicht preisgeben wollen. Auf seinem letzten Endes einsamen Lebensweg erfährt der Steinbock alle Illusionen und Enttäuschungen des Menschseins, alle Schwächen und Tragödien, alle Freuden und Verluste, jeden Preis, aber auch die Relativität der erstrebten Werte.

Geist und Gewohnheit dieses Zeichens sind klar und nüchtern. Doch beherrscht ihn auch der dionysische Trieb der *concupiscientia,* der sich sowohl in der Opferekstase der dionysischen Riten als auch in der lasziven Bocknatur (der mythische Pan), der perverse Eros, manifestiert.

Da von Natur aus dualistisch, lebt der Steinbockgeborene in einer starken Gefühlsambivalenz: er haßt Zärtlichkeiten, obwohl er sie braucht. Entschließt er sich einmal zur Entsagung, zu einem Akt der Selbststrafe oder des Sadismus, wird er absolut gefühllos und verschlossen.

Die andererseits enthemmte Sinnlichkeit seiner Natur entspricht einem reaktiven Verhalten zu einem starken Ödipuskomplex, von dem besonders der Steinbockmann geprägt sein kann. Diese ödipeisch markierte Psyche findet ihre Erklärung in dem oben beschriebenen Mythos: Kronos ist ein Ödipus *ante litteram,*

der seine Mutter Gaia-Iokaste vor den Zudringlichkeiten des Vater-Gatten schützt; seine Auflehnung gegen Uranus äußert sich in einem phallischen Wettkampf mit dem Vater (wobei der Vater vom Sohn entmannt wird), den Kronos-Saturn aus Liebe zu seiner Mutter austrägt. Kronos rebelliert gegen den vom Vater projizierten Schatten und befreit sich von seinem Todes- und Kastrationskomplex, indem er den Geschlechtsteil des antagonistischen Vaters »unschädlich« macht, wodurch er seine eigene Geschlechtlichkeit bestätigen kann. Der gelebte Ödipuskomplex aktiviert sowohl einen Introjektionsmechanismus (Kronos verschlingt seine Kinder als negative Objekte) als auch einen starken, dem narzistischen Drang zur Selbstbehauptung entsprungenen Todestrieb.

So verbindet sich psychologisch das Töten, die Unterwerfung des Eros durch Thanatos, durch die Vernichtung aller Sinnes-und Liebesregungen und manifestiert sich im nächtlichen Aufblitzen der saturnischen Sichel; die Selbstbehauptung wird exaltiert, wie sie schon die mythischen Himmelsherrscher vorgelebt haben.

Der Steinbockmensch scheut keine Mittel, um an sein Ziel zu gelangen, doch entzieht er sich auch keiner Prüfung, denn er »weiß«, daß er in die Welt »geworfen« ist, um die Fatalität seines eignen Schicksals zu leben. Von frühester Kindheit an weiß er, was Einsamkeit ist.

Aufgrund seiner inhärenten Dualität sehnt er sich nach der mütterlichen Geborgenheit des Krebses, seinem Komplementärzeichen im Tierkreis. Diese Sehnsucht nach den Mond- und Muttergewässern mag den Steinbockmenschen ein ganzes Leben lang verfolgen, doch muß er – wie Uranus – seine Träume zurücklassen, um sich der harten tragischen Wirklichkeit des Seins zu stellen, geht doch sein Lebensweg vom Irdisch-Menschlichen durch alle Erfahrungsbereiche hindurch bis zur Verwirklichung im göttlichen Sein.

So wird auch der sich opfernde Bock symbolischer Vermittler zwischen Mensch und Gott. Das Blut des Opfertieres der dionysischen Ritualfeste, das den Rausch der Sinne »erhöhen« soll, entspricht hier dem Opferblut Christi, das die menschlichen Sinne zur Wahrnehmung der göttlichen Gegenwart wachruft.

Schon ist der Pfeil des Schützen abgeschossen und steuert seinem Ziel entgegen gleich dem unermüdlichen, einsamen und unbeirrbaren Steinbock, der, an Abgründen vorbei, den Gipfel

des Berges erklimmt, wo er dank seiner konstanten Selbstaufgabe erhabenes Glück erfährt, doch zugleich auch absolute Einsamkeit, da er bereits die Beziehung zur Erde verloren hat wie Uranus, der Himmelsherrscher, der sich von Gaia trennen mußte. Mit dem Steinbock, welcher der Überwindung des sinnlichen *puer* entspricht, tritt die Metaphysik konkret in den Entwicklungsweg des Menschen. Im leidenschaftslosen Steinbockmenschen personifiziert sich der wahre *senex;* doch wird der Steinbock auch oft von einem endopsychischen Unvermögen bestimmt, den *puer* frei zu entfalten, weshalb er ein innerlich gequälter, ernster und ruheloser Mensch wird.

Strenge, Düsterkeit und ein starkes moralisches Bewußtsein rauben ihm die Würze und Heiterkeit einer jeden Lebenserfahrung; nüchtern und pessimistisch steht er dem Leben gegenüber und meidet das Hinfällige auf der Suche nach dem Authentischen. Aufgrund dieser Wesenszüge fühlt sich der Steinbockmensch oft ausgeschlossen und mag sogar eine masochistische Tendenz zur Selbstisolierung entwickeln, ähnlich Uranus, der seine Kinder vertreibt, um seine Alleinherrschaft nicht zu verlieren. Andererseits finden wir im gelungenen Fluchtversuch des mythischen Pan, der aufgrund seiner teilweisen Zufluchtsuche in den Muttergewässern ein ambivalentes Verhältnis zu seinem Krebsursprung beweist, die Bestätigung für den charakteristischen Zwiespalt, von dem der Steinbockmensch gekennzeichnet ist. Auch können wir im Christusschicksal, dessen Leben gleich nach der Geburt bedroht war (Herodes' Kindermord), eine Analogie zum Schicksal der Kinder des Uranus sehen: in beiden Fällen kommt es zur Vertreibung und Isolierung (Flucht nach Ägypten, Verbannung in Gaias finstere Höhlen). Der abgeschossene Pfeil des Schützen zielt im Steinbock auf die Selbsterkenntnis. Der Berg, der auch zu den Symbolen des Steinbocks zählt, stellt die Selbstüberwindung, den Triumph über das Ich dar. Der Dialog mit dem Göttlichen beginnt schon in der saturnischen Zurückgezogenheit der archetypischen Höhle, wo noch der große Bock seine dämonischen Kräfte als Schmeichelei des Unbewußten aufflackern läßt, gleich Satan, der Christus in der Wüste versuchen will.

Wir möchten jedoch betonen, daß das Wesen des Steinbocks weit über die Grenzen der saturnischen Symbolik hinausreicht.

Mars, der Planet der Triebe und Leidenschaften, erfährt seine

»Erhöhung« im Steinbock; deshalb wird dieses Zeichen nicht nur von einer geradezu asketischen Gefühlsdimension, sondern auch von einer starken Sinnlichkeit beherrscht, die oft mit einem ausgesprochen brennenden Verlangen einhergeht. Während Saturn die Libido hemmt, wird sie von Mars entfacht und potenziert. So verbirgt sich im Steinbockgeborenen unter dem Deckmantel des kalten Egoisten ein feurig leidenschaftlicher Erotiker. Er ist bereit, sich zu opfern, bleibt aber immer vom Wunsch, gefühlsmäßig entschädigt zu werden, abhängig.

Gerade weil er zu allen Dingen Distanz sucht, leidet er unter einer Entbehrungs- und Verlustangst, die er durch Degradierung seiner Liebesobjekte oder durch ihr egozentrisches Besitzen-Wollen zu kompensieren trachtet.

Die psychologische Gefahr für dieses Zeichen liegt in der depressiven Frustration; doch ist er sich andererseits seiner großen seelisch-geistigen Energien, aufgrund deren er sein »fatales« Schicksal völlig klar sieht, ganz und gar bewußt.

In diesem Zeichen findet die Materie ihren dichtesten und konkretesten Ausdruck; zugleich aber führt der Steinbock zum Triumph des Geistes über die Materie.

Der Durchschnittstyp des Steinbock ist durch Disziplin, Überlegung und Ausdauer charakterisiert. Er steht dem Konkreten nahe und ist zeitlebens bemüht, einen angeborenen Minderwertigkeitskomplex zu überwinden.

Der höherentwickelte Steinbocktyp unterscheidet sich durch eine emotionslose Introversion, ein schizothymes Temperament, eine Vorliebe für geistige Aktivitäten und ein lebhaftes Interesse für wesentliche Existenzfragen, doch fehlt es ihm nicht an praktischem Sinn. Er ist vorsichtig, taktvoll, maßvoll, kühn in der Entwicklung neuer Ideen, reserviert und im Grunde seines Herzens melancholisch. Die Intensität und Leidenschaftlichkeit seiner Gefühle sublimiert er meist in schöpferischer Weise.

Der weniger entwickelte Steinbocktyp ist von einer vorherrschenden narzißtischen Egozentrik geprägt. Große Schwierigkeiten bereiten ihm die menschlichen Beziehungen; meistens bestimmen Zwangsneurosen ödipeischen Ursprungs sein Verhalten. Er sucht Kompensation im Konkreten, Unmittelbaren und Prosaischen; er ist ein Rationalist, ohne wirkliche Interessen. Hypokrisie und komplizierte Zweigeleisigkeit im Verhalten sind seine besten Verteidigungswaffen; da er keine höheren geistigen

Ziele anstrebt, trachtet er, materiellen Besitz und wohlwollende Gefühle für sich zu gewinnen.

Der verborgene oder offene Ehrgeiz beherrscht den Steinbockgeborenen in allen seinen Zielsetzungen, und seine Ausdauer verläßt ihn bis zum Tode nicht.

Der Steinbockgeborene kann sich einer außerordentlichen Langlebigkeit erfreuen, denn der Sinn für die Zeit wurde ihm in die Wiege gelegt. Hat er einmal alle materiellen und moralischen Prüfungen überstanden, erreicht er die Gemütsruhe des alten Weisen.

Unsere Analyse des Steinbocks führte mehr in den religiösen und mythischen als in den psychologischen Bereich, aber auf diese Weise haben wir wahrscheinlich das Wesen dieses Zeichens erfaßt, denn der Steinbock ist im esoterischen Sinn die *porta celeste* des Tierkreises, wo der Mensch, am Gipfel des Berges angelangt, Gott gegenübersteht.

Aus der Perspektive der Tiefenpsychologie vereint der Steinbock den gesamten Erfahrungskomplex des Individuationsprozesses.

Nach dem *I Ging* entsprechen dem Steinbock höchstwahrscheinlich die beiden Hexagramme »TAI – der Friede« und »PI – Die Stockung«, aus denen ein drittes Hexagramm »GEN – Das Stillehalten, der Berg« resultieren kann. Tatsächlich hofft der Steinbock, seinen Weg in Frieden zu beenden, wie es im *I Ging* heißt: »Der Friede. Das Kleine geht hin, das Große kommt her. Heil! Gelingen!« Dieser Aussage entspricht als Ergänzung das Urteil von der »Stockung«: »Das Große geht hin, das Kleine kommt her.«[57] Das ist die Summe der Gegensätze, die Fülle der Extreme, die sich im Steinbock verwirklicht wie in Christus, dem ersten Gottmenschen, der sagte: »Selig die Letzten, denn sie werden die Ersten sein.«

Der Wassermann

♒

Mit dem 20. Januar verläßt die Sonne die Konstellation des Steinbocks und geht in den Wassermann über, womit die zweite Winterperiode beginnt. Kalte Regengüsse geben dem Boden die notwendige Nahrung, während unter der Erde der Lebensprozeß seinen neuen Zyklus beginnt: die Samen assimilieren alle zum Wachstum notwendigen Substanzen.

Der Wassermann ist mit den Zwillingen und der Waage das dritte Luftzeichen und leitet bereits den Abschluß des Tierkreises im Zeichen der Fische ein.

Im Gegensatz zum Löwen, der die Verwirklichung der bewußten Persönlichkeit darstellt und seinen Willen vornehmlich im Dienste seines eigenen Ich einsetzt, entspricht der Wassermann mit seinen bewußt gesuchten und gelebten Wahlverwandtschaften der Einweihung in eine höhere Bewußtseinsstufe. Das Ich-Bewußtsein des Löwen dehnt sich im Wassermann auf die Gemeinschaft aus, ähnlich dem Samen, der unter der Erde neue Substanzen aufnimmt und wächst. Die löwenhafte Individualität wird in seinem Gegensatz- und Komplementärzeichen zur Universalität, der Mensch wird zu Menschheit, das individuelle Bewußtsein tritt aus den Grenzen des Ich und geht in die überpersönliche Dimension ein. Der Mensch bleibt wohl Individuum, verliert aber seine persönliche Identität, um sich im Gemeinschaftsbewußtsein zu verwirklichen. Im Löwen dient der Mensch sich selbst, im Wassermann dient er der Welt.

Das Symbolzeichen des Wassermann entspricht der ägyptischen Hieroglyphe für Wasser. Die Verdoppelung dieses Symbols könnte das Gleichgewicht zwischen niedrigen und hohen Wassern symbolisieren. Laut Sénard[58] bedeutet ein Wellenzeichen die Wasseroberfläche, während drei Wellenzeichen der Protomaterie, dem kosmogonischen Abgrund, zugleich aber auch dem Gott TEM sowie dem Demiurgen entsprechen.

Dem Wassermann liegen zwei Elemente zugrunde, Luft und Wasser, die beide die Idee der Bewegung und des Fließens zum

Ausdruck bringen. Das Wasser symbolisiert die Auflösung der Ichbezogenheit, das Element Luft bedeutet die Erweiterung des Subjekts auf die Gemeinschaft, das Ich wird zum Wir. Der Wassermann ist der »Wasserträger«, die Lebensquelle. Das Bild, wonach ein Mensch aus einer Amphora Wasser gießt, ist ein Symbol für die Alchemie, in der Geist und Materie koagulieren und sich zugleich auflösen, um dem Menschen seine göttliche Dimension wiederzugeben. Das Mutterwasser des Krebses und das Verwandlungswasser des Skorpions kommen beim Ausgießen aus der Wassermannamphora mit der Luft oder dem Himmel in Berührung. Dieses mystische Wasser vereint sich mit den göttlichen Strahlen: menschliche und kosmische Energien verschmelzen ineinander. Hier liegt Wesen und Bedeutung des Wassermanns und seines Zeitalters.

Der Wassermann war ursprünglich von Saturn beherrscht, der aber mit dem destruktiven, geizigen und eigenbrötlerischen Kronos aus der griechischen Mythologie, der sich ausschließlich auf den Steinbock bezieht, nicht identisch ist. Dieser antike Wassermannsaturn bezieht sich auf ein Mythologem aus römischer Zeit: Saturn galt als Gott des goldenen Zeitalters, in welchem die Verwirklichung des Gemeinschaftsinteresses keine persönliche Einschränkung, sondern viel eher eine Bereicherung darstellte, die dem allgemeinen Wohlergehen entsprang.

Die römischen Saturnalien waren keine sittsamen und traurigen Gemeinschaftsfeste, sondern mit ihnen wurden lebensbejahende Anliegen der Menschen gefeiert, die damit jede Gefahr von Verlust und Entbehrung fernhalten wollten.

In jüngster Zeit gilt der Planet Uranus als Herrscher des Wassermanns. Wir werden ausführlich über diesen Planeten in der zweiten Hälfte des Buches berichten.

Im Wassermann kommen alle Zyklen, soweit sie sich auf das subjektive und individuelle Leben beziehen, zu einem Abschluß. Das Ich verläßt, wie wir schon vorhin erwähnt haben, den engen Kreis der Eigenphänomenologie, um sich in einer erweiterten Dialektik mit der Welt zu projizieren, wo Egoismus und Individualismus annulliert werden. Das Leitmotiv des Wassermann lautet: seine sichere Position der Ichbezogenheit aufgeben und die Welt suchen, gleich dem Volke Israel, das bei seinem Exodus nicht im sicheren Lager verweilen konnte, sondern seinen Weg ins Heilige Land fortsetzen mußte.

So schreibt Wilczrkowski: »Diesem Gebot gehorcht der Wassermann, der auf alle Stimmen und mysteriösen Rufe aus dem Reiche des Übersinnlichen hört. Es entspricht seinem Wesen, sich den höchsten menschlichen Zielen zuzuwenden, und in die übersinnliche Dimension vorzustoßen; er sucht nach Perfektion, nicht in ihrer physischen Form wie die Waage, sondern in ihrer immateriellen, essentiellen und transzendenten Form.«[59] Die Integration des Wassermann in die Dimension des Geistes erfolgt – nach dem kosmischen Typologenforscher E. Krafft – durch Neptun, Planet der Fische, der der alchemistischen und mystischen Auflösung der Transfiguration entspricht[60] und der endgültigen Verschmelzung mit der Einheit.

Es gibt viele Mythen, die die Symbolik des Wassermann erklären; doch meistens werden von den Astrologen immer wieder dieselben herangezogen, um das Wesen dieses Zeichens besser verständlich zu machen.

Wilczrkowski will mit den Mythen von Ganymed und Hephaistos die menschlichen Züge des Wassermann hervorheben. Hier geht es um das Problem der Befreiung von der Last des irdischen Schicksals und das Verhaftetsein in der Materie. So hemmend und festnagelnd Saturn im Steinbock wirkt, so lockernd, dynamisierend improvisierend wirkt Uranus im Wassermann. Saturn betont den Zeitrhythmus, über den sich Uranus hinwegsetzt, ja ihn sogar annulliert. Deshalb symbolisiert er rasche Kommunikation, den Blitz, die Elektrizität, das Erdbeben, die Explosion und jedes schockartige Ereignis oder Erleben.

André Barbault setzt allem mythischen Geschehen eine universelle Sintflut voraus, die alle festen gegebenen Formen aufgelöst hat. Tatsächlich ist uns aus der Bibel und aus anderen Quellen die Sintflut als ein destruktives Ereignis überliefert worden, das der Erde ein neues Gleichgewicht gab.

Möglicherweise haben sich Götter und Menschen während dieses mythischen Ereignisses, um der Vernichtung durch die Flutwasser zu entkommen, immer höher in die Berge geflüchtet und dadurch die bereits vor der Sintflut herangebildeten sozialen und wirtschaftlichen Strukturen der Talsiedlungen zerstört. Dieses Bild des Menschen, der vor dem bedrohlichen Wasser in die Höhe flieht, erinnert an das Lebenswasser, das den Menschen anregt, sich zu erheben, aus seinen eigenen Grenzen zu treten und sich neue Wege der Erweiterung zu schaffen. Hier liegt eine

wesentliche mythologische Bedeutung des Wassermann, auch im Zusammenhang mit der Symbolik der Amphora, aus der das Wasser auf die Erde fließt. So können wir im Ideogramm des Wassermann zum Teil auch die bedrohlichen Flutwellen erkennen.

Das uranische Wasser desintegriert die Materie, lockert und löst die anhaftenden Teile von ihrer Adhäsion.

Die wahre Bedeutung des Wassermann liegt in der universellen Bruderschaft, dessen Geist in einem jeden Menschen, der sich von seiner egozentrischen Individualität und seiner äußeren Abhängigkeit befreit, geweckt wird.

Der Mythos von Deukalion soll Wesen und Natur des Wassermannzeichens näher erklären.

Zeus, erbittert über die Anmaßung und den Frevel der Menschen, drohte, eine Sintflut auf die Erde zu schicken, die ihre Bewohner vernichten sollte. (Das Sintflutthema ist uns ja aus der Bibel bekannt.) Als Prometheus diese furchtbare Drohung erfuhr, riet er seinem Sohn Deukalion, König von Thessalien, ein Schiff zu bauen, auf dem er sich mit seiner Gattin Pyrrha in Sicherheit bringen sollte. Die Sintflut überschwemmte ganz Griechenland, während Deukalion und Pyrrha sich auf ihr kleines Schiff retten konnten. Sie landeten auf dem Parnaß, wo sie Zeus ein Dankes-und Versöhnungsopfer darbrachten. Nun befragte Deukalion das Orakel, wie die Erde wieder bevölkert werden sollte. Es wurde ihm geantwortet, er solle gemeinsam mit Pyrrha, verhüllten Antlitzes, die »Gebeine der Großen Mutter« sammeln und sie hinter sich werfen (gemeint sind die Steine der Erde). Aus diesen geworfenen Steinen entstanden wieder Menschen, Männer und Frauen; so wurde Deukalion zum Stammvater des neuen Menschengeschlechts. Aus dieser Zeugungsweise geht hervor, daß alle Menschen Brüder sind, da sie derselben Matrix, der Mutter Erde, entstammen. Deukalions und Pyrrhas Individualität geht in der Gleichheit ihrer Nachkommenschaft auf, die nun nicht mehr eine frevelhafte, sondern durch den Gemeinschaftsgeist zu neuem Leben erwachte Menschheit geworden ist, erlöst durch Deukalions Annahme des Sintflutopfers und versöhnt mit dem Gotte durch das vom Stammvater der künftigen Menschheit dargebrachte Dankesopfer am Berge Parnaß. So erlöst der Wassermann den Menschen aus seiner immanenten Blindheit und führt ihn durch die Transzendenz zu neuem Lichte.

Gerade in dieser Geste des Nach-hinten-Werfens der »Gebeine der Großen Mutter« liegt die Überwindung der alten Ödipussituation, wo die chthonischen Kräfte des Irdisch-Mütterlichen den Menschen fesselten, um ihn von Gott, dem Vater, fernzuhalten. Auf diese Weise ist die Sintflut der symbolische Preis zur Wiederbehauptung des männlichen Prinzips, des *pater* gegenüber der Dominanz des uroborischen Matriarchats, der umschlingenden Mutter Erde. Deukalion wirft die »tote Mutter« hinter sich und kann seine dadurch freigewordene Männlichkeit durch die Zeugung des neuen Menschengeschlechts bestätigen, das sich nun in der von Zeus geforderten Solidarität und Devotion freier wiedererkennt.

Auch der griechische Gott des Feuers, Hephaistos, der in der römischen Mythologie dem Gott Vulkanus entspricht, gehört in die Wassermannsymbolik; er symbolisiert auch den Blitz, Ausdruck des »bewaffneten« Zornes der olympischen Götter.

Hephaistos, Sohn von Zeus und Hera, war eine heimliche Frühgeburt[61] und kam mit verkrüppelten Füßen auf die Welt. Hera, die seine Verunstaltung nicht sehen konnte, warf ihn vom Olymp auf die Erde, wo er liebevoll von den Meeresnymphen aufgefangen und im verborgenen auf der Insel Lemnos, von allen Bewohnern geliebt, großgezogen wurde.

Als er herangewachsen war, zeichnete er sich durch seine außergewöhnliche Schmiedekunst aus, denn er wollte durch seine magischen Kunstgriffe mit Feuer und Eisen die schöne Aphrodite erobern.

Der Mythos berichtet, daß Hephaistos auf den Verdacht hin, von Aphrodite mit Ares betrogen zu werden, in seiner Schmiede eine magische Falle verfertigte, mit der er den Rivalen einfangen und demütigen wollte. Selbst die Götter waren über seine Erfindungsgabe so überrascht, daß sie Dionysos zu Hephaistos schickten, damit er mit diesem die Befreiung der beiden Liebenden aushandle. Sodann wurde der häßliche und ungewollte Hephaistos von Zeus in den Olymp zurückgerufen.

Im außergewöhnlichen Einfallsreichtum des Hephaistos erkennen wir eine Eigenschaft des Wassermann: Erfindungsgeist und das Talent, originelle Ideen mit mechanischen Mitteln zu verwirklichen (dies entspricht dem uranischen Einfluß). Doch läßt dieser Mythos einen Mangel an sublimierender Geisteskraft und zugleich einen tiefen Widerspruch in Hephaistos erkennen.

Die technische Perfektion seiner Erfindungen dient ihm als Mittel, sich über Götter, Liebe und sogar die eigene Geliebte lustig zu machen, um sein eigenes Ich hervorzuheben. Doch verleiht er seinen genialen mechanischen Erfindungen magische Kräfte, womit er die religiöse Zielsetzung des menschlichen Geistes herausfordert und seine eigene Intelligenz mißbraucht, dem göttlichen Willen trotzend, um sich anderer durch den Entzug ihrer Freiheit zu bemächtigen. Dank seines Einfallsreichtums bezwingt und überwindet er jede Schwierigkeit, belebt das Unbewegliche und lähmt, was zu Bewegung und Freiheit bestimmt ist.

Diese Eigenheit stellt die Kompensation des Hephaistos dar, der seinen rationalen Erfindungsgeist durch den Einsatz der magischen Kräfte inflationiert, um seine göttliche Natur wiederzuerlangen.

Die rationale, disharmonische Ausnützung der schöpferischen Kraft triumphiert über das intuitive Verstehen. Hephaistos sichert den Sieg des Feuers als sein Urheber, zerstört aber zugleich die Harmonie der Elemente; seine Schmiede ist das Symbol einer »Alchemie« des Eisens und des Feuers, die als Brücke in die göttlichen Dimensionen betrachtet werden kann.

Diese mythische Geschichte veranschaulicht die Kraft des menschlichen Erfindungsgeistes, auf der Suche nach möglichen Wegen die Relativität der irdischen und pragmatischen Isolierung zu überwinden, und stellt somit den ersten Versuch des Homo sapiens dar, auf die Individualität im Hinblick auf eine Integration in eine höhere Dimension der Gemeinschaft zu verzichten. Letzten Endes kann Hephaistos doch über seine egoistischen Forderungen hinwegsehen (Freigabe von Ares und Aphrodite, wonach ihn Zeus auf den Olymp holt); so bedeutet auch für die menschliche Evolution das Wassermannzeichen die Überwindung des Ich, um sich im Wir, in einer choralen Dimension zu verwirklichen.

Nachdem nun der nachtragende und durch seine Verkrüppelung zur Einsamkeit verurteilte mythische Schmied in den mechanischen Künsten eine Kompensation gefunden hat, wird er wieder für die göttliche Stimme zugänglich. So strebt der Wassermann nach dem Kommen einer Zeit, wo sich der Gemeinschaftssinn im Lichte eines geistigen Logos verwirklicht. Diesem Ideal entspricht die Gestalt des Deukalion, der sich nicht in seiner Egozentrik verschließt, sondern nach überstandener Lebens-

prüfung (die Sintflut) großzügig daran denkt, »neue« Menschen und »neue« Beziehungen zu schaffen, damit die Erde von nun an nicht mehr dem subjektiven, egoistischen Mir, sondern uns gehört. In einem jeden Wassermann steckt sowohl ein Hephaistos als auch ein Deukalion. Quellen und Amphoren, aus denen Wasser fließt, sind Symbole für begonnenes und gelebtes Leben, für Leben, das aus der Immanenz in die Transzendenz steigen will, das vom Individuum in die Gemeinschaft übergeht, sich aus den Grenzen des individuell Phänomenologischen heraushebt, um an der Verwirklichung eines gemeinsamen Ideals von Glück und Vollendung teilzuhaben: dies sind die wesentlichen Grundzüge des Wassermannzeitalters.

Übertragen wir nun den mythischen Gehalt des Wassermann auf die Psychologie, so können wir feststellen, daß der Wassermanntyp sein Bewußtsein durch eine starke mystische Neigung zu erweitern trachtet. Wir wollen diesbezüglich hinzufügen, daß unserer Meinung nach nichts so treffend dem Geist des Wassermann-Zeitalters entspricht wie die Tiefenpsychologie C. G. Jungs, die nebenbei auch noch eine mythologisch-poetische Funktion erfüllt, denn gerade Jungs Lehre weiht den Menschen – mit Hilfe des Individuationsprozesses – in das Wissen und Erfahren der geheimnisvollen Inhalte der unbewußten Seelentiefen ein.

Die Welt der pragmatischen Wirklichkeit wird vom Wassermann-Menschen durch die intelligible Welt und die Realität des Psychischen ersetzt. So sehen wir die heutigen Generationen einer Bewußtwerdung entgegengehen, die es ermöglichen könnte, die subjektiven inneren Werte in konstruktiver Form, als Emanation und Erweiterung des Individuums, in die Außenwelt zu projizieren. Dieser Prozeß würde dem sozialen und politischen Leben wieder eine menschliche Dimension geben statt weiterhin von rationalen, wirtschaftlichen und ideologischen Interessen bestimmt zu sein.

Nach Sénard hat der Wassermann eine mystische Funktion, die das Bewußtsein von der engen Ich-Phänomenologie befreit; dadurch wird der Weg in die Transzendenz freigelegt. Demnach fließen im Wassermann die eschatologischen Ziele des Menschen zusammen. Er stellt den Übergang vom Rationalisten zum Mystiker dar, der Einsatz seiner Kräfte geht von außen nach innen und wieder nach außen, vom Licht der Intelligenz über den

»Schatten der Seele« zum Licht des Geistes. Nur liegt gerade in dieser Übergangszeit, die das Wassermann-Zeitalter einleitet, die Gefahr, daß der Mensch, von den neuen, revolutionären Ideen verleitet, leichtsinnig den Boden seiner rationalen Gewißheiten auf der Suche nach einer mystischen oder geistigen Verwirklichungsebene verläßt, während die in ihm verankerten Abwehrmechanismen gegen alles Irrationale noch verstärkt werden. So können wir uns erklären, daß dieses Jahrhundert Tendenzen der höchst irrationalen Tyrannei und zugleich der Auflösung vom im Menschen verwurzelten Ideologien hervorgebracht hat. Es scheint, als ginge der Weg der totalen Ich-wir-Verschmelzung notwendigerweise durch die Regression auf das Stadium des noch undifferenzierten Individualismus. Der Wassermann lebt das Kollektiv immer mit der geheimen Angst, seine eigene Individualität zu verlieren. Diese Erfahrung ist uns auch aus vielen Jugendbewegungen bekannt.

Die Psychologie des Wassermann-Menschen ist lebhaft und komplex: Seine physische Konstitution entspricht dem asthenisch-schizothymen Typ; dem Wesen nach ist er sensibel, neigt zu Aktivität und Extraversion, und da er von seiner eigenen Triebsphäre Distanz sucht, findet seine schöpferische Kraft vor allem auf geistiger Ebene Ausdruck. Als Idealist setzt er sich wie Deukalion hohe und edle Aufgaben zum Ziel; ungern läßt er sich in das konkrete Geschehen verwickeln, obzwar er den Verantwortungen des praktischen Lebens nicht aus dem Wege geht.

Das bewußte Akzeptieren des anderen beruht auf der Einschränkung des eigenen Ich. So sehen wir den Wassermann als Altruist, der wahre Menschlichkeit zeigt, denn leicht vergißt er sich selbst, um sich in den Dienst der anderen zu stellen. Er hat einen ausgeprägten Sinn für Gehorsam, doch kann er Gefahr laufen, die Identifikation mit äußeren Vorbildern bis ins Pathologische zu steigern, denn während der Steinbock alles in sich und durch sich fühlt und aufnimmt, erlebt sich der Wassermann nur durch Projektionen nach außen, die, in Extreme gesteigert, die zwischen paranoischer Isolierung und größenwahnsinniger Exzentrik gespaltenen Wassermanntypen ergeben.

Der Wassermann ist neugierig, aufgeschlossen, findet für ein jedes Problem eine Lösung; seine Interessengebiete sind weitreichend, seine Vorliebe gilt dem technischen Wissen (Hephaistostyp); seine Intelligenz ist intuitiv und deduktiv, sein Wille nicht

immer von großer Ausdauer, denn die inneren Triebkräfte bedürfen einer vielschichtigen Investition. Initiative, Einfallsreichtum und Abenteuerlust (der mutige Deukalion, der die Sintflut übersteht) runden das Bild des Wassermanncharakters ab.

Manche Astrologen definieren sein Wesen als »engelhaft«, gleich dem unsterblichen Jüngling Ganymed, den Zeus unter die Sterne in die Konstellation des Wassermann holte.[62]

Da seine Ideale außerhalb der konkreten Verwirklichungsebene liegen, läuft der Wassermanntyp manchmal Gefahr, ein schizoides Verhalten zu entwickeln. Oft liegt in seinem inneren Drang nach Reinheit und Perfektion der Ursprung von Zwangsneurosen.

Der weise Wassermanntyp ist ganz der Welt des Übersinnlichen geöffnet, aus der er Bilder, Visionen und Ahnungen schöpft und sie in Form von Prophezeiungen der Menschheit wiederbringt. Daneben finden wir auch den abenteuerlustigen, prometheischen Typ, stets bemüht, seine eigenen Fähigkeiten weiterzuentwickeln. Er ist im Kern seines Wesens rebellisch und exzentrisch und versucht, seine revolutionären Ideen zu verwirklichen, wobei er sich oft utopischer Vorstellungen bedient, um sich über moralische Skrupel und Vorurteile hinwegzusetzen.

Psychoanalytisch gesehen entspricht der Wassermann dem Versuch der Verschmelzung vom bewußten Ich und seinem ins kollektive Unbewußte verdrängten Schatten.

So können wir zusammenfassend sagen, daß der Wassermann die menschliche Erfahrung im weitesten Sinne darstellt, in der alles zur harmonischen Integration von Mikrokosmos und Makrokosmos strebt.

Wir glauben, daß das Hexagramm Nr. 43 »*Guai* – Der Durchbruch (Die Entschlossenheit)« aus dem *I Ging* am ehesten dem Wesen des Wassermann entspricht, denn in diesem Sternzeichen wird die Lösung der Spannung, die sich vom Widder bis zum Steinbock angesammelt hat, vorbereitet und gleichzeitig die Ursachen für die kontrastreichen zwischenmenschlichen Beziehungen beseitigt, denn es kommt die Zeit – »da allmählich die Gemeinen im Schwinden sind«.[63]

Die Fische

♓

Mit dem Zeichen der Fische, das am 19. Februar jeden Jahres beginnt, geht der große Lebenszyklus des Tierkreises zu Ende. Zugleich klingt der Winter aus, wärmere Luftströme schmelzen den gefallenen Schnee wieder weg, reichhaltige Regengüsse reinigen die Erde von allen leblosen Substanzen, die unter der Schneedecke liegengeblieben waren, und geben ihr eine vorfrühlingshafte Blöße, aus der die ersten Keime und Schößlinge sprießen.

Analog zu dieser Phase des natürlichen Werdeprozesses entspricht das Zeichen der Fische der *Auflösung* und der *Wiedergeburt:* die Substanz kehrt in ihre Essenz zurück; alles Feste zerfällt in sein ursprüngliches Chaos. Mit der geheimnisvollen, unklaren und unfaßbaren Welt der Fische kündigt sich ein neuer Lebenszyklus an. Wir wollen nochmals betonen, daß sich mit den Fischen der Kreis des mikrokosmischen und makrokosmischen Geschehens schließt, um nach dem Zyklengesetz mit dem Widder eine neue Jahreszeit, ja eine neue geistig-psychologische Wandlung und Reife zu beginnen.

Das Ideogramm des Fischezeichens entspricht der Stilisierung zweier sich gegenüberstehender Fische, die, durch eine Achse miteinander verbunden, in entgegengesetzte Richtungen zeigen. Dieses Symbol erweckt die Idee der Rotation des Fischpaares um ihre Verbindungsachse und entspricht einer aktiven, fortdauernden Energiebewegung.

Sénard interpretiert dieses Symbol folgenderweise: der linke Fisch, dessen Bewegung von oben nach unten geht, symbolisiert die *Involution* des Geistes in die Materie, hingegen der rechte Fisch, dessen Bewegung von unten nach oben geht, entspricht der *Evolution* der Materie zum Geiste, zum Ganzheitsprinzip hin. Die Verbindungsachse der beiden Fischsymbole garantiert die Unveränderlichkeit der Drehbewegung. Eine Analogie zu diesem Symbol finden wir im Sonnensystem, wo sich Energiekomplexe um die Sonne drehen und ein Universum bilden.

Das Fischsymbol war zu allen Zeiten und in allen Religionen

von grundlegender Bedeutung. Es mag aufgrund der übergroßen Reproduktionsfähigkeit dieses Tieres, das man mit Leben und Fruchtbarkeit verband, entstanden sein. Übertragen wir nun dieses Symbol auf eine geistig-mythische Ebene der primitiven Religionen, so entspricht es der Idee der Erneuerung und der Wiedergeburt.

Im Zusammenhang mit dem Steinbock haben wir kurz die Verbindung zwischen Fisch und Sonne erwähnt: die untergehende Sonne fällt ins Meer und verwandelt sich in einen Fisch.[64]

Nach dieser mythischen Vorstellung verschmelzen der klare, trockene Tag mit der dunklen, feuchten Nacht: Bewußtes und Unbewußtes, Vergängliches und Unvergängliches werden eins.

Das Fischpaar versinnbildlicht die entgegengesetzte und komplementäre Energiebewegung, die allen großen dynamischen, polarisierten Rhythmen, wie Tag und Nacht, Aufstieg und Abstieg, Erlösung und Verdammnis, Konflikt und Harmonie, gut und schlecht usw., zugrunde liegt.

Wenn wir uns die außergewöhnliche Antriebskraft der Fische vergegenwärtigen, die trotz der Spannung zwischen dynamischen und statischen Impulsen das Gegensatzpaar um ihre gemeinsame Achse rotieren läßt, so können wir nicht umhin, Essenz und Wesen dieses astrologischen Zeichens sowohl in der Psychoanalyse Freuds als auch in der Tiefenpsychologie C. G. Jungs widergespiegelt zu sehen. Beide Disziplinen erforschen die Möglichkeiten des Menschen, sich psychisch zu wandeln. Die Psychoanalyse behauptet, daß es für den Konflikt zwischen Triebleben und Sozialleben, zwischen individueller Freiheit und Interesse der Gemeinschaft keine Lösung gibt: Der Mensch bleibt mit seinen inneren Widersprüchen im Konflikt fixiert, so wie die beiden Fische, die, in entgegengesetzte Richtungen tendierend, jedoch von ihrer gegenseitigen Abhängigkeit zurückgehalten, voneinander nicht loskommen können. Die Tiefenpsychologie hingegen zeigt den Weg, der aus der Starre der psychischen Konflikte führt: Der Mensch muß zur Einsicht gelangen, daß Wesen und Dynamik seiner Seelenstruktur gerade in der Konfliktualität, ja in der Gegensatzspannung liegen. So beruht auch das Wesen der Fische auf ihrer hypostatischen Dualität und auf ihrer von entgegengesetzten Kräften erzeugten Dynamik. Konflikte bestimmen die Wirklichkeit des Menschseins. Der Mensch ist selbst

seine Antithese; erst wenn er sich selbst als Urheber seiner eigenen Konfliktualität erkannt hat, kann er sich in seiner wahren Realität akzeptieren. Die Auseinandersetzung mit der Existenz eines Konfliktes bewirkt die Wandlung des Bewußtseins; die Reife bringt erst das Bemühen mit sich, die Gegensätze zu vereinen (Freud) oder den Konflikt als psychische *Realität* zu erfassen. Genauso wie der Mensch selbst mit seinen Konflikten identisch *ist,* sind auch die beiden Fische untrennbar, denn die Kohäsionskraft der Rotation um ihre gemeinsame Achse ermöglicht kein Heraustreten aus der Bewegungsbahn, wenngleich beide Fische in die entgegengesetzte Richtung streben: So ist kein Fisch stärker als der andere, es ist das perfekte Gleichgewicht der Kräfte, das diesem Symbol seine Dynamik gibt.

Nach der tiefenpsychologischen Traumdeutung symbolisiert der Fisch die seelische Wandlung und Erneuerung. Aus der religiösen und mythologischen Tradition der meisten Völker geht hervor, daß der Mensch eine starke Beziehung zum Fischsymbol hat.

Aus der babylonischen Tradition ist uns der Gott *Oannes,* Verkünder der göttlichen Weisheit, bekannt, der jeden Morgen als Fisch aus dem Meer taucht (die Sonne), um die göttlichen Lehren unter dem Volke zu verbreiten. *Dagon,* ein Gott der Phönizier, wurde mit einem Fischkopf und einem Menschenkörper dargestellt. Nicht zuletzt wurde auch Christus als Fisch in den frühchristlichen Katakomben dargestellt. Auch kommt das Fischsymbol im Hinduismus vor: So wird in den *Veden* berichtet, daß Vishnu sich in einen heiligen Fisch verwandelte, um Manu vor der Sintflut zu retten. Varuna, der vedische Gott des Himmels und der Wasser, wird auf dem Rücken eines Fisches sitzend dargestellt. Ebenso galt auch der Fisch im antiken Griechenland zeitweise als heilig und durfte vom Volke nicht gegessen werden, da er ausschließlich den Priestern als Nahrung diente.

Sénard gibt folgende Synthese zur Symbolik des Fisches: »... eine zugleich gebende und empfangende, daher selbsterzeugende Kraft, deren erlösende Wirkung die Menschen aus der Welt der Illusionen, in der sie verhaftet sind, führt, indem sie in ihnen eine erleuchtende Verwandlung bewirkt, die immer klarere und höhere Kenntnisse und Bewußtseinsebenen erschließt, die alle zuletzt zum reinen *Bewußtsein* führen.[65]

Es soll dazu bemerkt werden, daß das Zeichen der Fische in

ihrer astrologischen Bedeutung keineswegs einen Opfer- und Sühnecharakter zum Ausdruck bringt, wie ihn so manche Astrologen wahrscheinlich aufgrund der Tatsache, daß das zwölfte Tierkreiszeichen mit dem zwölften Horoskophaus, dem die großen Lebensprüfungen entsprechen, zuordnen.

Das christliche Fischsymbol stellt nicht den gekreuzigten, sterbenden Gottessohn dar – dies würde die Idee von Schuld, Verurteilung und Sühne erwecken –, sondern entspricht vielmehr dem »Salvator mundi«, dem Erlöser, dem Seelenfischer, der zu neuem Leben erweckt, den Menschen Hoffnung und inneres Licht bringt. Das Leitmotiv aller Fischmythologeme entspricht der Idee der Annullierung aller irdischen Bande, um durch Rückkehr und Identifikation mit dem Urchaos in das Göttliche einzugehen; der Mensch, nunmehr bewußte Ganzheit, entzieht sich der vernichtenden Tyrannei der materiellen und zu Materie verdichtenden Verlangen, die ihn innerhalb der Grenzen der rationalen Sublimation festhalten.

So öffnen die Fische den Weg zur totalen Wiedervereinigung mit dem Kosmos: hier triumphiert das geistige Prinzip des Menschen als Geschöpf der Natur. Dazu soll gesagt werden, daß die Fische gerade jene psychologische Wandlung bewirken, von der E. Neumann spricht und die er mit der Achse »Starre–Chaos« in Verbindung bringt.[66]

Die Bedeutung der Fische für den Evolutionsprozeß und das Ganzheitsstreben des Menschen soll hier an Hand von E. Fromms Worten, die wir ihrem Sinne nach wiedergeben, untersucht werden: Das Unbewußte umfaßt den ganzen Menschen; das Bewußtsein hingegen entspricht nur dem sozialen Menschen und seinen Grenzen, die ausschließlich historische Grenzen sind, in die er hineingeworfen ist. Das Un-Bewußtsein macht demnach den kosmischen Menschen aus und umfaßt seine vegetative, instinktive und geistige Natur, umschließt zugleich die Uranfänge allen Menschseins sowie die ferne Zukunft menschlicher Bestimmung, wo sich alle Natur »vermenschlichen« und der Mensch ganz Natur werden soll.

Hier liegt die phänomenologische Wirklichkeit der Fische. Während der Mensch im Steinbock sein individuelles Bewußtsein ausschöpft und dieses im Wassermann auf die Gemeinschaft erweitert, wird er in den Fischen das schauen, »was nicht gesehen werden darf«, und das, was er bisher gesehen hat, nicht mehr

schauen: Somit erfährt er den Austritt des Bewußtseins aus der illusorischen Wirklichkeit oder besser gesagt, das Bewußtsein taucht in das Unbewußte ein, um mit der großen Einheit zu verschmelzen, aus der es entwachsen ist. Demnach verlieren mit den Fischen alle Abwehrmechanismen der Ratio, alle kulturellen und sozialen Regeln und Gesetze sowie das intellektuelle Streben nach Objektivität ihre notwendige Funktion: Der Schleier der Maya (Illusion) fällt und die tiefsten Geheimnisse der Seele sowie die wahre Gottesnatur öffnen sich dem Bewußtsein. Jung nennt diesen Prozeß »Annäherung an das Selbst«.

Gehen wir nun auf das mythologische Problem der Fischsymbolik ein: der Mythos von Derketo, ein Beispiel der Feigheit als Flucht vor dem Leben, erhellt wesentliche Aspekte der Fische.

Derketo, die philistinische Diktynna, wird eines Tages ihrer Schwangerschaft gewahr, doch kann sie sich mit dieser natürlichen, menschlichen Gegebenheit nicht abfinden, vielleicht weil sie sich ihres Zustandes schämt oder sich weigert, die Verantwortung ihrer geschlechtlichen Reife auf sich zu nehmen. So beschließt sie, freiwillig aus dem Leben zu gehen und stürzt sich in das Meer. Diesem dramatischen Selbstmord wohnt Poseidon bei (er entspricht dem Planeten Neptun, der das Zeichen der Fische beherrscht), der, über ihr selbstzerstörerisches Handeln erzürnt, Derketo in eine Sirene halb Fisch, halb Frau verwandelt und sie dazu verdammt, sich mit dem Bewußtsein ihres halben Frauseins an ihre menschlichen Qualen zu erinnern, wohingegen die strafende Verwandlung in die Fischhälfte auf das Hinabsinken in das Unbewußte hindeutet.

Mit Derketo beginnt das Geschlecht der Sirenen, deren Schicksal es ist, »weder Fisch noch Fleisch« zu sein, weder ganz dem Lande noch ganz dem Wasser anzugehören. Dieses mythische Bild veranschaulicht in treffender Weise die Tendenz zur Neurose der Fischmenschen, die meistens der harten Auseinandersetzung mit der Wirklichkeit nicht gewachsen sind und deshalb entweder in einem regressiven Verhalten Zuflucht suchen oder ihrem eigenen unbewußten Schatten nachgeben. Der Derketo-Mythos zeigt den Verzicht auf die Sexualität, um einem grausam strengen Über-Ich zu gehorchen. Die Meerestiefe, die die selbstmörderische Derketo aufnimmt, entspricht dem Schoße oder vielmehr der Umarmung einer vernichtenden Mutter, die ihre Tochter, zu ihrem Ursprung zurückkehrend, doch zugleich

sich mit dem Tod identifizierend, in unheilvoller Weise aufnimmt. Dieses dramatische mythische Ereignis bringt die Bedingtheit des Menschen, gefangen zwischen Realität und Obskurität, zum Ausdruck, der in der Vernichtung des Unbewußten Erlösung sucht.

Eine Variante des Mythos, die besagt, daß Derketo von einem Meeresungeheuer verschlungen wurde, könnte so gedeutet werden: Gerade dort, wo das Ich eine Lösung für seine Probleme erhofft, wartet die vernichtende Falle.

Im Fischungeheuer – abgesehen von der Sirene, die einfach die undifferenzierte Verführung darstellt – können wir ein Symbol für das Unbewußte im Sinne Jungs erkennen. Doch kann es auch dem eigenen verdrängten Schatten entsprechen oder die vom anmaßenden Bewußtsein heraufgelockten unbekannten Seelenkräfte darstellen. Der Mythos bleibt in erster Linie Ausdruck der Lebensverweigerung, die mit einem inneren Konflikt »bestraft« wird. Wir könnten fast sagen, daß sich Derketo selbst zu ihrer psychomorphologischen Verwandlung verurteilt.

Diese Geschichte der teilweisen Verwandlung des Menschen in einen Fisch zeichnet die Grenzen, in denen sich die Seele bewegt: Ichbewußtsein – Unbewußtsein. Charles Vouga sagt über die Fischnatur: »Diese Individuen können völlig lebensfremd und zugleich ganz lebensnah sein, denn ihre Seele ist äußerst durchlässig.«[67]

Die Geschichte von Eros und Aphrodite hingegen zeugt von der positiven Einstellung zum Leben und hebt den Mut, die lebendigsten und tiefsten Seelenkräfte bewußtzumachen, hervor. Diese beiden großen Liebenden der griechischen Mythologie werden von Typhon verfolgt; so beschließen sie, die Erde zu verlassen und ins Meer zu tauchen, um den zornigen Drohungen dieses göttlichen Ungeheuers zu entrinnen. Poseidon, der die beiden in Schwierigkeiten sieht, schickt ihnen zwei wunderschöne Delphine zu Hilfe, die sie jenseits des Euphratufers in Sicherheit bringen sollen. Zur Belohnung für die demütige Annahme ihres Schicksals holt Zeus die Liebenden auf den Olymp unter die Sterne; seither bilden sie die Konstellation der Fische. Aus einer Geste der Liebe und Hingabe ist das Sternbild der Fische entstanden; denn Aphrodite und Eros sind Ausdruck von Schönheit, Liebe und Harmonie, während Typhon Häßlichkeit und Rachsucht versinnbildlicht.

Die Flucht Aphrodites in die Meereswasser, aus denen sie entstanden war, bedeutet die versöhnende Rückkehr zu ihrem göttlichen Ursprung; sie läßt somit ihre Triebsphäre hinter sich, behält aber ihre irdischen Liebesbande bei, denn Eros folgt ihr nach.

Wir wollen hier auf ein Detail aufmerksam machen, das beiden bisher gebrachten Mythen zugrunde liegt: Alle Protagonisten suchen im Meer erlösende Zuflucht; hier wird die Existenzwertigkeit durch den »qualitativen Sprung«, zu welchem die Fische entweder verhelfen oder verdammen, zunichte gemacht.

Barbault zufolge gehört auch der Mythos von Kassiopeia in die Psychologie der Fische, insofern der Versuch, eine andere Physiognomie anzunehmen (*persona* in der Tiefenpsychologie, *Ich* in der Psychoanalyse), im unbewußten Verlangen ruht, seine Identität zu wechseln, keine reale Form zu besitzen, um der Auseinandersetzung mit der Daseinswirklichkeit zu entkommen. So berichtet der Mythos, daß Kassiopeia, sich für die schönste Frau des Universums haltend, einen Schönheitswettbewerb veranstaltet, um sich mit Venus und den Meeresnymphen zu messen. Der über so viel weibliche Eitelkeit erboste Poseidon schickt eine große Überschwemmung als Strafe über das Land, die Vernichtung und Wehklagen zur Folge hat; zuletzt läßt er ein Meeresungeheuer an Land gehen und die unschuldige Andromeda, Kassiopeias Tochter, angreifen. Doch kommt ihr Perseus zu Hilfe, tötet das Ungeheuer und erlöst somit das Mädchen von den Folgen des Zornes des Meeresgottes.

Diese mythische Geschichte bedeutet, daß sich der Mensch seiner Verhaftung im Irdischen bewußt werden muß. Gleichzeitig wird gezeigt, daß ein jeder menschliche Versuch, die göttliche Ordnung zu durchbrechen, bestraft wird. Perseus entspricht dem integrierten, bewußten Menschen, der den Sündenbock Andromeda von der göttlichen Strafe befreit, somit die Seele aus dem Existenzkampf rettet und den Frieden zwischen Göttern und Menschen herstellt. Wieder entwickelt sich dieses mythische Geschehen in der Auseinandersetzung zwischen Gott und Mensch, zwischen anmaßender Vernunft und unsichtbaren, unbewußten Kräften.

Derketos Geschichte veranschaulicht die Flucht vor der Bewußtwerdung und der bewußten Persönlichkeitsintegration, um in der Regression in eine ursprüngliche Primärbeziehung (Sprung

ins Meer, die Muttergewässer, um der Verantwortung des reifen Menschseins zu entfliehen) Schutz und Schirm vor der unerträglichen Wirklichkeit zu finden. Das Eintauchen in das Meer symbolisiert den unbewußten Sog (Verlangen) einer Wiederidentifikation mit dem Mutterschoß. Aphrodite hingegen beweist ihren Glauben an ihre inneren Werte und an die göttliche Hilfe (ihr Sprung ins Meer bedeutet die Flucht vor den Trieben und die Suche nach erlösender Hilfe). Kassiopeia ruft mit ihrer Ichbestätigung unkontrollierbare Reaktionen des Unbewußten (die vernichtende Überschwemmung und das böse Meeresungeheuer) und zugleich punitive Instanzen ihres Über-Ich hervor.

Das zentrale Thema dieser drei Mythen bildet den Übergang von der Erde zum Wasser, vom Mensch zum Fisch. Auch die Legende des Jonas veranschaulicht Wesen und Natur der Fischsymbolik: Bevor der befreite Mensch aus seinem Überbewußtsein schöpfen kann, muß er den riskanten Weg ins Unbewußte auf sich nehmen, muß sich gleichsam vom Unbewußten verschlingen lassen wie Jonas, der sich im Bauch des Walfisches aufhält, bevor ihn dieser wieder ausspuckt.

Der letzte Sinn der Fische liegt unserer Meinung nach in der ständigen Auflösung aller menschlichen Problematik in der Dimension des Unbewußten oder in der totalen Hingabe an das Göttliche. Die Mythen und Symbole, die wir mit dem Zeichen der Fische in Zusammenhang gebracht haben, lassen auf ein emotionales und leidenschaftliches Temperament der Fischnaturen schließen, die sich außerdem durch eine besondere seelische Plastizität auszeichnen und ein differenziertes Reaktionsvermögen beweisen. Oft sind Fischmenschen leicht beeindruckbar, und ihre Reaktionen steigern sich manchmal bis zur Exaltation. Der Fischgeborene neigt zur Erweiterung seines rationalen Bewußtseinshorizontes (wie wir an Hand der Mythen gesehen haben, treten die Protagonisten aus ihrem irdischen Leben und tauchen in das Meer des Unbewußten auf der illusorischen Suche nach einer Selbstbestätigung); nicht selten identifiziert er sich mit seinen Vorstellungen und Phantasiebildern oder gar kosmischen Visionen, die er aus dem tiefen Unbewußten schöpft.

Die psychische Struktur der Fische ist äußerst fragil: aufgrund seiner häufigen Gefühlsschwankungen besitzt er wenig Sinn für Objektivität. Im Gegensatz zur Jungfrau, dem die Fische gegenüberliegen, kennt der Fischetyp weder materielle noch psy-

chologische Barrieren, denn er erfühlt das Unfaßbare, das Weite, das Unendliche: sein geheimnisvolles Symbol ist das Meer. Jung zufolge ist das Meer – das Wasser der Fische – das Symbol für das Unbewußte, denn unter seiner glitzernden Oberfläche verbergen sich ungeahnte Tiefen.

Hier erzeugt der Einbruch unbewußter Inhalte in das Bewußtsein die für die Fische charakteristischen Visionen. Während der Krebs sich nach innen wendet und sich unter der Last der Erinnerungen zurückzieht und der Steinbock seine Erinnerungen zurückläßt, um den Aufstieg zur Selbstverwirklichung vorzunehmen, bewältigt der Fisch auch das letzte Stadium der erlösenden Selbstfindung, um zu erfahren, was jenseits des Selbst liegt. Oft scheint er in einer totalen Losgelöstheit vom äußeren Leben zu »schweben«, als ob die Realität nur ein Traum wäre und der Traum die wahre Wirklichkeit. Auch der kleinste, von außen kommende Reiz erweckt in ihm eine Reaktion, und mit seiner Vorliebe für alles Riskante fühlt er sich zu den entferntesten und unerreichbarsten Zielen hingezogen und kann sie auch oft verwirklichen, denn er verarbeitet seine Lebenserfahrung in positiver Weise und integriert sie in sein Ich.

Die Fische sind von Natur aus meist introvertiert, haben geradezu ein egozentristisches Weltbild. Hier werden die Wege zur Integration des Ich, das latent oder dualistisch erfahren wird, sowie die Verschmelzung der bewußten und unbewußten Seeleninhalte vorgezeichnet. Wie wir schon zuvor erwähnt haben, deuten alle Mythen und Symbole der Fische auf ein zentrales Problem hin: die Flucht vor einer gegebenen und nicht zu bewältigenden Situation (Derketo, Kassiopeia, Aphrodite). Daraus entnehmen wir, daß dem Fischmenschen ein Flucht- oder Sublimationskomplex innewohnt, der in Grenzfällen, wie z. B. bei besonders negativen Neptun- und Merkuraspekten, entweder in eine manisch-pathologische Flucht ausarten kann oder zu hohen mystischen und schöpferischen Erfahrungen anregt. Dieser Komplex ist oft von einem konstanten Schuldgefühl oder einer starken Versöhnungstendenz begleitet, die für die Fischtypen charakteristisch sind: Daraus entsteht ihr oft übertriebener Opfergeist und ihr überaus großer Gehorsam, der auch mit einem Sühneverhalten für eine nie begangene Schuld einhergeht.

Das Zeichen der Fische weist eine große Vielfalt von Typen

auf, oft ist die Grenze von einem Typ zum andern nicht klar zu umreißen, denn wie bei den übrigen Wasserzeichen ist alles in ständigem Fließen und Werden.

Der unentwickelte Fischtyp geht über ein vegetatives Denkstadium nicht hinaus, ja oft bleibt er in einem animistisch-magischen Denken verankert. Mit großer Genugtuung lebt er in seiner Phantasmagorie und Zauberwelt voll Illusionen, Verblendungen und nicht realisierbaren Projekten. Weist dieser Typ starke negative Neptun- und Merkuraspekte auf, so deutet dies auf einen unschlüssigen, neurotischen, schwer faßbaren und träumerischen Charakter hin. Dazu kommt oft eine Tendenz zur Toxikomanie. Allgemein neigt der Fischmensch zu Drogen, aber diese können auch metaphorisch gemeint sein, wie für einen romantischen Fischmenschen Musik, Religion, Kunst oder selbst die Liebe eine Droge sein kann.

Gerne gibt sich der Fisch künstlichen Paradiesen hin, um der Wirklichkeit zu entkommen (Kassiopeia konstruiert sich ihre einmalige Schönheit) und in der Phantasiewelt eine Kompensation zu finden.

Der hochentwickelte Fischtyp hingegen inkarniert die große Sehnsucht nach der Vereinigung mit dem Göttlichen. Sein Handeln wird von geistigen und ethischen Werten bestimmt und von einer tiefen Religiosität begleitet. Zwar mag er keinen ausgeprägten Sinn für das Konkrete entwickeln, doch verwirklicht er meistens ein erhaben schöpferisches oder geistiges Leben. Unter diesem Fischetyp finden wir oft Hellseher, geistige Lehrer oder Vertreter des religiösen Lebens (Päpste), deren Opfergeist sich oft bis zur äußersten Selbsthingabe steigern kann.

Zuletzt soll noch hervorgehoben werden, daß das Zeichen der Fische den Abschluß der menschlichen Evolution darstellt. In den Fischen ist der Weg aller Tierkreiszeichen, vom Widder angefangen, enthalten. Gleich der Natur, die unter dem Zeichen der Fische nur darauf wartet, den dunklen Winter hinter sich zu lassen, so überwindet auch der Mensch mit diesem Zeichen das letzte Stadium der Immanenz und der geistigen Begrenztheit, um in der Überwindung der inneren Leidenschaften und der irdischen Fesseln in das Reich der göttlichen Vollkommenheit einzugehen. Die Fische veranschaulichen die innere Versöhnung und die ewige menschliche Sehnsucht nach der Transzendenz.

»Fische – hier, auf der letzten Stufe, bedeuten sie den Tod der Persönlichkeit, das Freiwerden der Seele aus der Gefangenschaft und ihre Rückkehr zur Aufgabe des Welterlösers. Das große Ziel ist erreicht, und der letzte Tod wird durchlebt. ›Es gibt keine See mehr‹, sagt das alte Buch, was zwangsläufig den ›Tod der Fische‹ und die Befreiung des eingekehrten Lebens zu neuen Formen oder Zyklen des göttlichen Abenteuers bedeutet.«[68]

Zwischenbetrachtung

Bevor wir uns mit der Symbolik der Planeten auseinandersetzen, die als Korollarium des Tierkreises zu betrachten sind, wollen wir kurz einige Schlußfolgerungen aus dem bisher Gesagten in Zusammenhang mit den Tierkreiszeichen ziehen. Da wir von einer astrologisch-mythologischen Betrachtung der Sternbilder ausgegangen sind, haben wir Mythen verschiedener antiker Zivilisationen und Kulturbereiche gebracht, die nur einen kleinen Teil des mythologischen Materials darstellen, der uns aber zur Einführung dieser Forschungsmethode und analytischen Studie ausreichend erscheint.

Eine Weiterführung dieser Untersuchungen ist sehr zu begrüßen, doch wäre es noch wünschenswerter, könnte der Mensch über die Grenzen der Vernunft und des wissenschaftlichen Denkens hinaus seine eigene seelische Wirklichkeit an Hand der Mythen und Symbole, die in Form von Träumen und Phantasiebildern aus seinem Unbewußten sprechen, erfassen. Ein Großteil dieser Botschaften aus dem unbewußten Seelenbereich werden von der Psychoanalyse wahrgenommen und kodifiziert. Die Mythen als Spiegelbild von im kollektiven Unbewußten enthaltenen Seeleninhalten sind eine bleibende Erinnerung an den Schöpfungsprozeß und an alles Erstgeschaffene; in ihnen finden wir den Schicksalsweg des Menschen vorgezeichnet.

Vorkommnisse und Ereignisse aller Kulturepochen scheinen, in Form und Ausdruck abgewandelt, nur Wiederholungen antiker Urgeschehen zu sein, die, wie wir wissen, wiederum das Resultat spontaner seelischer Schöpfungsakte sind. Somit finden alle Götter- und Heldentaten, die den Entwicklungsprozeß des Menschen veranschaulichen, ihre Entsprechung und Zuordnung in den astrologischen Zeichen und vereinen sich im Tierkreis zu einer Art Epos oder symphonischen Zusammenklangs, der den kosmischen Evolutionsgesetzen entspricht.

Der Mensch als komplexes Ganzes ist durch die zwölf Tier-

kreiszeichen oder zwölf Vitalenergiephasen, in die sich die Urlebenskraft aufgespalten hat, in ständigem Werden. Um sein großes Ziel, die Wiedererlangung seiner ursprünglichen Unsterblichkeit unter Vereinigung aller Kräfte, die ihn bestimmen, zu erreichen, muß er Wesen und Natur dieser Kräfte kennen, um sie dann bewußt für sein kosmisches Ziel einsetzen zu können. Dieser Werdegang des Menschen ist uns sowohl aus der eschatologisch-religiösen als auch aus der tiefenpsychologischen Annäherung an das Problem seiner Bestimmung bekannt. Daß der Mensch seinen Ursprung im Kosmos hat und daß seine Bestimmung eben in der Rückkehr zu seinem Ursprung liegt, erfahren wir in erster Linie aus der mythologischen, aber auch aus der astrologischen, ontologischen und psychologischen Deutung der Sternbilder.

Eingehende Studien zur Symbolik des Tierkreises sowie eine langjährige psychoanalytische Erfahrung und Praxis haben uns zur Überzeugung gebracht, daß der Mensch auf der Suche nach sich selbst, um die Identifikation mit äußeren Modellen zu vermeiden, die eigenen latenten Kräfte aktivieren und Symbole, Mythen und Archetypen, die seinen inneren Erfahrungsprozeß ausmachen, bewußtmachen muß, um eine Disziplin zu finden, die der Dialektik Mensch - Kosmos entspricht.

In dieser inneren Disziplin, so glauben wir, liegt der wahre Weg des heutigen Menschen.

Der Tierkreis ist der »Logos« der Seele und kann wirklich als Spiegel unendlich vieler Deutungs- und Entwicklungsmöglichkeiten betrachtet werden. Die Begegnung mit sich selbst an Hand des Tierkreises ermöglicht eine tiefere Ergründung der endopsychischen Komponenten der eigenen Subjektivität.

In der psychoanalytischen Sprache könnten wir die Beziehung des Menschen zum Tierkreis oder des Individuums zu seinem Horoskop als einen *Transfer* oder *Gegentransfer,* vom *Unbewußten* gesteuert, definieren. Die vornehmlich endopsychische und unbewußte Beziehung des Menschen zum unendlich reich bevölkerten Tierkreis besteht aus einem immer neuen Wiedererleben religiös-animistischer Phasen der Menschheitsentwicklung, wobei das Beziehungsnetz seiner Vorstellungskraft die gelebten Symbole mit der Wirklichkeit in Zusammenhang bringt. Gerade diese Spur des unbewußten Denkens, die innerhalb der Dynamik des Transfer – Gegentransfer verläuft (introjizierte

Mythen und Symbole vermitteln und empfangen Botschaften als Gestalten und Objekte; mit andern Worten, Planeten und Sternbilder beantworten Fragen und teilen Informationen mit), ermöglicht die Wiederbelebung von Wirklichkeiten, die »nicht existieren« oder die rationell nicht erfaßt werden können.

Eine nähere Analogiestudie zwischen der Beziehung Mensch–Tierkreis-Horoskop und der Beziehung Patient–Analytiker würde sicherlich sehr interessante Aspekte erschließen.

Wir glauben, im ersten Teil dieses Buches an Hand der näheren Untersuchung der zwölf Tierkreiszeichen das Urgewebe der menschlichen Natur klar dargestellt zu haben. Der Tierkreis ist Ausdruck einer natürlichen Ordnung; zugleich ist er auch der große Schauplatz allen menschlichen und kosmischen Geschehens. Doch füllt sich dieser Schauplatz weiterhin mit Symbolkräften und Gestalten, die in einer dialektischen Interdependenz zueinander stehen, wenn wir nun die einzelnen Planeten besprechen.

Wir wollen kurz auf eine grundlegende Tatsache in der Astrologie aufmerksam machen: Tierkreis und Planeten bilden ein System wechselwirkender Austauschkräfte: während der Tierkreis das Feld darstellt, entsprechen die Planeten den Kräften, die in ihm wirken. Bevor wir näher auf die Symbolik der einzelnen Planeten eingehen, wollen wir sie mit den Tierkreiszeichen, die sie jeweils beherrschen, in Beziehung bringen: Mars beherrscht den Widder, Venus den Stier, Merkur die Zwillinge, der Mond den Krebs, die Sonne den Löwen, Merkur nochmals die Jungfrau, Venus nochmals die Waage, Pluto den Skorpion, Jupiter den Schützen, Saturn den Steinbock, Uranus den Wassermann und Neptun die Fische.

Diese Aufteilung der Planeten hat eine ganz bestimmte astrologische Bedeutung, doch wollen wir nicht näher das Analogiegesetz zwischen Planetenherrschern und Sternzeichen in Betracht ziehen, um nicht aus den für dieses Buch gesteckten Grenzen zu treten. In den folgenden Seiten sollen Mythos und Symbol der einzelnen Planeten in Verbindung mit ihrer psychoanalytischen Bedeutung untersucht werden. Was wir den Tierkreiszeichen entnehmen konnten, entspricht auch den Planeten: Sie enthalten symbolische, im unbewußten Seelenbereich ruhende Botschaften und sinngebende Inhalte, die das Wesen

der Beziehung des Menschen zum Makrokosmos näher beleuchten. Die Symbolik der Planeten veranschaulicht noch deutlicher als die Tierkreissymbole die psychologischen *Funktionen* des Menschen, seine *inneren Bilder, Komplexe, Archetypen,* ja sogar seine neuropsychologischen *Dynamismen.* So ermöglicht uns das Studium der Planeten und ihrer symbolischen Aussagekraft einen tieferen Einblick in die Struktur des individuellen Horoskops, das nichts anderes als die Wirklichkeit des *astrologischen Menschen* darstellt.

Wie wir schon gesagt haben, ist der Tierkreis der Schauplatz des planetarischen Geschehens, das sich in erhabener und dynamischer Harmonie abwickelt. Ihre Dynamik bestimmt das Ineinandergreifen der Seelengesetze, ihre Bewegungen gehen analog zum inneren Geschehen des Menschen. Indem die Gestirne das Leben des einzelnen bestimmen, erklären und rechtfertigen sie die mit ihnen in Verbindung gebrachten Mythen und Symbole.

Es ist eine zur Debatte stehende Tatsache, daß die Astrologie den Planeten mythologische Zuordnungen erteilt, die vor allem die wundersamen Geschichten von Göttern und Helden zum Inhalt haben, denn daraus erhebt sich die Frage, inwiefern diese mythologische Sinngebung auf die psychologische Deutung astrologischer Phänomene erweitert werden kann. Wir wollen hingegen mit diesem Buch versuchen, die Bedeutung der symbolischen Attribute und ihrer Funktionen, die sie im synchronistischen Sinne in unserer Psychologie erfüllen, klarzustellen.

Abschließend zitieren wir André Barbault: »Einer der größten Vorwürfe, die je den Astrologen gemacht wurde, ist, daß sie die symbolische Aussage der Planeten jeweils auf zugeordnete mythische Geschichten fundieren: Ares als Kriegsgott entspricht den Eigenschaften des Planeten Mars, dem daher die Bedeutung von kriegerisch und aggressiv zukommt. Zweifellos genügt es nicht, selbst eine statistisch geprüfte Analogie zwischen einer Gottheit und einem Planeten festzustellen, um unanfechtbar zu werden; doch ist diese rationalistische Kritik insofern gerechtfertigt, als man aus Verweigerung, den tiefen Gehalt des mythischen Gedankens zu analysieren, sich an die längst überholte Meinung hält, daß die Mythen nur einer phantasiereichen Vorstellungskraft entspringen. Nun überzeugen uns aber die Erfahrungen der Psychologen immer mehr davon, daß die Mythen

eine poetische Schöpfung der kollektiven Seele sind und uns den Weg zu tiefen Erkenntnissen und grundlegenden Wahrheiten der Menschheit erschließen können. Was können wir tun, wenn heute noch die großen antiken Gottheiten, wie sie uns aus der Mythologie bekannt sind – Merkur, Venus, Mars – hinter der modernen Etikette der psychologischen Klassifikationen lebendig sind, während sie in Wirklichkeit perfekten menschlichen Archetypen entsprechen?

Der Dichter ist ganz einfach dem Wissenschaftler in der Kenntnis der menschlichen Natur voran, und da diese zuerst ›gefühlt‹ und dann ›gedacht‹ wurde, entspricht der Mythos einer Vorkenntnis der Welt. Es gibt keine andere grundlegende Erkenntnis dafür, daß die empirisch erfahrenen und zum Teil von der Statistik bestätigten Eigenschaften der Planeten mit ihren mythologischen Zuordnungen zusammenfallen.

Dasselbe können wir auch – erstaunlicherweise – über die jüngst entdeckten Planeten sagen, deren symbolische Eigenschaften denen der Götter entsprechen, deren Namen sie tragen. Diese objektive Entsprechung ist eine weitere Tatsache, die die Beziehung zu den mythologischen Gegebenheiten rechtfertigt; obzwar diese nur Ideen und Anregungen darstellen, die ständig der Kontrolle von Experten unterstellt werden müssen.«[69]

Die Sonne

☉

»Nun sprach Gott: ›Es werde ein Firmament inmitten der Wasser und scheide zwischen Wasser und Wasser.‹ Und es geschah so. Gott machte das Firmament und nannte das Firmament Himmel… Es ward Abend und es ward Morgen: dritter Tag. Nun sprach Gott: ›Es sollen Leuchten werden am Firmament des Himmels, damit sie scheiden zwischen dem Tag und der Nacht; sie sollen als Zeichen dienen für Festzeiten und Tage und Jahre. Sie sollen Leuchten sein am Firmament des Himmels, um über die Erde zu leuchten.‹ Und es geschah so. Gott machte die beiden großen Leuchten, die größere Leuchte zur Herrschaft über den Tag, die kleine Leuchte zur Herrschaft über die Nacht, dazu die Sterne. Gott setzte sie an das Firmament des Himmels, damit sie über die Erde leuchten, damit sie über den Tag und die Nacht herrschen und zwischen dem Licht und der Finsternis scheiden. Und Gott sah, daß es gut war.«[70]

Aus der *Genesis* entnehmen wir ein erstes Zeugnis der Kenntnis des Menschen von der Sonne als Himmelskörper und Lichtquelle. Die Sonne wird immer mit Gott und der Schöpfung in Verbindung gebracht, denn sie ist die »Leuchte« des Himmels, ist zugleich Licht- und Wärmequelle. Für die Astrologie ist sie von überragender Bedeutung, denn sie symbolisiert die Mitte des Menschen, seinen Persönlichkeitskern, eben wie sie das Zentrum unseres Planetensystems darstellt. Ihr Rhythmus entspricht dem Umlauf um die 360 Grad des Tierkreises in einem Jahr; demnach legt sie pro Tag ungefähr 1 Grad zurück.

Die Sonne, deren lebenswichtige Bedeutung die Menschen schon lange vor der Astrologie oder der Sternenkunde erkannt hatten, wurde zugleich verehrt und gefürchtet, denn in ihr nahm man auch jene unheilvolle Macht wahr, die die Trockenheit und Unfruchtbarkeit des Bodens bewirkte.

Peukert meint[71], aus diesem Grund gäbe es keine Darstellungen der Sonne aus dem Meso- und Neolithikum. Erst viel später

wurde die Sonne als Kultobjekt verehrt und gewann als Quelle von Mythen und Legenden an Bedeutung.

Das Zeichensymbol der Sonne ist ein Kreis mit einem Punkt in der Mitte: der Punkt bedeutet die Quelle, der Kreis seine Erweiterung oder Ausdehnung. Dieses Zeichen entspricht auch der symbolischen Darstellung des Tierkreises; daher kommt der Sonne eine große dynamische Bedeutung zu.

Der Feuerkreis ist ebenfalls ein Symbol der Sonne; er kann als optische Spur eines glühenden, rotierenden Hakenkreuzes (hinduistisches Sonnenzeichen) angesehen werden, dem die Idee der Bewegung zugrunde liegt.

Die Kreisform entspricht der Sonnenscheibe, aber auch der halbkreisförmigen Bahn, die die Sonne täglich von Horizont zu Horizont zurücklegt. Bei manchen Kulturvölkern herrscht der Glaube, daß die Sonnenscheibe von Pferden oder Schwänen gezogen wird.

Der Kreis ist auch Ausdruck jenes Prinzips, wonach von der Mitte ausgehende gleichbleibende Kraftstrahlen sich in die Peripherie ausbreiten. So können wir sagen, daß das Sonnensymbol zugleich ein Gottessymbol ist, denn der Kreis entspricht der Emanation der göttlichen Kraft, während der Punkt die absolute göttliche Mitte darstellt.

(Anmerkung der Übersetzerin: In der Tradition vieler Völker entspricht die Sonne dem männlichen, aktiven, der Mond dem weiblichen, passiven Prinzip. »... so müssen wir uns ein für allemal von der sprachlichen Hemmung freimachen, mit der wir die Sonne und den Mond mit umgekehrtem Geschlecht bezeichnen als alle antiken Sprachen und ihre unmittelbaren Erben. Wir müßten eigentlich [Rilke hat das einmal ausgesprochen] ›der Sonn und die Möndin‹ denken, wenn wir den antiken Symbolen der Griechen innerlich folgen möchten.« [Hugo Rahner: *Griechische Mythen in christlicher Deutung*. Gesammelte Aufsätze. Zürich 1945, S. 205].)

Wie aus ethymologischen Quellen hervorgeht, gibt es unzählige Namen für die Sonne, weshalb wir auf ihre große Bedeutung bei den antiken Völkern schließen können. In Babylonien, Phönizien und Ägypten wurde die Sonne als eine unabhängige Gottheit verehrt, bevor sie in der Volkssymbolik die Inkarnation eines göttlichen Prinzips in Ergänzung verschiedener Mondgottheiten darstellte. In Persien galt die Sonne als Symbol

für Licht und Reinheit; ihr wurde eine viel größere Bedeutung als dem Mond zugesprochen, wie schon der Mithraskult beweist. In den hinduistischen Kosmogonien steht die Sonne immer in der Himmelsmitte; Purusha und Brahman wohnen in der Sonne, die zugleich das Auge des Himmels und das Herz der Welt genannt wird. In der taoistischen Philosophie entspricht die Sonne dem aktiven *Yang*-Prinzip, das sich mit dem passiven *Yin*-Prinzip des Mondes vereint; zugleich bilden sie das Urgegensatzpaar, das die Pole wie Tag und Nacht, Licht und Dunkel, warm und kalt usw. in sich vereint.

Bei den nordamerikanischen Völkern gilt die Sonne ebenfalls als das große aktive männliche Prinzip. Bei den Azteken wurde die Sonne, der Gott Huitzilopochtli, als Adler auf einem Thron sitzend dargestellt, der die bestirnte Schlange der Nacht in seinem Schnabel hält. Bei den Inkas wurde der König »Sohn der Sonne« genannt.

Die alten Ägypter waren die ersten, die die enge und direkte Beziehung zwischen dem Lebenszyklus der Menschen und dem Jahreszyklus der Sonne erkannt hatten. Höchstwahrscheinlich war auch aus dieser ersten rudimentalen Analogie Sonne–Mensch (als Archetyp) die astrologische Sonne-Mensch-Beziehung entstanden.

Die Sonne war nun nicht mehr eine mächtige, statische Gottheit, die aus der Höhe des Himmels das Schicksal der kleinen Menschen beherrschte; vielmehr wurde sie mit der Zeit ein vom Menschen introjiziertes und somit irdisch gewordenes göttliches Prinzip. So kam es schließlich zu unzähligen Inkarnationen der Sonnengottheit, die die Analogie zwischen dem täglichen Lebensrhythmus der Menschen und den astronomischen Gesetzen, von denen sie abhängig sind, immer eingehender veranschaulichten. Der Gott Horus inkarnierte die Morgensonne, der bärtige Gott Ra die Mittagssonne, der alte Gott Atoum die Abendsonne, des Nachts war die Sonne ein Kadaver und hieß Knoum. In vielen komplizierten Volksritualen des alten Ägypten wurde die Idee einer abenteuerlichen Reise des Sonnenhelden mit dem Lauf der Sonne in Verbindung gebracht.

Viele Astrologen bringen die zwölf Gesänge des Gilgameschepos sowie die zwölf Arbeiten des Herakles in eine symbolische Beziehung zum Lauf der Sonne durch die zwölf Tierkreiszeichen.

Die alten Griechen nannten die Sonne *Helios,* Auge des Zeus oder göttliches Prinzip: Es ist das Auge, das Gott auf die Welt wirft, das allwissende und allgegenwärtige Gesetz. »Gott sieht dich überall«, heißt es auch in der christlichen Religion; auch die Sonne sieht und verfolgt uns überall.

Apollo wurde teilweise als Sonnengott verehrt, denn er personifizierte gemeinsam mit Dionysos, der seine göttliche Sonnennatur im orgiastischen Ausleben der Triebe manifestierte, die männliche Strahlkraft der Sonne.

Allmählich fanden auch orientalische Gottheiten Eingang in das Kultleben der Griechen und Römer, deren Götter alsbald durch Gestirngottheiten ersetzt wurden, bis zuletzt die Gestalt des Sonnengottes sogar Zeus und Jupiter »entthronte«. Aus Persien kam der Impuls der Göttertriade Jupiter – Mithras – Helios, aus Syrien wurde der Gott Baal eingeführt und gemeinsam mit Jupiter als Sonnengott verehrt. Nicht zuletzt finden wir auch in Ägypten eine Gottheit, Serapis, der die Charakterzüge von Osiris–Iris–Hades–Helios in sich vereinte.

Der Sonnengott war mit einem Male unumstrittener Herrscher des Himmels, war zugleich Symbol und Beschützer für irdische Könige und Reiche.

Mit dem Christentum bleibt der Sonnenkult erhalten, doch wird er auf eine höhere Ebene transzendiert. Die Sonne ist das »Licht« Gottes, und Christus als das »Licht der Welt« übernimmt die Sonnensymbolik der früheren Religionskulte. Durch Christus wird das *Licht* zum *Logos;* im Spätmittelalter und der Renaissancezeit verwandelt sich der Glaube an die Sonne und den Sonnenchristus in eine *Metaphysik des Lichtes* (seine Leuchtkraft erzeugt das *noumen,* das Numinose), zu deren Hauptvertreter Meister Eckhart, Dante, Cardano und Telesius zählen. Die Sonne wird *Seele der Welt* genannt, und in ihr erkennt man die Urschöpferkraft. Auch heute können wir noch von einem Sonnenkult sprechen, wenn wir bedenken, wie viele Menschen ihren Körper den Sonnenstrahlen zur Bräunung ihrer Haut bedingungslos aussetzen; vielleicht hat die Sonne sogar eine apotropäische Wirkung auf den Körper. Auch sei kurz erwähnt, daß die jüngst entdeckten Sonnenflecken scheinbar eine elektromagnetische Wirkung auf die menschliche Psyche ausüben.

Unser astrologisches Zeichen der Sonne galt als das heiligste

Symbol der Antike; zugleich wurde es von Eingeweihten und Adepten als Sinnbild für esoterische Kenntnisse über den kosmischen Schöpfungsprozeß verwendet.

Der Kreis symbolisiert die Null, das Absolute, das allem Geschaffenen vorangeht. Der Punkt in der Kreismitte entspricht der Ureins, dem alleinigen Gott. Daraus folgt die überragende Bedeutung der Sonne für die Astrologie: Sie ist der erste und wesentlichste Faktor in einem Horoskop, den es zu berücksichtigen gilt. Die Sonne ist das Lebensprinzip schlechthin, ist die Identität der Persönlichkeit, ist das Selbst als archetypischer Ausdruck der Beziehung zwischen Subjekt und Kosmos in der Akzession zu Gott-Vater.

Die Sonne als Vitalkraft und Ausdruck ungezähmten Willens erinnert an den Sonnengott Helios, Sohn des Hyperion und mythischer Wagenlenker, der mit großer Geschicklichkeit Streitrosse und Feuerwagen zwischen Himmel, Erde und Unterwelt im Dienste der Götter- und Heldengeschehen lenkte.

Der großen mythischen Irrfahrt des Odysseus liegt der Wille der Sonne zugrunde, denn sie entzieht ihr Licht und stürzt Odysseus und seine Gefährten in das Abenteuer des unbekannten Dunkels. Daraus ersehen wir ihre Unabkömmlichkeit für den Menschen: mit ihrem Licht gibt sie das Leben. Sie ist der Archetyp des Vaters, des Lebensspenders; sie begleitet den Menschen auf seinem Lebensweg als *noumen,* als *Funke (scintillae animae mundi ignae),* als Widerspiegelung des Göttlichen in ihm.

Die Sonne als Mythenobjekt ist zweifellos eine Projektion von archetypischen Bildern eines Gottes aus dem kollektiven Unbewußten auf den Gestirnhimmel.

C. G. Jung, der sich eingehend mit diesem Thema befaßte, konnte unter Herstellung einer synchronen Analogie Parallelen zwischen psychischen und physischen Phänomenen, zwischen unbewußten Seelenbildern und ihren Projektionen auf den Gestirnhimmel feststellen. Er schreibt: »So müßten sich zum Beispiel der tägliche Sonnenlauf und der Wechsel von Tag und Nacht psychisch abbilden in Form eines seit Urzeiten eingeprägten Bildes. Wir können nun ein solches Bild nicht nachweisen; was wir aber anstatt dessen auffinden, das sind mehr oder weniger phantastische Analogien des physischen Vorganges: An jedem Morgen wird ein Gott-Held aus dem Meere ge-

boren, er besteigt den Sonnenwagen. Im Westen erwartet ihn eine große Mutter, die ihn am Abend verschlingt. Er durchwandert in einem Drachenbauch den Grund des Mitternachtsmeeres. Nach furchtbarem Kampf mit der Nachtschlange wird er am Morgen wiederum geboren.«[72]

Jung gibt im gleichen Werk verschiedene Quellen an, wonach die Sonne bei vielen Kulturvölkern als Gott verehrt wurde.

Wie wir schon gesagt haben, ist die Sonne der wichtigste Planet für die Astrologie: Ihre Position in einem Horoskop zur Zeit der Geburt bestimmt das Grundverhalten eines Individuums; allerdings können auch andere Planetenpositionen mitbestimmend sein.[73] Bei der Geburt befindet sich die Sonne in einem bestimmten Sternzeichen. Je nachdem sagen wir »Ich bin Krebs«, »Ich bin Steinbock« usw. Damit ist schon eine grundlegende typologische Definition gegeben, da die Sonne gerade bestimmte Eigenschaften, die dem Wesen des betreffenden Zeichens entsprechen, zum Ausdruck bringt.

In der Astrologie bedeutet die Sonne das Lebensprinzip im biophysiologischen Sinne; sie ist das *principium vitae,* ist der göttliche Funke, der einem jeden Menschen innewohnt.

Die Sonne als Ausdruck des bewußten Ich zeigt mit ihrer Position in einem Horoskop die Richtung an, in die Triebkräfte und selbstbestätigendes Handeln neigen, denn sie beherrscht die äußeren Umweltsbeziehungen. Eine negativ aspektierte Sonne kann ein Zeichen mangelnder Vitalität sein oder einen Vitalitätsverlust aufgrund von Krankheit bedeuten. Hingegen deuten gute Aspekte der Sonne, vor allem mit Jupiter, Mars und Mond auf Gesundheit und Langlebigkeit hin.

Die Sonne ist auch für die Schaffenskraft eines Menschen und seine Verwirklichung in der Außenwelt maßgebend, denn sie ist nicht nur Ich-Bewußtsein und Selbstideal, sondern widerspiegelt auch den Willen sowie das ethische und religiöse Bewußtsein. Sie ist jener Funke, von dem Paracelsus spricht, jenes innere Licht, das das Licht des Himmels widerspiegelt; auch entspricht sie der lenkenden Kraft, die Ambitionen, innere Neigungen und zwischenmenschliche Beziehungen verwirklichen läßt.

So können wir sagen, daß die Sonne zur Extroversion und zu einem raschen Integrationsprozeß von äußeren Erlebnissen anregt. Sie löst den Machtwillen aus und bestimmt das Geltungsbedürfnis und den Drang, sich im Wettstreit und im Kampf zu

bewähren. Eine starke Sonnenexposition in einem Horoskop deutet auf Offenheit, Initiative, Enthusiasmus und Kampfeslust hin.

In der Tiefenpsychologie bedeutet die Sonne das Ich, aber auch das Über-Ich; deshalb ist sie ein Symbol für das Vaterbild und für alles, was sich aus den Vaterwerten ableiten läßt, wie Autorität, Gewissen, Zensur. In Träumen erscheint die Sonne oft als Archetyp des Vaters, weshalb ihr männliche Attribute zugeordnet werden. In der Mythologie (Mithraskult) hat die Sonne auch eine phallische Bedeutung. Ihre Position im Horoskop zeigt auch an, ob es sich um eine starke, schwache oder autodestruktive Persönlichkeit handelt.

Die psychoanalytische Deutung eines Horoskops zieht vornehmlich die Position der Sonne in Betracht. Wir wollen hierbei auf die Studien André Barbaults aufmerksam machen, der mit seiner psychoanalytischen Auswertung der astrologischen Gegebenheiten sehr interessante Ergebnisse erzielte.[74]

Doch ist die Sonne nicht nur Sinnbild des Gottvaters, nicht nur Archetyp des Vaterprinzips; für die Tiefenpsychologie bedeutet sie noch etwas anderes: in einem weiblichen Horoskop stellt sie den *animus* dar, in einem männlichen Horoskop hingegen ist sie der *Schatten* der *Persönlichkeit,* der *Archetyp* des *Schattens.*

Der *animus* entspricht in der weiblichen Psyche dem unbewußten männlichen Bild, dem Prototyp oder Modell des Männlichen, in welchem viele Energiefragmente von männlichen Bildern (das Zeichen der Väter), die eine dynamische Ergänzung zur Weiblichkeit darstellen, zusammenfallen. Die Sonne als *imago pater* kann in einem weiblichen Horoskop darüber Aufschluß geben, inwieweit die Frau dieses innere Vaterbild, diesen *animus,* in die Außenwelt, in den Mann projiziert.

In einem männlichen Horoskop kann die Sonne über den Schatten, ja über das gesamte Unterbewußtsein einschließlich der Verdrängungen, Aufschluß geben. Der Individuationsprozeß resultiert aus der harmonischen Integration der Sonnenaspekte in einem Horoskop.

In der Mythologie erfüllt die Sonne an Hand der archetypischen Gestalten entlang der Vertikale Gott–König–Priester–Vater–Sohn eine symbolische Funktion; ihre psychoanalytische Funktion geht in Analogie zur Vertikale Gott–Staat–Vater–

Sohn; der Sohn ist der Mensch, das Individuum, das zu allen Persönlichkeiten und Figuren, die über ihm stehen, eine Opposition entwickelt. Zunächst kämpft der Sohn gegen den Vater, der entweder ein guter, gratifizierender Vater oder ein autoritärer Tyrann und zensurierender Moralist sein kann.

An Hand des Horoskops können wir den Transfer von einer Gestalt zur andern entlang dieser Vertikalen feststellen und dabei Rückschlüsse auf das Unbewußte ziehen, denn die Sonne steht nicht nur für die soeben erwähnten psychologischen Merkmale, sondern gibt auch über reaktive Prozesse, wie Primärnarzißmus, psychosomatische Störungen oder paranoische Tendenzen, Aufschluß. Die Position der Sonne deutet an, ob der Mensch Frustrationen ausgesetzt ist oder diese sublimieren, ob sein Ich sich positiv erweitern kann oder nicht, ob er zur Megalomanie, zur Depression oder zu einem raschen Aufbrauchen der Vitalkraft neigt.

Endopsychisch gesehen bedeutet die Sonne Männlichkeit und Zeugungskraft; zusammen mit Mars gibt sie über das sexuelle Verhalten und die Geschlechtlichkeit des Mannes Auskunft.

Sonne und Mond bilden gemeinsam den Archetyp der Eltern. So kann man aus der Beziehung der beiden Planeten zueinander feststellen, auf welcher Ebene der Persönlichkeit das elterliche Bild wirkt und ob ein Mensch in Harmonie oder in Konflikt zu diesen Archetypen lebt (Identifikation oder Spaltung).

Ein harmonischer Sonne-Mond-Aspekt und darüber hinaus positive Aspekte der beiden Leuchten zu anderen Planeten deuten auf eine konkrete positiv erlebte Beziehung zu den Eltern hin. Negative Sonne-Mond-Beziehung mit anderen starken Spannungsfaktoren lassen oft darauf schließen, daß der Mensch im Laufe seines Lebens eine traumatisierende Trennung oder überhaupt eine Neurosen erzeugende Konfliktsituation mit den Eltern erlebt. Auch kann ein starker Spannungsaspekt zwischen Sonne und Mond auf eine reale Trennung der Eltern hinweisen. Darüber hinaus kann dieser Aspekt psychische Verwirrung in der Unterscheidung der Geschlechter hervorrufen. Eine negative Sonne-Mond-Konjunktion mag einen psychischen Hermaphroditismus andeuten. Doch ist dieser Aspekt auch für einen Zwangstransfer auf den Partner, vom Mann zur Frau und umgekehrt, charakteristisch.

Die Sonne ist der herrschende Planet des Löwezeichens. Sie

verkörpert das Prinzip des Eros, der Vitalität und der schöpferischen Kraft, die dazu beiträgt, daß sich der Mensch voll und ganz verwirklicht. Der Löwe entspricht anatomisch dem Herzen; daher ist die Sonne als Lebensquell das Herz, Kraftquelle der Liebe.

Der Mond

☽

Von allen Himmelskörpern hat zweifellos der Mond die größte Aufmerksamkeit der Menschen auf die unendliche Weite des nächtlichen Sternenhimmels gelenkt. Seit je rief der Anblick dieses Erdsatelliten in den Menschen starke Gefühle hervor und beherrschte seine Vorstellungswelt; noch heute, obzwar schon von Astronauten erobert, bleibt der Mond für uns die gleiche mysteriöse Leuchte am nächtlichen Himmel, von deren magnetischer Kraft wir physisch und psychisch abhängig sind. Sein Zu- und Abnehmen, sein rascher Lauf über den Sternenhimmel, die Kühle seiner nächtlichen Leuchtkraft sowie sein mysteriöser Einfluß auf die Meeresbewegungen und das Pflanzen- und Tierreich haben intensiv die Phantasie der Menschen zur Erschaffung von Mythen, Symbolen und Legenden angeregt. Tatsächlich kann man den Ursprung der Sternenmythen aller Völker auf die Mondmythologie zurückführen, die wir hier allerdings nur in ihren allgemeinen Aspekten untersuchen wollen.

Seit Menschengedenken bedeutet der Mond das *Mutterprinzip* und das *Weibliche* schlechthin; bei vielen Kulturvölkern wurde er als Archetyp der *Großen Mutter* verehrt.

Ägypter und Kaldäer, die schon zu Urzeiten eine Bodenbaukultur besaßen, waren die ersten, die den Zusammenhang zwischen Erde, Wasser und Fruchtbarkeit erkannt hatten; die Erfahrung dieser vitalen Gegebenheit liegt dem Kult der Mutter Erde und später dem Kult der Großen Mutter zugrunde. Erst als man den nächtlichen Einfluß des Mondes auf die Wasser und das Gedeihen des Bodens intuierte, wurde der Mond mit der Fruchtbarkeit in direkte Beziehung gebracht. So entstand aus einem gefühlsmäßig idolatrierten Gestirn die Mondgottheit, deren Kult auch bei den entwickeltesten Kulturvölkern gepflegt wurde. Neben der Rolle der beschützenden *magna mater* galt der Mond auch als Zeitmaß. Es sei kurz darauf hingewiesen, daß viele seiner Namen die Bedeutungen »leuchtend« und »Maß« enthalten.

Das Zeichensymbol des Mondes war seit eh und je eine

horizontale oder vertikale Sichel. Sein astrologisches und astronomisches Symbol, wie wir es heute kennen, stammt aus der hellenistischen Zeit. Wir wissen, daß der Mond kein Eigenlicht besitzt, sondern das Sonnenlicht reflektiert. Diese kosmische Gegebenheit prägte den Grundcharakter des weiblichen Prinzips: Empfänglichkeit und Passivität; weitere Mondattribute, wie Wachstum und Verwandlung, wurden aus den beobachteten Mondphasen hergeleitet.

So schreibt Mircea Eliade über den Mond: »Ein Gestirn, das zunimmt, abnimmt und verschwindet, dem das Leben nach dem universalen Gesetz von Geburt und Tod unterworfen ist... der Mond hat eine pathetische Geschichte, ähnlich dem Menschen... doch sein ›Tod‹ ist nie endgültig... die gleichmäßige Rückkehr zu seiner ursprünglichen Form macht ihn zu einem den Lebensrhythmus bestimmenden Gestirn; der Mond beherrscht alle Ebenen kosmischen Geschehens, die dem Gesetz zyklischen Werdens unterliegen: Wasser, Regen, Vegetation, Fruchtbarkeit.«

Demnach entsprechen die Eigenschaften des Krebses denen des Mondes, denn – wie wir schon gesehen haben – der Krebs ist ein Wasserzeichen, das alle weiblichen Attribute, vornehmlich das der Mutterschaft, enthält.

Ursprünglich war der Mond begrifflich mit der Sonne eins und zu bestimmten Kulturepochen nahm er auch männliche Eigenschaften an, während die Sonne weibliche Attribute hatte. (Anmerkung der Übersetzerin: Tatsächlich ist in der deutschen Sprache die Sonne weiblich, der Mond hingegen männlichen Geschlechts im Gegensatz zu allen Sprachen lateinischen Ursprungs.)

Das Schicksal der ersten Nomadenvölker mag seine Widerspiegelung im raschen, ja irren Lauf des Mondes gefunden haben. In der ägyptischen Theologie und Mythologie gewann der Mond an zunehmender Bedeutung. Die Verschmelzung mit der Sonnenscheibe, wie wir an Hand der Ornamente verschiedener Gottheiten wie Apis, Thot und Isis ersehen können, deutet daraufhin, daß ursprünglich Sonne und Mond ideell gleichwertig waren. Aus dem *Totenbuch der Alten Ägypter* geht diese gleichbedeutende Funktion der beiden Himmelskörper klar hervor: sie stellen zwei entgegengesetzte, gleichwertige Prinzipien dar. Die esoterische Überlieferung spricht von einer *Fusion von Sol et Luna,* die wir auch in der *Genesis* bestätigt finden. Mit dem Einbruch der großen kosmischen Katastrophe trennte sich der Mond von der

Sonne (» ... und Gott schied zwischen dem Licht und der Finsternis ... und setzte die beiden Leuchten an das Firmament ...«) und blieb in seiner nokturnen Isolierung; hier begann die kosmische Involution, die erste Phase des Abfalls. Dieses Geschehen ging auch im kosmischen oder ganzen Menschen vor sich: er spaltete sich in Sonnenmann und Mondfrau, die sich seither als Tag–Nacht, Licht–Dunkel, entgegengesetzt und komplementär, gegenüberstehen. Diese dramatische Spaltung des kosmischen Menschen ließ den ersten Adam entstehen, aus dem die erste Eva hervorging: aus einem Teil des männlichen Prinzips entstand das weibliche Prinzip. Aus diesen Gründen, zweifellos biblischen Ursprungs, gab es eine Periode, wo dem Mond männliche und der Sonne weibliche Funktionen beigemessen wurden.

Die Mondgottheit *Sin* der Babylonier hatte männliche Eigenschaften und galt als Weltherrscher und Vater des Sonnengottes *Samash.* Eine dem *Sin* verwandte hinduistische Gottheit *Soma* hatte das Zeichen des Mondes zum Symbol. Diese beiden Götternamen versinnbildlichten den Wechsel des heiligen Feuers von einem Pol zum andern, vielleicht weil die Sonne die Quelle des Feuerlichtes ist, das der Mond im nächtlichen Dunkel widerspiegelt.

Die ursprünglichen Mondsymbole waren Baum- und Steinpfeiler; später kamen der Mondgöttin Tiersymbole zu. Hekates Sinnbild war ein dreiköpfiger Hund, Artemis hatte den Bären, Isis die Kuh, Kybele die Löwin, Atargatis wurde auf einem Löwen reitend dargestellt; in einer späteren Phase des Osiriskultes glaubte man, daß der Apisstier den Geist des Osiris manifestierte.

Die unzähligen Mondgottheiten sind alle auf die Idee der *Großen Mutter* zurückzuführen. Die babylonische Göttin Ischtar personifizierte die Naturkräfte; sie schenkte das Leben und nahm es wieder. Ihre Doppelnatur entsprach den zwei Phasen des Mondes. Phönizier und Israeliten verehrten Astarte als Mondgöttin, während bei den Ägyptern die Mondgottheit zu einem späteren Zeitpunkt im Götterpaar Isis und Osiris vereint Ausdruck fand.

Isis wurde die *Mutter des Universums* genannt, sie beherrschte das Leben auf der Erde, regelte Schwangerschaft und Geburt, belebte das Pflanzenreich und bestimmte die Bewegungen des Wassers. In Phrygien hieß die Mondgöttin Kybele, während in Griechenland auch Gaia, Rhea, Demeter, in Babylonien Amis zu den Mondgöttinnen zählten. Nicht zuletzt finden wir im Christentum

in der Gestalt der Jungfrau Maria eine klare Übertragung der Mondgöttin; sie wird auch Mondmutter und geistiger Mond genannt.

Wir möchten nochmals auf die Göttin Ischtar zurückkommen, denn unserer Meinung nach erklärt ihr Mythos treffend die Bedeutung des Mondes als Planetenherrscher des Krebszeichens.

Ischtars Macht über alle Lebewesen ist uneingeschränkt. »Sie ist die Göttin der Fruchtbarkeit, von ihr kommt alle Kraft der Fortpflanzung; sie läßt die Felder gedeihen und verleiht Tier und Mensch das Wachstum. Sie öffnet den Uterus, Hauptzuflucht der Mütter in den Geburtswehen. So kommt alles Leben von ihr ...«[75] Aber Ischtar ist auch Zerstörerin, gleich dem Mond, der in seiner abnehmenden Phase den Lebensimpuls verringert. Auch Lilith und Hekate, so mysteriös und faszinierend sie wirken, ziehen ins Verderben.

Wir wollen hier den Mythos von Ischtar und ihrem Sohn Tammuz, soweit er uns bekannt ist, wiedergeben. Die Mondgöttin Ischtar herrschte jahraus, jahrein über die Erde und befruchtete sie; ihr Sohn Tammuz personifizierte die Vegetation. Die Mutter-Sohn-Harmonie bezieht sich hier eindeutig auf das Mutterkonzept in der astrologischen Beziehung Mond–Krebs. Als Tammuz zum Manne heranwächst, wird er Ischtars Geliebter; doch verurteilt sie ihn jedes Jahr von neuem zum Tode; tatsächlich stirbt Tammuz immer bei der Sommersonnenwende und steigt in die Unterwelt hinab. (In Mesopotamien ist der Frühling sehr kurz, und mit der sommerlichen Sonne verbrennt alle Vegetation; deshalb stirbt Tammuz auch bei der Sommersonnenwende und nicht im Herbst.)[76] Nach seinem Tode trauert Ischtar mit allen Frauen einen Monat, den Monat Tammuz, um ihren Sohn, bis sie zuletzt die gefährliche Reise in die Unterwelt antritt, um ihn zu befreien. Dieser Geschichte liegt offensichtlich das Ödipusmysterium zugrunde, autodestruktive Regression, Triumph der krebsischen Sehnsüchte, nächtliche Umarmung zwischen Mondmutter und Sohn. Dies bedeutet die Rückkehr in die amniotischen Gewässer, in die Wärme des Mutterkörpers, Zuflucht in die ewige Kindheit. Wesenszüge, die wir im Krebs als Tor und Durchgang zum Leben, aber auch als Rückkehr und Heimkehr in das undifferenzierte Ursein finden. Während Ischtar durch die sechs Tore der Unterwelt schreitet, wird sie ihrer Juwelen beraubt, mit denen auch ihre magischen Kräfte verlorengehen. Währenddessen herrscht auf

der Erde große Verzweiflung, denn Tiere und Menschen haben ihre Fortpflanzungskraft verloren und versuchen nicht mehr, sich zu paaren. Erst mit Ischtars Rückkehr auf die Erde entsteht wieder Leben und üppiges Wachstum. Dieses mythische Schicksalschwanken entspricht den Schwankungen der Mondphasen innerhalb eines Monats- und Jahreszyklus, wobei wir in den chaldäischen Mondkulten, die noch in der Astrologie verwurzelt sind, bereits Keime für eine Astrologie finden können.

Ischtar als Mondgottheit schrieb man im babylonischen Raum noch eine weitere Funktion zu: sie beherrschte das weibliche Gefühls- und Sexualleben. Die Ambivalenz des Mondes reflektiert Ischtar zugleich als Königin der Unterwelt: Da war sie die unheilvolle Rachegöttin, die verschlingende Mutter, Erzeugerin von Angst, Zerstörung und seelischen Qualen. In dieser Gestalt personifiziert sie den unheilvollen Mond der Irren, der Träumer und Visionäre und erweckt düstere Tagträume; sie ist das in das Bewußtsein einbrechende Unbewußte.

Wenn wir das Konzept des kollektiven Unbewußten und des persönlichen Schatten in Analogie zur mythologischen Unterwelt betrachten, so können wir in der Mondgöttin Ischtar den Archetyp des *Mutterweibes* erkennen, der ungeahnte psychische Kräfte im Menschen mobilisiert. Daraus geht die numinose Macht des Mondes hervor: In seiner zunehmenden Phase dominiert er den Nachthimmel, in seiner abnehmenden Phase steigt er in die »Unterwelt«: diese so charakteristische Mobilität des Mondes prägt seinen unfaßbaren, bizarren Charakter, von dem sich die Analogie zu den weiblichen Seelenmechanismen herleiten läßt. Mit der Neumondphase assoziierten die Babylonier den Verrat bzw. den Abstieg Ischtars in die Unterwelt; sein Wiedererscheinen am Firmament hingegen bedeutete die Wiedergeburt, die Rückkehr und Hingabe Ischtars. Aufgrund ihrer regelmäßigen Wiederkehr wurde Ischtar auch als Göttin der Unsterblichkeit verehrt. Dieses periodische Kommen und Gehen übertrug sich allmählich auf die Astrologie und den Krebs als Zeichen des Mondes, der dem großen Zyklus Nichts – Geburt – Leben – Nichts entspricht.

Zirca 3000 v. Chr. trat der Mondkult in Ägypten in Verbindung mit dem Isis-Osiris-Kult in Erscheinung. Beide Götter personifizierten den Mond unter Annahme mal männlicher, mal weiblicher Wesenszüge.

Isis und Osiris oder der Mond beherrschten das Reich der Toten; ihre wohlwollende Macht ermöglichte die Erlangung der Unsterblichkeit durch die Einweihung in die heiligen Mysterien. Das *Totenbuch der Alten Ägypter* enthält eine ausführliche Beschreibung aller notwendigen Riten für die große Reise in das Reich des Jenseits. Auch hier war die Mondgottheit Ausdruck der Beziehung des Menschen zur Natur, des Bewußtseins zum Unbewußten und galt ferner als Archetypus der Großen Mutter des Mittelmeerraumes. Der Mondkult und seine Symbolik gingen auf Griechenland und Rom über, während dem Mond immer stärkere weibliche Züge beigefügt wurden.

Selene – von *selas* = Licht – war die Mondgöttin in der griechischen Mythologie; sie beherrschte die Gefühle und das Liebesleben, wie ihre mythischen Liebschaften mit Pan und Endymion bezeugen.

Der schöne junge Gott Endymion, der in einer Grotte des Berges Latmos in einen ewigen Schlaf gefallen war, wurde des Nachts von der lieblichen Selene besucht, sobald sie hinter dem Horizont verschwunden war; sie verführte ihn mit Liebkosungen und gab sich ihm in stummer nächtlicher Liebe hin. Ohne Zweifel veranschaulicht dieser Mythos die nächtlichen Liebesträumereien der lunaren Krebsnatur.

Die griechische Mythologie ersetzte die ägyptisch-babylonischen Tiersymbole der Mondgottheit mit Menschengestalten. Aus dem Gegensatz- und Ergänzungspaar Sonne–Mond wurden Mann und Frau abgeleitet, die sich je nach ihren entsprechenden Energieprinzipien entweder aktiv-ausstoßend oder passiv-empfangend verhalten. Das männliche Sonnenprinzip vereint mit dem weiblichen Mondprinzip zeichnet unweigerlich eine Antinomie ab, die auf dem Gegensatz von Licht–Dunkel, Leben–Tod, heiß–kalt, Feuer–Wasser, Materie–Geist beruht. Von der Dichotomie Körper–Geist, Endlichkeit–Unendlichkeit ist die griechische Philosophie von Sokrates über Platon bis zu Aristoteles geprägt.

Artemis oder Diana ist eine bedeutende göttliche Inkarnation des Mondes; sie ist die durch die Wälder streifende Göttin der Jagd, Sinnbild von Unruhe und Rastlosigkeit, ohne bewußte Kontrolle der Seele. Auch sie wurde als Fruchtbarkeitsgöttin verehrt. Hera, Gattin des Zeus, war ebenfalls eine Mondgöttin, die vor allem Mutterschaft und Ehe symbolisierte.

Wenden wir uns nun den negativen Aspekten des Mondes zu, die die Phantasie des Menschen zu einem schrecklichen, furchterregenden und perversen Götterbild anregten. Hekate ist zweifellos die komplexeste und mysteriöseste Personifizierung des unsichtbaren Mondes. Es fragt sich nun, ob diese negative Göttin ebenso wie Lilith, von der später die Rede sein wird, ein symbolischer Ausdruck des abwesenden Mondes ist – jenes wahrhaft »schwarzen« Neumondes –, oder ob sie die andere Mondseite, die von der Erde nicht sichtbar ist, versinnbildlicht. Ihr Symbol könnte das Urbild der unbekannten und unerkennbaren Gegenwart darstellen (es sei an den Schleier der Isis erinnert, der sicherlich Analogien mit der archetypischen Struktur von Lilith zeigt); das unserem Blick ewig vorenthaltene andere Mondgesicht könnte dem unbewußten negativen Aspekt der Mutter entsprechen. Hekate ist die schreckliche Göttin der Nacht, ein Gespenst, ein Alptraum. – Unserer Meinung nach kann ein stark negativ aspektierter Mond in einem Horoskop der symbolischen Bedeutung von Hekate nahekommen.

Es wird berichtet, daß Hekate des Nachts mit ihren schwarzen Pferden erschien; sie schickte ihre Tochter, das furchterregende Gespenst Empusa, auch Lamia genannt, das »mit aller Gewalt eindringen« oder »Alpdruck« bedeutet, in die Stille der Nacht. Aristophanes berichtet von der Erscheinung einer grauenerregenden Kreatur, die in eine von Blut aufgeschwollene Blase gehüllt war. Hekate und Lamia verführten die Männer im Schlafe, saugten ihr Blut aus und verzehrten ihr Fleisch. Empusa besaß eigenartige Füße: ein Fuß war aus Erz, der andere aus Eselsmist. Hekate wird auch die *Todesmutter* genannt: Sie erscheint gewöhnlich mit dem Höllenschlüssel der Geißel, dem Dolch und der Fackel in der Hand, Symbole, die wir schon bei Ischtar gesehen haben. Nach einer jüngeren Version soll Hekate von grauenhaften Hunden gezogen oder sogar als dreiköpfige Hundsgöttin erschienen sein gleich dem Höllenhund Kerberos. Ihre Rolle als Hadeswächterin entspricht der destruktiven schwarzen Mutter, die in der Tiefenpsychologie den negativen, verschlingenden und regressiven Mutteraspekt darstellt. Es heißt, Hekate habe den Kerberos wieder auf die Erde gebracht (sich selbst) und daher können wir in Einklang mit C. G. Jung[77] sagen, daß sie wahrscheinlich das Bild der Todesmutter im menschlichen Bewußtsein wieder aufflammen ließ. Diese Tatsache hilft uns, im Mythologem ein analoges Hilfs-

mittel zur Erfassung der Ätiologie gewisser pathologischer Einbrüche der negativen unbewußten Mutter in das Bewußtsein von Geistesgestörten zu erkennen. In den Hekatemysterien war es üblich, zum Schutz der Jungfräulichkeit einen weißen Blätterzweig zu brechen. Hekates Erscheinen auf der Erde war blitzartig, rasch vollzog sie ihr unheilvolles Werk und kehrte wieder in die Unterwelt zurück. Auf ihren nächtlichen Streifzügen durch Felder und bewohnte Gegenden brachte sie den Menschen Alpträume, Schrecken und Epilepsie, seelischen Raptus und auch den Tod. Ferner war sie die Schutzgöttin Medeas und der Moiren, die das menschliche Schicksalsnetz knüpften. Als Mutter allen Zaubers war sie unwiderstehlich, da sie aus dem Unbewußten wirkte. Im griechischen Synkretismus wurde die Mondgottheit bereits als Archetyp des Mutter-Weibes erfahren; sie manifestierte sich als Artemis, Rhea oder auch Persephone (die römische Proserpina).

Hekate als Hüterin der Lebens- und Todesschwelle regelte die Ernährung. Artemis, die Jägerin, hatte auch den Beinamen »die Ferntreffende«; ihr und Persephone wurde eine unwiderstehliche Mutterkraft beigemessen. Persephone versinnbildlichte den untergehenden Mond. Sie war die Tochter Demeters und konnte erst, als sie sich in Hades verliebte und zu ihm in die Unterwelt zurückkehrte, das starke Liebesband mit ihrer Mutter lösen. Das Unbewußte wird immer von einer lunaren Note beherrscht. Ernst Bernhard zufolge charakterisiert der Demeter-Persephone-Mythos als Ausdruck des Archetypus der *Großen Mutter* die aktuelle psychologische Situation im Mittelmeerraum und besonders in Italien.[77]

Die Reihe der Mütter wäre nicht vollständig, wenn wir auf diesem Ausflug auf den Mond die Gestalt der Lilith oder des *Schwarzen Mondes* unbeachtet ließen. Ihre Bedeutung für die Astrologie seit der Antike ist ja bekannt. Doch mit ausklingendem Mittelalter wurde Lilith aus der Horoskopdeutung weggelassen, wahrscheinlich weil das kollektive Unbewußte ihren Archetypus nicht aktiv empfand; heutzutage wird ihre Bedeutung fast völlig übergangen.

Wie wir schon sagten, ist Lilith der Schwarze Mond; allerdings sind die astronomischen wie die sie betreffenden astrologisch-symbolischen Konzepte unklar, und das vorhandene Material ist kaum einer wissenschaftlichen Untersuchung wert. Wir wollen uns darauf beschränken, dieses beunruhigende astrologische

Symbol nur mythologisch zu ergründen und seine Beziehung zum Mond als archetypisches Mutterbild zu berücksichtigen.

Es wurde immer behauptet, daß Lilith, von der wir auch die astronomischen Längengrade und den Monatslauf kennen, die andere Seite der uns zugewandten Mondseite darstellt. Lilith wird in einem Horoskop als Planet mit allen seinen Bedeutungen in Betracht gezogen. Aber wie und warum ist der schwarze Mond entstanden? Warum gerade Lilith, wo doch der negative Mond von den Astrologen auch mit den Eigenschaften Hekates oder Proserpinas symbolisiert werden konnte? Offensichtlich erweckte der sanfte Mondschein im primitiven Menschen keine Angstgefühle.

Der Mond – als Ischtar, Osiris oder Persephone – galt als *imago mater,* als höchster Ausdruck der Weiblichkeit, mit positiven und negativen Valenzen; er war für den Menschen immer sichtbar. Lilith hingegen entsprach einem gefährlichen dunklen weiblichen Bild. Schon bei Babyloniern und Sumerern galt sie als negatives, ja unheilvolles Symbol. Ist Lilith demnach ein unbekannter Planet? Ist sie wirklich die andere Seite des Mondes, wonach die mythische Idee des unbekannten Gesichtes, des verbotenen Weibes entstanden war? Oder ist Lilith der Neumond, der abwesende Mond, der Himmel und Erde ins Dunkel stürzt? Aus psychoanalytischer Sicht könnte sie ein böses introjiziertes Mutterobjekt oder den gefährlichen Einbruch eines unbewußten Mutterbildes symbolisieren, so wie Hekate und Empusa mit ihrer schrecklichen Erscheinung Sinne und Bewußtsein der Menschen quälten. Eine Antwort ist schwer zu finden.

Wir wollen uns an eine mythologisch-archetypische Deutung des Lilith-Phänomens halten und sehen in ihr demnach eine symbolische Phantasiegestalt, die den negativen Mutterkomplex im Unbewußten veranschaulicht, den der Mensch an das Firmament projiziert und personifiziert hat. Wir wollen aus Lilith nicht eine Theorie machen, denn unserer Meinung nach bleibt sie immer untheoretisch, da sie sich als Symbol oder freie mythische Schöpfung in ihrer ganzen psychischen Kraft manifestieren kann; sie entspricht dem Bild der *Schwarzen Mutter* und gehört als *regressive Verführung* in die Phänomenologie des Ödipus-Komplexes.

Wie ist der Archetyp von Lilith im kollektiven Unbewußten entstanden? In der Bibel wird Lilith als erste Gefährtin Adams erwähnt. Trotz widerspruchsvoller Exegese kann man annehmen,

daß Lilith Eva vorausging. Gott schuf sie als Adams Weib aus schmutziger, verderblicher Materie statt aus reiner Erde. So war sie eine befleckte Kreatur. Jüdischen Quellen zufolge war Lilith eine kananäische Prostituierte, Anbeterin von Anath. Andere Quellen hingegen geben folgende Version: Lilith verweigerte Adam den Beischlaf, da sie während des Geschlechtsaktes nicht unter ihm liegen wollte; dies bedeutete auch eine Rebellion gegen Gott. Sie flüchtete zum Roten Meer; dort vereinte sie sich mit Dämonen und perversen Kreaturen und gebar teuflische Wesen, nachdem sie Adam den Dämon Asmodeus (analog zu Kain, Evas Sohn) geboren hatte. Lilith blieb mit den Dämonen und war nun selbst ein Dämon geworden, weil sie gegen Gott und seine Engel rebelliert hat. Sie focht ein grausames Duell gegen die göttlichen Mächte: Da Gott ihre dämonischen Kinder, die sogenannten »Lilim« vernichtete, erwürgte sie aus Rache alle Kinder, die sie in den Häusern, in die sie eindrang, vorfand.

Andere Quellen berichten von einer Lilith, Königin von Saba, die ebenso grausam und aggressiv war. Der Name Lilith stammt aus dem Assyrisch-Babylonischen und bedeutet Teufelin, Dämonin oder Windgeist. Im Gilgamesch-Epos (ca. 2000 v. Chr.) erscheint sie unter dem Namen Lillake. Eine jüdische Ethymologie leitet den Namen Lilith von *Layil,* die Nacht, ab; daher sah man in ihr das nächtliche Ungeheuer mit den behaarten Tierfüßen. Ihre Verwandtschaft mit den Lamien, den dämonischen Töchtern Hekates, ist hier nicht zu leugnen.

Welches psychologische Konzept symbolisiert Lilith nun? Vielleicht sellt sie das mit dem Animus völlig identifizierte weibliche Prinzip dar, das sich selbst und zugleich die *imago pater* vereint? Bewirkt sie eine sexuelle Hemmung dem Mann gegenüber als Ausdruck einer gespaltenen animalischen Erotik, die sich in perversen Ausschweifungen verausgabt? Manche sehen in Lilith die mit ihrem eigenen Schatten, das heißt ihren destruktiven Trieben identifizierte Anima; für andere wiederum ist sie die verschlingende Mutter, die mit ödipeischer Erotik geladene Triebe erweckt. In diesem Zusammenhang wollen wir daran erinnern, daß Lilith Kinder verführt und tötet, und darüber hinaus im Geschlechtsakt immer eine dominierende Stellung dem Mann gegenüber einnimmt, weshalb sie, dem Mythos folgend, die kastrierende Frau und den blinden Triumph der in der Sexualität gefesselten seelischen Energien darstellt. Deshalb können wir sa-

gen, daß Lilith – der Schwarze Mond – aus dem Mond als Archetyp und Symbol des Mutterweibes hervorgeht und zur Reihe der negativen Mütter gezählt werden kann, die durch Hekate–Persephone–Empusa–Lamia–Lilith sowie durch den »gefräßigen Fisch« (Frobenius), den Drachen, den Wal usw. symbolischen Ausdruck finden. Gemeinsame Symbole sind: das Reiten auf dem Körper des Opfers (Lilith fordert im Beischlaf die Position über dem Partner), der Kindesmord, die schreckenerregende gespenstische Erscheinung, der Alpdruck und der Tod als Regression oder Lebensverneinung sowie die sexuelle Inflation aufgrund der Spaltung des Sexualtriebes, der zu einem autonomen Komplex innerhalb der Persönlichkeit wird.

Aber Lilith darf nicht von einem moralistischen Standpunkt als Prostituierte oder Mörderin verstanden werden; dieses Urteil würde unserer Meinung nach ihrer bedeutenden Symbolik nicht gerecht werden. Lilith – Schwarzer Mond – ist die negative Mutter oder das verführende und verschlingende Weib; doch sind ihre Rebellion und ihre brutale Sexualität chthonischer Ausdruck einer absoluten primären Triebenergie, die einen Teil der psychischen Realität des Menschen ausmacht. Lilith als hemmungslose Sexualität ist die andere Seite des sanften und schützenden Weibes, ebenso wie sie laut biblischem Mythos die andere Seite Gottes ist: Sie ist die dramatische Verkörperung des Geschöpfes, das gegen den patriarchalen Gott rebelliert und ihn aus einer ebenbürtigen Position bekämpft. Diese grundlegende Gegebenheit führt uns unweigerlich zur Auseinandersetzung mit der Dichotomie von Körper und Seele, von Geist und Sinne. Lilith ist vom Mond nicht zu trennen, ebenso wie die Sexualität als Trieb von der Psyche nicht zu trennen ist. Ihre *schwarze* Erotik muß als *wesentlicher Ausdruck der ganzen Psyche* betrachtet werden. Neben ihrer biologischen Bedeutung müssen wir in Lilith – Schwarzer Mond – auch den geistigen Aspekt des Dämonischen und dessen numinose Bedeutung in Betracht ziehen. Das Symbol der Sexualität des Schwarzen Mondes als Ausdruck einer chthonischen Urkraft entspringt jener dunklen Seite des göttlichen Bildes, das der Mensch von sich und seinen Sinnen in sich trägt. Diese dunkle Seite der Psyche soll ohne Angst und manichäische Vorurteile in das Bewußtsein geholt werden, ebenso wie alle andern in den unbewußten Seelentiefen verankerten mythischen Bilder und Symbole.

Liliths Gefahr war in der jüdischen Volkstradition so bekannt, daß kleine Geschichten und praktische Anleitungen zum Exorzismus dieser weiblichen dämonischen Macht weit verbreitet waren.

Wir wollen hier eine kurze chassidische Geschichte über Lilith wiedergeben, wie sie Martin Buber geschildert hat: »Es wird berichtet, daß ein Mann, der von Lilith besessen war, nach Neshiz reiste, um den Rabbi Mardochai zu beschwören, ihn von diesem Dämon zu befreien. Der Rabbi, der ihn mit seinem sechsten Sinn auf der Straße kommen sah, befahl den Bewohnern der Stadt, bis zum Abend alle Türen zu schließen und niemanden in sein Haus zu lassen. Als der Mann spät abends in die Stadt kam und sah, daß ihm niemand die Tür öffnete, legte er sich auf einen Strohhaufen zur Ruhe. Sogleich erschien Lilith und sagte: ›Komm' zu mir herunter.‹ Da fragte er sie: ›Warum willst du das? Gewöhnlich kommst du immer zu mir.‹ ›Ein Kraut im Stroh, auf dem du liegst, hindert mich, zu dir zu kommen‹, sagte sie. ›Welches ist es denn‹, fragte er und zeigte ihr ein Kraut nach dem andern, bis sie schließlich sagte: ›Dieses ist es!‹ Daraufhin legte er sich das Kraut auf die Brust und wurde von Lilith für immer befreit.«[79]

Aus dem bisher Gesagten können wir klar erkennen, daß der Mond ein primordialer archetypischer Ausdruck der Mutter und des Weiblichen schlechthin ist, wobei die göttlichen Attribute dieses Planeten allmählich in menschliche Eigenschaften übergingen. In Analogie zur Korrelation Mutter–Sohn–Leben symbolisierte er den Zusammenhang von Mond–Erde–Ernährung. Mythen und Kulte haben uns gezeigt, daß der Mond unter Annahme verschiedener Personifikationen der Großen Mutter und Beschützerin oder der schrecklichen Mutter doch immer das Leben von Menschen, Tieren und Pflanzen beherrschte.

Lange Zeit hindurch war der Mond das Symbol des Matriarchats. Seine Bedeutung für die Astrologie umfaßt alle seine mythischen und symbolischen Rollen, wie wir sie kurz angedeutet haben. Sein Element ist das Wasser; in der Astrologie entspricht er der Lebensperiode von der Geburt bis zur Pubertät.

In einem Horoskop ist der Mond neben der Sonne der zweitwichtigste Planet zur Erforschung der Persönlichkeit und muß immer in Beziehung zur Sonne betrachtet werden, denn er entspricht der *imago mater,* dem weiblichen Elternteil. Handelt es sich um ein männliches Horoskop, so sehen wir im Mond die Frau (Ehefrau und Geliebte) und die Mutter; aus seiner Beziehung zur

Sonne können wir die Beziehung des Mannes zur Frau und zur Mutter ableiten. Kindheit, öffentliche Meinung, Strukturierung der Anima und ihre Projektion auf das Kollektiv sind weitere wesentliche Faktoren, die wir aus der Mondstellung entnehmen können.

Einigen Astrologen zufolge entspricht das erste Viertel des zunehmenden Mondes einem extrovertierten, aktiv aufnahmefähigen Charakter mit raschem Assimilationsvermögen. Dem letzten Mondviertel hingegen entspricht der introvertierte Typ, dessen psychologische Dynamik sowie die Verarbeitung von Lebenserfahrungen in tieferen Seelenschichten vorsichgehen. Individuen, die diesem Typ angehören, sind sensibel, nachdenklich, verträumt und hängen an der Vergangenheit. Kybele und Aphrodite repräsentieren den Vollmond, Hekate hingegen den Neumond; während die ersten beiden Göttinnen Leben schenken und einen wohltätigen Einfluß auf die Menschen ausüben, beherrscht Hekate das nächtliche Reich des Okkulten und Mysteriösen und löst Neurosen aus. In der Tiefenpsychologie symbolisiert der Mond die *Anima* und den weiblichen Archetyp. In der Psychoanalyse ist er das ES, Quelle der Lebenskraft und zugleich pulsierende Mitte der Persönlichkeit. Die Mondposition in einem Horoskop sagt über die Struktur des Psychischen aus; doch müssen für eine tiefere Kenntnis der unbewußten Seelenschichten auch andere astrologische Gegebenheiten in Betracht gezogen werden. Allerdings bleibt der Mond ein wesentlicher Faktor zur Erforschung der verborgenen Aspekte der Seele, des persönlichen und kollektiven Schattens. Der Mond gibt ferner über Phantasie, intellektuelle Aufnahmefähigkeit und das Gedächtnis Aufschluß; zugleich stellt er die Verbindung zwischen persönlichem und kollektivem Unbewußten dar. Stark negative Mondaspekte deuten auf eine problematische Beziehung zum inneren Mutterbild oder zur realen Mutter hin, können aber auch Konflikte mit der Frau auf verschiedenen Ebenen bedeuten und auf eine in einem infantilen Stadium fixierte Abhängigkeitsbeziehung zur Mutter hinweisen, die sich projektiv in den zwischenmenschlichen Beziehungen manifestiert. Begegnet der Astrologe einem stark negativ aspektierten Mond, so kann dies auch ein Zeichen für einen Narzißkomplex, eine latente Regressionstendenz oder eine betonte Gefühlshemmung sein. Ist Venus mit im Spiele, sind oft große affektive Störungen gegeben. In Konjunktion mit Mars

kann der Mond ein sadistisches Verhalten zur Frau hervorheben, oder es handelt sich um eine kastrierende innere Mutter, die masochistische Befriedigungsrituale fordert.

In Horoskopen von Psychopathen kann der Mond oft eine Symbolik Hekates ausdrücken, Gespenster, Halluzinationen, Delirien (vor allem bei negativen Mond-Neptun-Aspekten), unkontrollierbare Angstzustände, Gemütsschwankungen können in ein undifferenziertes Stadium infantiler Fixationen und archetypischer Situationen zurückführen, die für lange Zeit das Bewußtsein zu beherrschen drohen. Die Angst vor den Mondgottheiten sowohl vieler primitiver Völker als auch der Babylonier, der Sumerer und der Ägypter kann jeden Augenblick in der Psyche des Menschen wiedererwachen, wenn es das individuelle Schicksal bestimmt und Minderwertigkeitsgefühle, Autismen, unbewußte und verdrängte Phantasien sowie Zwangsabhängigkeiten, seelische Verletzbarkeit und Triebfehlleitungen erwecken.

Eine vom Mondcharakter stark gekennzeichnete Persönlichkeit hat oft ein bewegtes Schicksal, ist unstabil, wechselhaft, mit unterschiedlichen Einstellungen und Verhaltensweisen im Laufe eines Lebens. Es soll hier erinnert werden, daß der Mond weitgehend die innerpsychischen Faktoren zur Neurosebildung bestimmt, während die Sonne die äußeren bewußten psychischen Gegebenheiten darstellt (Wille, Selbstbehauptungsdrang usw.); doch kann selbst ein schizophrenes Individuum, dessen Mond stark beschädigt ist, den höchsten Grad der Schaffenskraft erreichen, wie in Horoskopen vieler Künstler beobachtet werden kann.

Der Mars

♂

Der Mars als Planetenherrscher des Widders symbolisiert die Lebenskraft und die aktive und aggressive Umweltbeziehung. In der Antike auch unter dem Namen Ares als Kriegsgott verehrt, wurde Mars ungefähr ab dem 7. Jahrhundert v. Chr. mit dem ersten Tierkreiszeichen, dem Widder, in Zusammenhang gebracht und wegen seiner übertriebenen Impulsivität als Unglücksbringer und Zerstörer angesehen.

In der Mythologie werden Mars männliche und kämpferische Attribute zugesprochen. So wird er mit Messer, Schwert, Verwundung und Blut assoziiert; doch im Laufe der Zeit verlagerten sich diese astrologisch-mythologischen Symbole auf die psychologische Ebene, weshalb wir unter einer von Mars geprägten Persönlichkeit einen aggressiven, kämpferischen, streitsüchtigen und zielstrebigen Chrakter verstehen.

Das Symbolzeichen dieses Planeten ist ein Kreis mit einer nach rechts gerichteten Pfeiltangente. Die herkömmliche Deutung dieses Ideogramms sieht darin die Loslösung der aggressiven Energie von der subjektiven Welt des Menschen und zugleich ihre Steuerung auf ein fernes Ziel. In gewisser Weise ist dieses Symbol eine kinematische Darstellung der zentrifugalen Bewegung, wobei der Pfeil die Tangentialverlagerung der Energie darstellt, die sich von der Drehbewegung löst und eine neue Bahn einschlägt. Nach der esoterischen Deutung ist der Kreis die Erde, die irdische Schwerkraft, während der Pfeil den qualitativen Sprung in die Transzendenz, somit die Entfernung von der irdischen Welt, bedeutet. Wir wollen diese recht interessante Auslegung nach ihrem symbolischen Gehalt und ihrer psychodynamischen Aussage untersuchen. Doch möchten wir hier betonen, daß die beiden Symbolelemente Kreis und Pfeil einen einheitlichen Prozeß darstellen und nicht einer Dichotomie zwischen »Erde« und »Himmel« bzw. Immanenz und Transzendenz gleichkommen, denn die Marssymbolik umfaßt die ganze Dynamik der menschlichen Triebspanne, die vom Endlichen zum Unendlichen, vom

»Fleisch« zum »Geist«, von der Materie zur Seele, von der unmittelbaren Umgebung zur Weite des Raumes reicht und eine immerwährende Tendenz zum Ausdruck bringt: vom Kreis über den Pfeil zum unsichtbaren Ziel und zurück zum Kreis.

Der Astrologe E. Krafft sieht in der Marssymbolik die durch die Zeit bedingte Willenskraft zur Aneignung und Beherrschung der Materie. Unter den Namen »Rustiens« oder »Silvanus« galt Mars als Schutzgott der Feldarbeit, der Herden und des ruralen Lebens. Viele seiner Namen enthalten die Bedeutung von Männlichkeit, Tatkraft und Aggressivität.

Mars war bei den alten Griechen der Kriegsgott Ares, dessen Name asiatischen, chaldäischen oder ägyptischen Ursprungs sein dürfte.

M. Sénard führt den Namen Mars-Ares auf die Wurzel *are,* auf griechisch »Gewalt«, »Wut« zurück. *Ara* erweckt die Idee der Zerstörung und Rache. Die Sanskritwurzel *mar* bildet den Namen der vedischen Gottheit Marut, die die Windstürme und das heilige Feuer beherrschte.[80]

Ares war ursprünglich ein göttlicher Jüngling, ein *puer divinus,* graziöser Tänzer und feuriger Geliebter olympischer Frauen; erst später wurde er in die Kriegskünste eingeweiht. In allen Mythen und homerischen Epen stoßen wir auf einen aggressiven, wagemutigen und kriegerischen Mars, der sein impulsives Handeln einer jeden rationalen Überlegung vorausschickt.

Wir wollen an Hand der Mythen vorerst den sexuell-erotischen Aspekt des Ares-Charakters hervorheben. Ares–Mars symbolisiert die sexuelle Impulsivität und die überschwengliche dionysische und aggressiv provokatorische Vitalität, wie auch die homerischen Epen bezeugen, die von der leidenschaftlichen Liebe des Ares für Aphrodite, von Eros, der sie begleitet, und vom schönen Desiderius, der ihr folgt, erzählen, wie Hesiod in seiner *Theogonia* berichtet.

Ares, in leidenschaftlicher Liebe zu Aphrodite, Gattin des Krüppels und göttlichen Schmiedes Hephaistos, entbrannt, gelingt es endlich, sie zu verführen. Aphrodite läßt ihn in Abwesenheit ihres Gatten in den Palast kommen und vereint sich in ihrem Ehegemach in Liebe mit ihm. Die Sonne, die die beiden Liebenden beobachtete, berichtet sogleich über Aphrodites Untreue dem unglücklichen Gatten, der wutentbrannt in seine Schmiede eilt und, nach Rache sinnend, eine fatale Falle erfindet: Er schickt

sich an, feine, unsichtbare und zugleich unzerbrechliche Ketten zu schmieden, die die beiden Liebenden umwinden sollen, ohne daß sie sich daraus befreien können. Sodann bringt er die Ketten an den Pfosten des Ehebettes an, die wie ein Spinnennetz darüberhängen, und gibt vor, sich auf seine Lieblingsinsel Lemnos zu begeben, während Ares, blind vor Leidenschaft, weder Hephaistos am Werk sieht (hier manifestiert sich der marsische Charakterzug der blinden Triebkraft, die keine Hindernisse erkennen läßt) noch die Falle wahrnimmt. Als er Hephaistos fortgehen sieht, eilt er liebeshungrig in den Palast der Citerea mit dem schönen Diadem, wie Homer sie nennt. Aphrodite empfängt ihren Geliebten im Ehegemach, und bei der ersten Umarmung schlägt die Falle des listigen Hephaistos zu; die beiden Liebenden bleiben in den Ketten gefangen. Die Sonne, die wiederum alles beobachtet hat, rät Hephaistos, heimzukehren, um das Ergebnis seines Werkes zu betrachten. Zornig bleibt er an der Schwelle des Schlafgemaches stehen, in welchem die beiden Liebenden unbeweglich aneinandergekettet liegen, und gegen sein Schicksal grollend ruft er alle Götter als Zeugen. Poseidon, Hermes, Apollo und alle andern Götter zeigen sich über Hephaistos' Genie und Einfallsreichtum belustigt; erst gegen das Versprechen, den wagemutigen Ares für diesen Ehebruch zu bestrafen, gelingt es Poseidon, Hephaistos zur Befreiung der beiden Geliebten zu bewegen. Aphrodite begibt sich sogleich nach Paphos, wo sie von den Chariten empfangen wird, während Ares im weitentfernten Thrakien landet.

Diese Geschichte hebt die marsische Triebkraft hervor, die nur vom uranischen Genie und Einfallsreichtum, die Hephaistos personifiziert, bezwungen werden kann. Ares, als Mars-Widder, der sich nur in seiner irrationalen Impulsivität manifestieren kann, wird hier von Hephaistos, dem Uranus-Wassermann, mit List und der Hilfe der Götter bezwungen.

Ares war Zeus verhaßt, wie Homer berichtet, denn er liebte zu viel den Streit, den Krieg und die Schlachten und zu wenig die Moral; er hielt auch seiner Mutter Hera nicht das Versprechen. »Er kannte keine Themis und half, so es ihm gefiel, dem Feind. Seine Riesengestalt maß, als er, aus der Hand der Athene von einem Stein getroffen, in jeder Hinsicht ohne Würde dalag, siebenhundert Fuß in der Länge. Wurde er, der ›eherne Ares‹ verwundet, so brüllte er wie neun- oder zehntausend Männer.«[81]

Einer seiner Namen war Ara, was »Fluch« oder »Unglück« bedeutet.

Diesen kämpferischen und gewalttätigen Aspekt des Ares finden wir auch im Mythos über seinen Kampf gegen die Dioskuren oder gegen Hephaistos selbst, der ihm unerbittlicher Gegner und Sieger blieb, wie die Geschichte der an den Thron geketteten Hera, die Ares umsonst zu befreien versucht, bestätigt.

Erst in der römischen Mythologie wird Ares zu Mars, dem cholerischen und rachesüchtigen Gott und skrupellosen Kriegsherrn. Der Kriegssinn der Römer war dem Schutz des Mars unterstellt.

Mars symbolisiert die feindliche, impulsive Kraft, die sich direkt und unkontrolliert manifestiert; er jubelt in der Zerstörung. Er repräsentiert die Macht des Gegners. Deshalb entspricht er der archtypischen, kämpferischen Grausamkeit und Kraft, die sich der Weisheit und Gerechtigkeit der Pallas Athene entgegenstellt. Ares-Mars verwundet und wird verwundet aus Haß oder aus Liebe.

Neueste mythologische Forschungen sprechen von einem nordischen Ursprung von Mars: die Gottheit Tyr, die sich als Opfer für die Auferstehung anbietet, soll Mars entsprechen; hier können wir eine Analogie mit dem marsischen Aspekt in Christus erkennen, der, ebenso wie die nordische Gottheit, seine Energien in ein Selbstopfer kanalisierte.

Daher ist Mars auch Sinnbild der Erneuerung und Wiedergeburt. Zwei dynamische Energievorgänge liegen der Marssymbolik zugrunde: der Kampf *entgegengesetzter* Kräfte und die *Verwandlung* von guten Kräften in schlechte und umgekehrt.

Ares nimmt an vielen mythischen Episoden teil. So sehen wir ihn z. B. im Krieg gegen Theben mit Tydeus und den Epigonen in der Gestalt des Amphiaraos, einer der sieben Helden, der wegen seiner gekonnten Kriegführung als »dem Ares doppelt ähnlich« galt. Ein heiliger Wald, eine wahre Todesstätte, wo der Drache das Goldene Vlies bewachte, war dem Ares geweiht. Aus dem Argonautenmythos können wir noch einen Aspekt der Ares-Mars-Energie entnehmen: Es wird berichtet, daß die Argonauten auf ihrer Fahrt zur Eroberung des Goldenen Vlieses auf der Insel Ares landeten, wo die Todesvögel der Stymphalischen Sümpfe lebten, Symbol chthonischer Kräfte und Boten der Unterwelt, die Ares züchtete und ernährte, da er ihnen, Virgil

zufolge, das nötige Menschenfleisch verschaffte. Die Kinder des Kriegsgottes waren Jäger oder Kriegshelden wie Oinomaos, Evenus, Meleagros und Geryon. Aus der folgenden mythischen Episode entnehmen wir seine Bedeutung als Todbringer: Als Zeus Aigina raubte, erfuhr ihr Vater Asopos von Sisyphos, wer der Räuber war. Aus Rache schickte Zeus Sisyphos den Tod Thanatos, doch konnte er ihn überlisten und in Ketten werfen. Von jenem Augenblick an starb niemand auf der Erde, bis Ares Thanatos befreite und ihm Sisyphos auslieferte, der ihn mit in die Unterwelt nahm.

Diese Beispiele aus der griechischen Mythologie sind hinreichend, um die Wesenszüge des Ares zu illustrieren, der als Mars der römischen Mythologie unter Hervorkehrung der kriegerischen Aspekte dieselben Eigenschaften beibehält.

Mars, Planet des Feuers und des Eisens, entspricht der Gewalt und Leidenschaft, ist Ausdruck aller männlicher Attribute und harmonisiert mit dem Widderzeichen, in dem er sein Tagesdomizil hat; sein Nachtdomizil liegt hingegen im Skorpion. Mars im Horoskop ist die individuelle biologische Aggressivität und Lebenskraft sowie die Beziehung des Menschen zur Umwelt; er sagt zudem über die Muskelbeschaffenheit aus.

In seiner psychodynamischen Aussage bedeutet Mars Feindschaft, Aggression und Verteidigung.

Je nach der planetarischen Gesamtsituation in einem Horoskop kann Mars darüber Auskunft geben, ob ein Mensch aggressiv cholerisch ist oder ob hemmende Frustrationen zu einer passiven Cholerik zwingen, ferner wie groß die Bereitschaft zum Lebenskampf ist.

In der Tiefenpsychologie entspricht Mars dem Archetyp der Kampfeslust und zugleich der freigewordenen Urlebenskraft, mit welcher das Liebesobjekt erobert und besessen wird. Deshalb ist Mars die Libido in der primären Objektbeziehung, in der oralen Phase, wo sich die Kind-Mutter-Beziehung auf Mund-Mutterbrust beschränkt. Barbault hat die Marssymbolik aus dem psychoanalytischen Gesichtspunkt untersucht und sie mit der oralsadistischen Phase in Zusammenhang gebracht.[82]

Besitzgier, Herrschsucht und Aneignung durch Eroberung sind weitere aus dem marsischen Lebenstrieb abgeleitete Wesenszüge.

Schon in frühester Kindheit (Periode des Zahnens) manife-

stiert sich die marsische Triebenergie, und von hier an geht es um den Kampf der Ernährungsbefriedigung. Oralität, Narzißmus und sogar Sadismus, sofern der Angriff auf das Bedürfnisobjekt noch undifferenziert und affektiv unbelastet ist, werden von der Marsenergie beherrscht. Hier sehen wir die Entsprechung zum Ares-Mythologem. Mars als Ausdruck des Sadismus wird als eine infantile Instinktkomponente verstanden, in der erotische und aggressive Triebe ineinander verschmelzen.

In einem Horoskop bedeutet Mars vor allem den Grad der Selbstbehauptung und die mehr oder weniger gut gesteuerte Libido des Individuums. Ferner sagt dieser Planet darüber aus, inwiefern ein Individuum die unbewußte Schwelle des Sadomasochismus überwunden hat und ob Fixierungen in diesem psychischen Entwicklungsstadium vorhanden sind; auch kann man aus der Marsposition ersehen, welche Faktoren zu einer eventuellen sexuellen Impotenz führen können. Der natürliche Lebenstrieb kann an Hand der Aspekte, die Mars mit andern Planeten, wie Sonne, Mond, Venus und Uranus, hat, eingeschätzt werden. In einem männlichen Horoskop bedeutet Mars die sexuelle Potenz sowie die dynamische Integration in das konkrete Leben. Ein schwacher oder negativer Mars kann mangelnde Vitalität bedeuten oder eine starke Tendenz zu Frustrationen oder Fixationen in infantil erotischen Stadien, besonders bei Mars-Mond-Konjunktion, hervorheben. Daraus resultieren aggressives Mißtrauen, Verdacht, Empfindlichkeit und fortwährende Ersatzforderungen.

Individuen ohne Initiative, die alles Neue scheuen, haben oft einen schwachen Mars, während ein starker dominierender Mars für Hyperaktivität und Erfindungsdrang spricht, gleichsam um Reaktionsbildungen zu sättigen. Ein schwacher, mit Mond oder Venus negativ aspektierter Mars bewirkt beim Mann, im Schatten der Frau zu leben und ihren Schutz zu suchen (hier sucht der Mann meistens die energische, männliche oder bemutternde Frau, mit ihrem Animus identifiziert, so daß es auf unbewußter Ebene zu einem sexuellen Rollentausch kommt). Ein passiver Mars veranlaßt, kollektive statt individuelle Verhaltensmodelle zu wählen. Die Männlichkeit des Ares äußert sich in der Frau doppeldeutig: sie schwankt zwischen Zärtlichkeit und harter Boshaftigkeit. Mars und Mond in einem Konfliktaspekt ergeben oft die großen Frauenhasser oder zumindest wird die Frau gefürch-

tet. Mars im Konflikt mit Sonne und Uranus deutet auf aggressive Gewalt (der man zum Opfer fällt oder man macht selbst Opfer), die sich mit Plötzlichkeit und meistens in Fehleinschätzungen manifestiert. Ferner bewirkt Mars unter diesen Aspekten die cholerischen Anfälle der Schüchternen oder seelisch Impotenten. Zweifellos ist die Bedeutung von Mars in einem weiblichen Horoskop wesentlich komplexer; hier ist er zusammen mit der Sonne der Animus, die Amazonen- oder Mannweib-Komponente der weiblichen Psyche. Befindet sich Mars in der Nähe des Aszendenten, so kann er bei einer Frau eine Inflation des Ich mit männlicher Tonalität hervorheben, die sich durch ein betont männliches Verhalten äußert. In diesem Fall ist eine Tendenz zur Streitsucht, Starrköpfigkeit und Gereiztheit gegeben, wobei die eigenen Meinungen und Ideen aggressiv durchgesetzt werden. Ein negativer Mars im siebenten Haus, Haus der Ehe und der menschlichen Beziehungen, kann – besonders bei Sonne im Widder oder Skorpion – eine phallische Frau mit sadistisch-aggressivem Verhalten dem Partner oder den Mitarbeitern gegenüber bedeuten. Die marsische Energie findet in diesem Fall in der negierten oder verzerrten Weiblichkeit Ausdruck, wodurch ein starker Konkurrenzkampf mit dem Mann oder das Bedürfnis, ihn psychisch zu kastrieren, geweckt wird.

In einem weiblichen Horoskop bedeutet Mars das Bild des Mannes, den die Frau in ihrem Unbewußten als Archetyp des Männlichen und der Sexualität trägt. Je nach seiner Bedeutung und Position lebt die Frau das weibliche Urbild als Aphrodite oder Minerva, als Demeter oder als Artemis, als Persephone oder als Juno, als Hekate oder als Lilith.

Aber Mars äußert sich nicht nur in animalischen Trieben. Aus psychoanalytischer Sicht kann man sagen, daß dieses Symbol als reine Libidoenergie nicht in strenge Interpretationsschemen gepreßt werden kann. Mars entspricht auch tieferen und subtileren Schichten der Lebensenergie. Dabei finden wir eine Analogie zur *Kundalini.*

Der indischen Auffassung nach entspricht Kundalini der Sexual- oder Lebensenergie, die unserer Libido gleichkommt. »Kundalini ist eine Kraft, die wie eine Schlange an der Rückgratbasis (zwischen Hoden und Anus) eingerollt ruht. Sie zur Samenergießung zu erwecken, bedeutet, sie für Reproduktionszwecke zu verwenden und dies ist legitim. Sie aber nicht zur

Ejakulation zu verwenden, sondern sie durch den symbolischen Doppelkanal Shushumna entlang des Rückgrates emporsteigen und sich in den sogenannten Chakras oder Geflechten verbreiten zu lassen, bis sie den Scheitel erreicht, wo sie den Lotus entfaltet und somit eine Erweiterung des ganzen Seins erreicht, gleich dem Integrationsprozeß des Selbst, bedeutet, eine Energieverwandlung herbeizuführen.«[83]

Diesem Prozeß entspricht auch der Sublimationsgedanke Freuds. So befreit diese Technik von einem jeden begrenzten inneren Zustand und führt ins Unendliche im *Samadhi*. Die tantrische Kundalini ist der wahre Ausdruck des Eros und führt unter Aufhebung der Dualität und jeder subjektiven Wahrnehmung zur totalen Triebidentifikation (ich bin du). In der physiologischen Sprache der Sexualität bedeutet Kundalini das männliche Genital in Erektion und seine Penetration in die Vagina; seine symbolische Bedeutung hingegen ist transzendentaler Natur, von Eros zu Purusha und Pakriti.

Die marsische Energie ist dazu bestimmt, sich zu differenzieren und als Symbol der totalen und universalen Einheit mit der »göttlichen« Sonnenenergie zu verschmelzen.

Ares war ein Gott des Olymp, daher ist die marsische Energie nicht nur Ausdruck einer undifferenzierten Triebhaftigkeit, sondern bestimmt das menschliche Bedürfnis, sich in der Wirklichkeit gestaltend zu manifestieren. So findet sie Ausdruck in Worten, Gesten und Taten, aber auch in der Ruhe, dabei kann sie durch das Yoga wieder zu freier Energie werden. Die dingliche Wirklichkeit kann willkürlich oder konditioniert beherrscht werden: Dies ist im Krieg der Fall, aber auch in der Übertragung der inneren in die äußere Welt, die der Künstler vollzieht. Mars dient dazu, die Energie von sich in die Welt zu orientieren und diese Welt durch die Selbstfindung mitzugestalten.

In der Weise kann auch die Beziehung Ich–Du, Ich–Nicht-Ich, Ich-Gemeinschaft ihre Verwirklichung finden.

Mit Mars wird der Mensch Realist, der in der primären Extroversion Bestätigung findet.

Die Venus

♀

Die Venus, »Planet der Liebe«, wie sie in der Populärastrologie genannt wird, ist ein dem Mond verwandtes Symbol, das die historisch-mythologischen Aspekte des Matriarchats hervorhebt.

Ab dem 2. Jahrtausend v. Chr. wurde der Venusstern am Firmament beobachtet, den die Babylonier als »eine helle Fackel« oder als einen Diamanten, »welcher leuchtet wie die Sonne«, beschrieben haben, die »ein gar helles Schauwunder« bot.[84]

Wie der Mond ist auch die Venus ein Symbol des Mutterarchetyps. Ihr Ideogramm ist allgemein bekannt: ein Kreis über einem Kreuz.

Eine opfer- und sühnebewußte Tradition der Astrologie deutet dieses Symbolzeichen als Herrschaft der immanent-physischen und orgiastisch sündhaften Komponente des Menschen (Kreis) über den geistig-mystischen Zielen (Kreuz), die in das Unbewußte verstoßen werden. Die dingliche Wirklichkeit herrscht über der transzendentalen Wirklichkeit. Das heilige Symbol des Kreuzes wird gestürzt und in die Richtung der luziferisch-chthonischen Kräfte gelenkt. Einer anderen Interpretation zufolge wird das Raum-Zeit-Materie-Kreuz vom Bewußtsein verdrängt, ja vergessen, weil der Mensch nur die immanente Dimension des täglichen Lebens will. Wiederum andere behaupten, daß Venus das Symbol für die immerwährenden dionysischen Freuden darstellt. Grundlegend assoziiert man mit Venus den Bereich der Sinne und des Gefühls.

Mit den Venus-Aphrodite-Mythen der Griechen und Römer tauchen wir in die Welt der wunderbaren olympischen Göttinnen und sterblichen Geschöpfe von unvergleichlicher, atemberaubender Schönheit ein. Allerdings finden wir schon in der Mythologie der Babylonier Hinweise auf die Venus als Gestirn. In einer hebräischen Allegorie wurde Venus in Zusammenhang mit dem Fall Phaetons *Helel Ben Shahar* genannt.

Ischtar war zugleich die Venusgöttin, deren ursprünglicher Name »Morgendämmerung« bedeutet. In der Bibel wird Venus

als Luzifers Mutter angeführt, der als Cherubin Gott in seiner Herrlichkeit übertreffen wollte und deshalb in den Sheal stürzte, wo er das Reich der Dämonen gründete. In Griechenland nahm die Venusgottheit verschiedene Namen an, die alle in irgendeiner Weise lunare Eigenschaften ausdrücken. Man nimmt an, daß der Kult der Muttergöttin und das Symbol des Matriarchats vom Mond auf die Venus übergegangen war und zugleich Schutzherrin der Felder und Herden wurde. In Babylonien personifizierte Astarte, ein vorsumerischer Name, die Venusgottheit und symbolisierte die *imago mater.* Auch bei den Römern gab es einige Venus-Astarte-Göttinnen, die die freie sexuelle Liebe beherrschten; ihr Kult forderte Opfer von Neugeborenen, die im Tiber ertränkt und auf den heiligen Opferstein der Astarte gelegt wurden. Man brachte mit der Venusgottheit die Kuh bzw. den Stier in Verbindung, weshalb der ursprüngliche Venuskult zur Erhaltung der Herden und der Bodenfruchtbarkeit gefeiert wurde. Deshalb steht Venus-Kybele vornehmlich mit den elementaren Naturkräften in Verbindung und hat zum Menschen noch keine direkte Beziehung.

Bei den Phöniziern hieß Venus *Astoreth* und wurde mit *Asterius,* dem kretischen Minotaurus, in Verbindung gebracht; für die Assyrier war sie *Ischtar,* die Mondgöttin. Lange Zeit war man sich über die Zuordnung von Mond- und Venuseigenschaften nicht im klaren. – In der hinduistischen Mythologie entspricht Venus einer Gottheit, die der Göttin Kali nahesteht.

Wir wollen zunächst die mythologische Gestalt der Venus-Astarte näher in Betracht ziehen. *Astaros* bedeutet auf griechisch Stern; im Assyrisch-Babylonischen entspricht Astarte der Bedeutung »die Behörnte«.[85] Im Mithraskult symbolisiert die Göttin den Stierkopf. Ihr Kult war mit orgiastischen Feiern verbunden und forderte Menschenopfer. In Ägypten war Astarte Ausdruck der weiblichen Anziehungskraft; hier übernahm sie endgültig das Symbolzeichen, das später auch auf die griechischen Göttinnen Aphrodite und Kybele überging.

Venus, so berichtet Kerényi[86], »war eine besonders liebesbedürftige, aber auch grenzenlose Liebeslust spendende Göttin«; ihr gehörte der leuchtendste Stern am Firmament, der eines Tages selbst Helios herausforderte. Folgendes wird über ihre Geburt berichtet: Fische fanden im Fluß Euphrat ein wunderbares Ei, sie schoben es ans Ufer, eine Taube brütete es aus und so

wurde die Göttin geboren.[87] Während die Liebesgöttin im Orient als Astarte auftrat, war sie im westlichen Kulturbereich als Venus-Aphrodite bekannt. Deshalb haben wir in der Astrologie eine einzige Venus für zwei Tierkreiszeichen, Stier und Waage.

Mit unzähligen Hymnen an die Schönheit, Grazie und Weiblichkeit wurden die Mond- und Venusgöttinnen in der Mythologie besungen: »Die ehrwürdige, goldumkränzte, wunderschöne Aphrodite«, so besingt sie Homer in der sechsten Hymne an die Göttin, war aus dem Meer geboren, Tochter von Uranus und Gaia. Die grausame Geschichte von Uranus, der zum Entsetzen Gaias seine Kinder vernichtet und sodann von seinem Sohn Kronos entmannt wird, haben wir schon im Kapitel über den Steinbock erzählt. Nun setzen wir die Erzählung mit Hesiod fort: Aus dem unsterblichen Fleisch des abgeschlagenen Gliedes des Uranus, das Kronos ins Meer geworfen hat, bildete sich ein weißer Schaum, dem bei der Insel Kythera ein Mädchen entwuchs: Aphrodite, das holde Geschöpf, das wir in Botticellis Gemälde in ihrer erhabensten Form nach humanistischem Ideal der hellenistischen Skulptur dargestellt finden; sie verdankt ihre mythische Entstehung einem blutigen Opfer- und Sühneakt. Aphrodite-Venus, Symbol der Liebe, ging aus einem Kastrationsritus, einer Eviration hervor. Aus dieser Optik wird der Verlust der immanenten sinnlichen Dimension der Liebe verständlich: Die Liebe ist mehr als eine sexuelle Betätigung, und ihre Vollkommenheit kennt auch den *Schmerz*.

Aphrodite wurde von Göttern und Menschen mit freudiger Verwunderung aufgenommen. »Von Anfang an fiel ihr dieser Teil und dieses Amt unter den Menschen und Göttern zu: Das Geflüster der Mädchen, das Lachen und Schäkern, die süße Lust, die Liebe und die Milde.«[88]

Anderen mythologischen Quellen zufolge soll Aphrodite aus einer Muschel geboren sein, weshalb sie mit der Perle assoziiert wird; auch verbinden sich mit ihr viele, recht komplizierte Liebesgeschichten, die wir allerdings hier nicht alle berücksichtigen können.

Die hellenistische Venus, Aphrodite, Inbegriff der Weiblichkeit und der sinnlichen Liebe, hat noch Züge von Astarte, die die animalische erdgebundene Liebe der Epoche des mithraischen Stierkultes versinnbildlicht.

Die griechischen Mythen beschäftigen sich eingehend mit ih-

ren Liebesgeschichten, von denen wir hier einige wiedergeben wollen. Neben Ares, dem schönen männlichen Gott und Rivalen des häßlichen und verkrüppelten, aber schlauen und erfinderischen Gott der Schmiede und Vulkane, Hephaistos, hatte Aphrodite auch den Hirten Anchises, Vater Äneas, zum Geliebten: Aphrodite, auf der Suche nach einem sterblichen Geliebten, da ihr Zeus verbot, die Götter zu lieben, irrte, von wilden Tieren verfolgt, in den Wäldern Kleinasiens, bis sie dem einsamen, schönen Hirten und Götterliebling Anchises begegnete, der vor seiner Hütte die Leier spielte. Sogleich entbrannte er in Liebe zur Göttin. Andernorts wird berichtet, daß Aphrodite Anchises auf dem Berg Ida begegnet sei und von unwiderstehlicher Liebe zu ihm erfaßt wurde. Sogleich eilte sie nach Zypern in ihren Tempel zu Paphos, ließ sich von den Chariten baden und balsamieren, legte ihre schönsten Kleider an und kehrte auf den Berg Ida zurück, wo sie Anchises verführte, ohne ihm ihre göttliche Natur zu enthüllen. Nach ihrer wunderbar sanften liebenden Vereinigung erstrahle Aphrodite in all ihrer olympischen Pracht und Schönheit, so daß Anchises ganz erschrocken ihre göttliche Natur erkannte, doch die Göttin beschwichtigte ihn und im Namen ihrer Liebe sagte sie ihm die Geburt eines Sohnes voraus, der ein großer Held und Sieger über alle Trojaner werden sollte.

Eine andere Legende berichtet von König Pygmalion, der sich in eine Elfenbeinstatue der schönen Göttin sterbens verliebte, als wäre sie eine lebendige Frau. Seine bedingungslose, liebevolle Hingabe war so groß, daß Aphrodite, von Mitleid gerührt, die Statue in eine lebendige Frau verwandelte. Aus dieser Liebe wurde Paphos geboren, die den Kult der Aphrodite einführte. Auch aus dieser Geschichte ersehen wir die Großzügigkeit der Göttin jenen Männern gegenüber, die sie ehrlich liebten. In ihrer Liebesbeziehung zu Adonis finden wir eine weniger ausgeglichene, weil allen Sinnen der Liebe verfallene, allerdings noch großzügige Aphrodite. Wir bringen hier die Version aus den *Metamorphosen* von Ovid, die selbst in der Übersetzung die dichterische Spannkraft dieser mythischen Erzählung beibehält.

Aphrodite, in heißer Liebe zu Adonis entbrannt, vernachlässigt ihr eigenes Leben, bleibt von ihrer Kultstätte Paphos fern, vergißt über Cythera, Gnidus und Amathus und nähert sich auch dem Olymp nicht mehr; hingegen folgt sie überall ihrem Geliebten, vernachlässigt sogar ihre Schönheit, kleidet sich wie Diana

und zieht mit Adonis kreuz und quer über Berge, Wälder, Gestein und Gestrüpp. Sie mahnt den jagenden Adonis zur Vorsicht vor den wilden Tieren; vor allem solle er ihr zuliebe Löwen und Wildschweine meiden. Doch war ihr Flehen umsonst, denn ihr Geliebter fällt gerade einem Wildschwein, das er verletzte, zum Opfer. Aphrodite, die soeben im Begriffe war, auf dem Rücken eines Schwanes nach Cypern zu fliegen, hört die Todesschreie ihres Geliebten und lenkt den Flug des weißen Vogels der Todesstätte entgegen. Beim Anblick ihres toten Geliebten bricht sie in rasende Verzweiflung aus und verwünscht ihr Schicksal, das ihr auf so grausame Weise ihren Geliebten entrissen hat. Vom Wunsch getrieben, ein ewiges Zeugnis ihrer Liebe und ihres Schmerzes zu bewahren, sammelt sie das Blut des Adonis und bittet Persephone, es in eine Blume zu verwandeln. So entstanden die Anemonen, liebliche und sanfte Blumen.

Demnach bringt die Göttin der Liebe auch ein Affinitätsprinzip zum Ausdruck; alles menschliche und kosmische Geschehen entwickelt sich entlang der zweipoligen Affinitätsachse. Die Alchemisten definieren Affinität als die Tendenz eines Körpers, sich mit einem andern zu verbinden, wobei beide Körper sich zugleich an eine psychische Energie anschließen; die Affinität der Elemente, die laut wissenschaftlichen Untersuchungen eine grundlegende Rolle in allen Verwandlungsprozessen der Natur spielt, nährt sich von derselben Energie wie die Liebe, die einen Menschen mit dem andern verbindet. Das *solve et coagula* bzw. die Venus ist das psychologische Symbol für diese gewaltige Energie, die im Stier mit Astarte zum Ausdruck kommt, in der Waage hingegen als Aphrodite wirkt, da hier schon das Konzept der Wahlverwandtschaft gelebt wird.

In der Astrologie beherrscht Venus jede Form der Liebe und Gefühle. Sie symbolisiert das Maß für alles Schöne und Formvollendete, das mit Hilfe von Gefühlen, Wahrnehmungen und aktivierten Bildern aus dem Unbewußten erkannt wird.

Venus entspricht astrologisch dem Alter zwischen Kindheit und Adoleszenz, symbolisiert die blühende Schönheit in all ihren Manifestationen sowie die Geburt neuer kultureller Strömungen; zugleich ist sie das Prinzip der Annäherung, der Empathie und der Harmonie der menschlichen Beziehungen. In gewisser Weise symbolisiert sie die Agape und den Hieros Gamos.

Venus im Horoskop gibt Aufschluß über Gefühlskontakte und

Liebeskraft, über Gefühlswärme und Sensibilität, über die Fähigkeit, das Schöne und Erfreuliche zu erfassen. Mit Venus können wir auch die künstlerische Veranlagung feststellen; ihre Position ermöglicht die Bewertung der Ausstrahlung eines Menschen sowie Opferbereitschaft, Altruismus und Hingabe.

In der Tiefenpsychologie entspricht die Venus allen ihren mythologischen Bedeutungen und Symbolen. Während der Mond dem Archetyp der Frau entspricht, ist die Venus die Liebe, das Gefühl schlechthin. Vom dynamischen Gesichtspunkt symbolisiert sie die Projektionskraft eines inneren Bildes auf ein Liebesobjekt. So kann zum Beispiel in einem weiblichen Horoskop eine von Saturn, Uranus oder Mars negativ aspektierte Venus, überdies mit Sonne oder Mond in Quadratur, auf Begegnungen und Beziehungen zum andern Geschlecht hindeuten, doch ist fast mit Sicherheit anzunehmen, daß zumindest eine dieser Beziehungen sehr schmerzhaft, wenn nicht geradezu tragisch enden wird. Aphrodites Schicksal mit Adonis wiederholt sich symbolisch beim Verlust eines geliebten Menschen oder bei der Trauer um einen Liebespartner. Eine Venus im zwölften Haus mit guten Neptun-, Sonne- oder Marsaspekten mag auf geheime Liebe hindeuten, wie Aphrodite sie mit Ares oder Anchises hatte: Hinter einem jeden mythischen Thema steckt eine subjektive psychodynamische Handlungsweise, nur eine Tendenz, eine Möglichkeit, nicht aber ein starres Schicksal!

Nach C. G. Jungs gründlicher Auseinandersetzung mit dem inneren Mutterbild[89] können wir sagen, daß Venus in einem Horoskop auch die *erotische Projektion* einer hyperaktiven oder *phallischen Mutter* sein kann, wodurch sie zum Symbol des Schlechten wird, die Weiblichkeit aus ihrem Gleichgewicht bringt und Leidenschaften entfacht, wie wir sie aus dem Mythos von Ischtar und ihrer Beziehung zu ihrem Sohn Tammuz kennen.

In ihren negativen Aspekten deutet Venus auf Gefühlsstörungen hin, die bis zur Verweigerung der Liebesbeziehung gehen können; auch kann es hierbei leicht zu Gefühlslosigkeit, Perversion oder zur Inflation stark oblativer Erwartungen kommen.

Venus negativ zu Sonne, Mond, Mars oder Saturn bedeutet meistens primärer Liebesmangel, wobei das Individuum unbewußten negativen Gefühlen dem Liebesobjekt, das man ihm »verweigert«, ausgeliefert ist. In diesem Fall wird die Liebe als eine notwendige *Entschädigung* gefordert – Melanie Klein –,

während sich das Individuum in narzißtischen Forderungen verschließt: Venus als Liebesakt und Selbsthingabe bleibt ihm unbekannt. Dieser Venusaspekt, den wir mit der negativen Mondmutter vergleichen können, finden wir meistens bei Menschen mit latenter oder manifester Homosexualität oder Transsexualität mit hermaphroditischen Zügen (hierbei sei an die Liebe Aphrodites zu Hermes-Merkur, ihrem geliebten vermutlichen Bruder, erinnert).

Die griechische Mythologie kennt unzählige Personifikationen Aphrodites. Manchmal können wir sogar Lilith oder Empusa in ihrem Bild erkennen: Dies beweist die psychologische Vielgestalt der Liebesgefühle und warnt uns zugleich, Venus und ihre Eigenschaften astrologisch zu schematisieren. Nichts ist schwerer zu erfassen als die Liebe in ihrer Vielfalt, in ihrem Reichtum, ihrer Wandelbarkeit und ihrer Wandlungsfähigkeit; deshalb ist auch Venus nur ein allumfassendes, nicht aber ein spezifisches Liebessymbol.

Der Merkur

☿

Der schnellste und zugleich kleinste Planet unseres Sonnensystems spielt in der griechischen und römischen Mythologie eine ganz bedeutende Rolle. Zwar kannten schon Assyrier und Babylonier diesen Planeten, doch ist die Dokumentation diesbezüglich sehr ungenau. Hermes-Merkur der griechischen Mythologie entspricht den ägyptischen Gottheiten Anubis und Thot. In unserer abendländischen Kultur symbolisiert Merkur die Alchemie, die Astrologie und die Chemie griechisch-römischer Herkunft.

Das Ideogramm dieses Planeten entspricht einem Kreis auf einem Kreuz; über dem Kreis liegt ein horizontaler Halbmond. Dieses Zeichen ergibt sich praktisch aus der Verbindung von Venus und Stier[a]. Das Adlersymbol statt des Halbmondes dürfte einer älteren Darstellung entsprechen[b]:

[a] ☿ ; [b] +, ○, ♉, ☿.

Die Deutung dieses Symbols ist sehr komplex. Zweifellos haben wir hier wieder die Vereinigung von Geist (Kreuz) und Materie (Kreis) mit Hilfe des zusammengesetzten Stiersymbols, auch erkennen wir in diesem Zeichen das Symbol für das menschliche Opfer – Kreis und Kreuz –, das im Mondprinzip oder im Adler vergöttlicht wird. Die Idee der Vereinigung von Himmel und Erde macht Merkur zum Vermittler zwischen Gott und Mensch, zwischen Transzendenz und Immanenz. Die merkurische Energie ist für die alchemistische Verwandlung nach dem aktiven Prinzip der Übertragung und der Transmutation grundlegend. Die merkurische Energiebewegung strebt den vier Kardinalpunkten entgegen; wahrscheinlich wurden die Hermesstatuen nach diesem esoterischen Gesichtspunkt an den Wegkreuzungen mit dem Epitheton der »Tetrakephalos« oder der »Vier Köpfe« aufgestellt, um über die bösen Geister, die aus den vier Hauptrichtungen kamen, zu wachen.

Die griechische Mythologie macht uns mit Hermes als Sohn

des Zeus und der Maia bekannt, wie aus der homerischen »Hymne an Hermes« sowie aus Kerényis mythologischen Aufzeichnungen hervorgeht. Maias göttlicher Ursprung ist unklar; sie wohnte in einer Grotte des Berges Kyllene in Arkadien und wurde mit der Nacht verbunden. Man nimmt an, sie war eine der Plejaden oder sieben Mädchen, die der Himmel der Erde raubte und als Sterne in die Konstellation des Orion setzte.

Es wird berichtet, daß Zeus des Nachts, während Hera schlief, Maia aufsuchte und sich mit ihr in Liebe vereinte. Erst nach zehn Monaten, nachdem Maia einem holden Knaben das Leben geschenkt hatte, erfuhren Götter und Menschen von dieser geheimen Liebe des Göttervaters. Kurz nach seiner Geburt verließ Merkur die Wiege und streifte gegen Mittag bereits durch die Wälder, schnitzte aus einem Schildkrötenpanzer eine Leier, der er liebliche Kläge entlockte. Als es Abend wurde, raubte er Apollos Rinder. Hermes-Merkur war ein schlauer Jüngling, flink, gewandt und listig als Rinderdieb, nächtlicher Spion und Türlauscher.

Homer beschreibt Hermes als einen *puer divinus* und Schelm der Götter. Dieser Wunderknabe wird als heilig angesehen: Sein erstes Unternehmen besteht darin, daß er die auf listige Weise gestohlenen Rinder tötet und ihr Fleisch in zwölf gleiche Teile, der Zahl der olympischen Götter entsprechend, aufteilt.

Das andere Wunder, das er vollbringt, ist die Anfertigung der Leier und die Versöhnung mit Apollo, da er mit dem »zwölften Gesang« Seligkeit in ihm erweckt. Er tauscht die Leier gegen Apollos Hirtenstab aus, der göttliche Kraft innewohnt und Reichtum und vieles andere hervorzaubern kann, wie die Weissagung der Bienenschwestern des Parnaß besagten; ferner gibt er Macht über die Tiere und verleiht Merkur das Amt des Vermittlers zwischen Olymp und Unterwelt. Deshalb wird er auch »Psychopompus«, Seelenführer, genannt. Rasch, brillant, schlau, von großer Überredungskunst, außergewöhnlicher Beweglichkeit und raschem Handeln, mit dem er Götter und Menschen in Verwunderung bringt, unvoreingenommen und subtil: das sind Hermes' wesentliche Eigenschaften. Mit den Angelegenheiten der Götter und Menschen vertraut bringt er allen Hilfe, kennt aber keine moralischen Prinzipien. Ursprünglich wurde Hermes als Phallussymbol angesehen; erst aus späterer Zeit stammt die Darstellung mit dem Knabenkopf. Daraus geht hervor, daß der Her-

meskult sich auf höhere geistige Erkenntniskräfte bezog. Expansion, Kommunikation und Wissen machen diesen Boten der Götter zu einem Symbol der Amoral, nachdem Erlernen und Erkennen weder moralischen Gesetzen noch Gewohnheitskategorien unterworfen sind. Merkur-Hermes ist nicht nur ein geflügelter Bote mit einem wohlgeformten Körper gleich Narziß, noch ist er für die Astrologie einzig und allein Ausdruck assimilierender und differenzierender Intelligenz; vielmehr umfaßt seine symbolische Bedeutung alle koordinierenden Fähigkeiten der Intelligenz sowie das gesamte Ich oder Bewußtsein. Deshalb steht er als mythische Gestalt und astrologisches Symbol allen rationalen und kulturellen Kategorien fern; er ist Ausdruck der Irrationalität, die sich weniger durch einen Akkulturations- oder Intellektualisierungsprozeß, sondern durch eine harmonische Koordination und Assimilation der Lebenserfahrungen wandelt.

Dies wollen wir genauer erklären, um Merkur in seiner astrologischen Bedeutung endgültig von qualitativen Projektionen, die ihn als einen kühlen Intellektuellen stempeln, als wäre er Ausdruck einer Verbindung von Moral, Intellekt und Bewußtsein, zu befreien. Erinnern wir uns, daß Hermes, knapp nach seiner Geburt, zu einem Dieb wird, Mutter und Bruder betrügt, eine Schildkröte tötet, um aus ihrem Panzer ein Instrument zu formen und später öfters seinen Bruder Apollo zu seinem eigenen Vorteil hintergeht. Dies bedeutet, daß Hermes in erster Linie die intelligente Anpassung an die Umwelt nach dem Gesetz von Instinkt und egozentrischer Vorteilssuche darstellt, zu der auch Zynismus, Schlauheit, List, ja sogar Kaltblütigkeit gehören. Hermes ist der *puer,* der sich mit seinem raschen Handeln über die »Gesetze der Erwachsenen« hinwegsetzt; er ist stark, denn seine Libido ist frisch und unfrustriert, und er lebt mit allen Dimensionen der Wirklichkeit in Harmonie. Er ist der befreite Schöpfer, Eros in *statu nascendi.* Hermes' erste erotische Manifestationen äußern sich in seiner Liebe zu Persephone und Brimo. Verschiedenen Quellen zufolge unterhielt er auch eine wesentliche Liebesbeziehung zu Aphrodite, die zugleich Artemis sein konnte, jedenfalls war sie eine innerhalb des phallischen Kulturbereichs der Kabiren und Daktylen verehrte Göttin. Hermes und die Göttin waren vielleicht Sohn und Mutter, Bruder oder Schwester, so meint Hesiod. Aus ihrer Verbindung wurde Eros geboren, der Gott der Liebe. Verstehen wir unter dem Symbol

dieses mythischen Gottes das psychologische Grundwesen des Eros als Lebensenergie, so entspricht Hermes-Merkur einer diesem Trieb vorangehenden Funktion und Instanz; das merkurische Energieelement geht der esoterischen Kraft oder Libido voraus.

Aus der Liebe zwischen Hermes' Sohn und Aphrodite geht Hermaphroditus hevor, Ausdruck der androgynen »Mann-Frau«-Natur des Menschen; er entspricht jenem Archetyp, der aus der primären Fusion von Sohn-Mann und der »großen Göttin der Liebe«, der *magna mater,* entstanden ist. Merkur weist auch auf die sexuelle und psychische Polarität hin, im Gegensatz zu Narziß, der, in sein eigenes Spiegelbild verliebt, in den klaren Wassern des Helikon unglücklicherweise ertrank.

Hermes steht mit den für die Umweltbeziehung notwendigen Verhaltensweisen in Verbindung. Merkur in den Zwillingen, wie wir aus der Mythologie entnehmen.

Hermes, der sich einer erheblichen Beachtung der Götter erfreute, ermöglicht den Austausch von Intelligenz und Phantasie, wie wir aus seiner Beziehung zu Apollo erkennen; erst der Merkur des Jungfrauzeichens vereint harmonisch alle Funktionen des Bewußtseins, hier beherrscht er die Aktivität des Ich. Wir wollen grundlegend seine Symbole, wie sie in den beiden von ihm beherrschten Tierkreiszeichen zum Ausdruck kommen, unterscheiden: Merkur der Zwillinge ist der Hirte mit dem goldenen dreiblättrigen Stab, Prinzip der instinktiven, natürlichen Aneignung und Assimilation. Der Merkur der Jungfrau hingegen besitzt den berühmten *Caduceus,* den heiligen Stab, um den sich zwei Schlangen winden, die dem oberen Ende zustreben, das in ein ausgebreitetes Flügelpaar mündet. Der Caduceus charakterisiert sowohl die Evolution des Hermes-Merkur als auch seine mythische Bedeutung, wie sie vollends in der Jungfrau zum Ausdruck kommt. Der merkurische Caduceus ist das Sinnbild für das Gleichgewicht zwischen Vernunft und Trieb, zwischen guten und schlechten Kräften auf menschlicher wie kosmischer Ebene, zwischen Wasser und Feuer; er symbolisiert das Urchaos, das sich in zwei entgegengesetzte Kräfte polarisiert, die sich um eine Achse bewegen; er entspricht dem Tao oder dem göttlichen Heil (Analogie zum Caduceus des Aeskulap, der die Medizin und das Gleichgewicht zwischen Soma und Psyché widerspiegelt) und der Harmonie kosmischer Aufbaukräfte. Alle diese symbolischen

Gegebenheiten entsprechen dem Wesen des Hermes-Merkur als Vermittler und Gestalter der Beziehung zwischen Göttern und Menschen; er begleitet die Toten als chthonischer Führer in den Hades und beherrscht den Austausch der verschiedenen Lebensfunktionen. Doch ist im merkurischen Caduceus schon die Harmonie der Begegnung zwischen Mann und Frau, männlichem und weiblichem Prinzip in der archetypischen Verschmelzung des androgynen Hermaphroditen enthalten.

Wie bereits erwähnt, entstand Eros aus der Beziehung von Hermes und Aphrodite; aus seiner Liebe zur Nymphe Salmakis entstand Hermaphroditos. Athenagoras oder Macrobius, von Gebelin zitiert, besagen, daß der Caduceus Sonne (Mann) und Mond (Frau) symbolisert, die sich im Laufe eines Jahres trennen und in den Konjunktionsaspekten, Eklipsen und Parallelen entlang ihrer Bahnen vereinen.

Im merkurischen Caduceus stabilisieren sich die entgegengesetzten Kräfte durch ihre Integration; das gleiche haben wir im psychologischen Evolutionsprozeß des Menschen. Bei den Römern galt der heilige Merkurstab als Ausdruck des Kampfes entgegengesetzter biologischer und moralischer Kräfte und Prinzipien. Hermes ist demnach auch die Dualität und Polarität, aus der eine neue, authentische individuelle Moral »jenseits von Gut und Böse« hervorgeht: Der Stab kennzeichnet die Macht, während die beiden Schlangen der Besonnenheit entsprechen, die beiden Flügel symbolisieren Ordnung und Beherrschung, und schließlich bedeutet des Hermes geflügelter Helm die Erhöhung des Geistes. Zur Vervollständigung der caduceischen Symbolik, wie sie Merkur in der Jungfrau zum Ausdruck bringt, soll daran erinnert werden, daß im esoterischen Buddhismus sowie im Tantrismus der Merkurstab der »Weltachse« entspricht, während die beiden Schlangen die Kundalini symbolisieren, jene mächtige und zugleich gefürchtete Vitalkraft, die – in Form einer eingerollten Schlange – an der Rückgratbasis schläft, sich bei ihrer Erweckung in den »Chakras« manifestiert und zuletzt durch den Scheitel dem Körper entweicht.

Der Caduceus, den Merkur schüttelt, um die Menschen einzuschläfern oder aufzuwecken, steht auch für die komplexe Natur des Menschen und seine vielgeschichtigen Entwicklungsmöglichkeiten. Es sei nochmals gesagt: Im Zwilling herrscht Hermes-Merkur mit dem Hirtenstab, der noch eine begrenzte Macht im

Bereich des Ackerbaus, des Wissens, des Handels und der Bereicherung besitzt. Der Caduceus hingegen bedeutet den ganzen Menschen mit allen seinen potenziellen Fähigkeiten. Während Hermes-Merkur in den Zwillingen ein *puer aeternus* bleibt, der danach trachtet, die Gegensätze zu vereinen und die Erfahrungen zu ordnen, bedeutet Merkur in der Jungfrau die bereits verwandelte Intelligenz, die den qualitativen Sprung gemeistert hat und auf der goldenen Ebene der Alchemie gelandet ist. Der Merkur der logischen Intelligenz (Zwillinge) wird hier zur Intelligenz des *Logos* (Jungfrau). Nun steht der Weg in die Metaphysik endgültig offen.

Merkur in seiner astrologischen Bedeutung vereint alle seine mythischen Eigenschaften und manifestiert sich als Harmonie zwischen inneren Trieben und Umweltforderungen, Vermittler zwischen Individuum und Umwelt.

Merkur bestimmt den Grad der Sozialisierung eines Menschen sowie die Art und Fülle seiner zwischenmenschlichen Beziehungen. Sprache, Schrift, Geste, kurz jede Form der Kommunikation wird von Merkur beherrscht. Astrologisch entspricht er der Lebensperiode zwischen später Kindheit und Adoleszenz. Zusammen mit Saturn, dem das Gedächtnis und die Vorstellungsgabe unterstellt sind, ist Merkur ein wesentlicher Bestandteil des *intelligere.* Der astrologische Einfluß dieses Planeten läßt auch auf seine psychologische Bedeutung schließen: Er symbolisiert den logisch-sprachlichen Adaptionsprozeß unter Aufnahme und Verdrängung von Sinneswahrnehmungen und Triebimpulsen; auch lenkt er die Verteidigungsmechanismen gegenüber den inneren und äußeren Stimuli (eine typische Funktion des Ich).

Mit Hilfe von Merkur kommt es zur differenzierten Bewußtseinsentfaltung, frei von Gefühlsanhaftung, die für das Mondstadium des Krebses so typisch ist. Merkur als Archetyp des *puer* läßt uns im Sinne der Tiefenpsychologie erkennen, ob das Individuum diesen fundamentalen Strukturteil der Persönlichkeit in Harmonie mit dem entsprechenden Persönlichkeitsteil des *senex* integriert und auf welcher Ebene. Aus einer mehr eschatologischen Optik fördert Merkur das Ichbewußtsein und das Begreifen seines eigenen Schicksals.

Je nach Position und Aspekten in einem Horoskop gibt Merkur Aufschluß über Art und Grad der Intelligenz, der Assimilationsfähigkeit und der Beziehung zwischen Ich, Es und Über-Ich.

Spricht man in der Astrologie von einem guten Merkur, so meint man im allgemeinen damit einen regen Geist, Redegewandtheit, Anpassungsfähigkeit, Unbefangenheit und Gewandtheit im sozialen Verhalten.

In der menschlichen Anatomie bezieht sich Merkur auf das zentrale und vegetative Nervensystem sowie auf die Primärfunktionen der Psyche. Ein Merkur in negativem Aspekt zu Sonne, Mond, Neptun oder Uranus kann in manchen Fällen auf große seelische, sprachliche oder motorische Störungen hindeuten. Eine etwas unzulängliche Tradition der Astrologie sieht in einer perfekten Konjunktion zwischen Merkur und Sonne in bestimmten Tierkreiszeichen die Möglichkeit einer starken nervlichen Belastung, psychomotorischer Störungen oder eines asozialen Verhaltens (wie es der Mythos will: Hermes, Gott der Diebe und zugleich er selbst Betrüger). Ein von Mars oder Saturn beherrschter Merkur betont die Rationalität und gibt dem Gefühl eine gewisse Härte.

Apollo ist Hermes' Bruder; deshalb steht Merkur auch für Geschwister und Blutsverwandte. Die rasche und geradezu unsichtbare Mobilität des mythischen Gottes gibt dem astrologischen Merkur auch die Bedeutung für kurze und rasche Reisen, häufige Ortsveränderungen und ist ein allgemeines Symbol für die Kommunikation.

Der Jupiter

♃

Jupiter, Planetenherrscher des Schützen, leitet seinen Namen vom olympischen Göttervater Zeus ab, dessen Ursprung mit Sicherheit in Achea liegt, das später zu Griechenland zählte. Der Name Zeus enthält die griechische Wurzel *dzeu,* die der Bedeutung »leben« nahekommt. Bei den Römern hieß der Göttervater Jupiter, »Vater des Lichtes«. Die Juden hingegen leiten den Namen Zeus von *zedek,* das »gerecht« bedeutet, ab. Diese drei Ethymologien erklären uns die Bedeutung des Zeus als Lebens-, Kraft- und Lichtquelle, als Prinzip der Gleichheit und Gerechtigkeit.

Das Ideogramm dieses Planeten ist in seiner Aussage komplex: es besteht aus dem Raum-Zeit-Materie-Kreuz, von dessen linker Querachse eine Hyperbelkurve nach oben geht, die wir auch bei Saturn finden; allerdings bedeutet die Hyperbel bei Jupiter die ins Unendliche reichende Gefühlsspanne.

Betrachten wir kurz die griechische Wortwurzel für »Hyperbel«: *uper* bedeutet »darüber hinaus«, *ballo* heißt »schleudern«; so können wir uns die energetische Bedeutung Jupiters erklären. In der nach oben gehenden Hyperbelkurve sehen wir die Tendenz zum Übersinnlichen. Diese dynamische Metapher kann auch eine Assoziation zu Bogen und Pfeil des Kentauren erwekken.

Einer esoterischen Deutung zufolge muß der Pfeil des Schützen in die Richtung Steinbock-Fisch gehen, da diese beiden Ziele die geistige und metaphysische Verwirklichung und zugleich die Integration des Selbst darstellen.

Auch können wir in Jupiters Ideogramm eine Annäherung an die Zahl Vier erkennen; so sind die natürlichen Elemente des Tierkreises vier: Feuer, Erde, Luft und Wasser. Multipliziert man die vier Elemente mit der Energiedreiheit (kardinal, fix, beweglich), so haben wir die *zwölf* Tierkreiszeichen.

Einer derartigen mathematischen Operation, die nicht nur an die Numerologie, sondern auch an den alchemistischen Prozeß

erinnert, entnehmen wir die Bestätigung, daß das Jupiterprinzip ganz eng mit dem Tierkreis verbunden ist, ja daß dieses Planetensymbol sogar jenes *medium* darstellt, das die statische Natur – die vier Elemente – mit der dynamischen Energiedreiheit verbindet (kardinal, fix, beweglich); daraus folgt die Lebensharmonie.

Vor allem gibt uns die griechische Mythologie die Möglichkeit, die große Bedeutung Jupiters als Planet und Archetyp des Gottvaters sowie als Symbol für die menschliche Vollkommenheit zu erkennen. Sie bietet uns dafür zahlreiche Mythologeme, die wir aber nicht alle anführen können. Wir wollen hier die bekanntesten mythischen Geschichten über den Götter-Vater wiedergeben und daran Wesen und Eigenschaften Zeus-Jupiters analysieren.

Die Geburt des Zeus ist allein schon eine dramatische Geschichte, die die Bedeutung der Vorherbestimmung und des eschatologischen Schicksals hervorhebt. Rhea, Kronos' Gattin, schenkte Zeus des Nachts am Berge Licheus in Arkadien, das Leben. Die Göttin war in großer Sorge um den Neugeborenen, denn Kronos, der seine Entmachtung, wie ihm prophezeit wurde, durch seine Kinder fürchtete, hatte bereits Estia, Demeter, Hera und Poseidon verschlungen. Um Zeus vor dem Schicksal seiner Geschwister zu bewahren, tauchte ihn Rhea in den Fluß Neda und überließ ihn der Mutter Erde. Diese brachte den Neugeborenen auf Kreta und hielt ihn in einer Grotte versteckt. Von hier an stimmen die Quellen über das Heranwachsen des Zeus nicht mehr überein. Wir geben die meistverbreitete Version wieder, derzufolge Zeus liebevoll von den Nymphen Io und Adrasteia aufgenommen und von der Ziegennymphe Amaltheia großgezogen wurde. Dank einer göttlichen Eingebung wickelte Rhea einen Stein in Tücher und reichte ihn Kronos, der ihn, darin Zeus vermutend, sogleich verschlang. So konnte Zeus heranwachsen, während Kronos zu spät die Überrumpelung bemerkte: Zeus entthronte seinen Vater und zwang ihn, den Stein und alle verschlungenen Kinder wieder auszuspucken. Sodann brachte er den Stein auf den Parnaß und stellte ihn in Delphi als Symbol der Freiheit auf. Neben der Befreiung seiner Geschwister gelang es ihm auch, die Ketten der Zyklopen, die den Großvater Uranus in einem paranoischen Delirium gefangenhielten, zu lösen. Aufgrund dieser Tat erhielt Zeus Blitz und Donner als

Waffen und als Zeichen unbegrenzter Macht und Gerechtigkeit. Der tiefere Sinn dieses Mythos geht weit über das chronologische Geschehen hinaus. Zeus-Jupiter tritt im Generationskonflikt in Aktion, der sich in der neuen, aufgewerteten Position des Sohnes gegenüber dem Vater widerspiegelt. Mit Uranus und Kronos bleibt die Figur des verschlingenden, tyrannischen Vaters, der seine Kinder tötet, erhalten. Mit Zeus beginnt für die griechische Mythologie die Auseinandersetzung mit der Liebe und der Gerechtigkeit, denn er unterbricht das Blutopferritual und gebietet zum Leben. Ein Äquivalent in der christlichen Religionsgeschichte können wir im Kindermord des Herodes und in der Rettung des Jesuskindes durch die Flucht nach Ägypten feststellen. Jesus kehrt erst nach Bethlehem zurück, als die autokratische Macht der Römer für ihn keine Gefahr mehr darstellt. Zeus und Jesus sind zwei Beispiele der Opposition zum destruktiven Vater, um das Leben zu erhalten. Der Mythos berichtet von der Opposition zu Kronos, die Bibel berichtet von der Opposition zum Tyrannen-Vater, der sich mit den römischen Gesetzen identifiziert. So kommt es zur Menschwerdung Gottes, um das Menschenleben vor der willkürlichen, destruktiven Macht zu bewahren. Daher ist die erste und wichtigste Rolle Jupiters die Erhaltung des Lebens und die Lebensbejahung. Mit ihm wird sogar der eschatologische Sinn des Lebens bestätigt: Alles Irdische ist vergänglich und die Quelle zu Leid. Das Ziel des Menschen ist die Unsterblichkeit, die Transzendenz, das Göttliche. Jupiter im Schützen öffnet das Tor zum Himmel, zur Individuation, zur metaphysischen Gottsuche.

Um weitere symbolische Eigenschaften Jupiters, wie seine Bedeutung für die transzendente Erweiterung und das Heilige, eindringlicher darzustellen, wollen wir die Geschichte von den Giganten und die von Typhon geführte Revolte gegen den Olymp näher betrachten. Wir suchen in diesem Mythos ein religiöses und vielleicht auch philosophisches Fundament: Der Konflikt zwischen Immanenz und Transzendenz, die Dualität zwischen Geist und Materie, der ewige Kampf zwischen Himmel und Erde. Jupiter entspricht in diesem mythischen Geschehen dem Prinzip des Guten, das das Böse bekämpft; es geht um das existentielle Drama des Menschen, das »Endliche«, das sich Gott und dem Unendlichen im Versuch, die Antinomie zu überwinden, entgegensetzt. Dieser mythische Leitfaden entspricht der

Idee des Sündenfalls, wiederholt auch die Revolte gegen den Vater.

Der Kampf zwischen Typhon und Zeus entspricht dem konflikthaften Zusammenprall zwischen dem Licht der bewußten Erscheinungsformen und dem Schatten der finsteren dämonischen Kräfte, zwischen Bewußtsein und Trieb, wo Eros noch mit der blinden dionysischen Vitalenergie vereint ist. Dieser mythischen Situation liegt die Unvereinbarkeit zwischen undifferenzierter Triebenergie – alle freigewordenen verdrängten Inhalte – und Forderungen des Ich zugrunde.

Die Giganten, Brüder der Titanen, waren die vierundzwanzig Söhne der Mutter Erde, riesige, furchterregende Kreaturen mit einem Menschenober- und einem Schlangenunterkörper, ein Zeichen brutaler Sexualität und primordialer Triebkraft. Der Sturm auf den Olymp brachte den Giganten eine grausame Niederlage und ihre endgültige Vernichtung.

Daraufhin wollte sich die Mutter Erde rächen (hier muß sie als destruktive Mutter betrachtet werden, die die Seelenkräfte ihrer Söhne mit inzestuösen Triebenergien identifiziert): Sie vereinte sich mit Tartaros und gebar Typhon, das größte Ungeheuer, das es jemals zwischen Himmel und Erde gegeben hat.

Typhon – halb Mensch, halb Tier, war riesig, Kopf und Beine waren ein Schlangengewirr. Sein Körper war mit Flügeln besetzt, und aus Mund und Augen zischten Flammen. Seine Riesengestalt überragte alle Berge; er konnte mit dem Kopf die Sterne berühren, während seine Arme sich weit über die Horizonte ausbreiteten.

Typhon stürzte angriffsbereit dem Olymp entgegen, doch bei seinem fürchterlichen Anblick flüchteten die erschrockenen Götter nach Ägypten, wo sie sich in Tiergestalten verwandelten, um nicht erkannt zu werden. Zeus nahm die Gestalt eines Widders an, Apollo die eines Raben; Dionysos verwandelte sich in eine Ziege, Hera in eine Kuh, Aphrodite in einen Fisch, Hermes in einen Ibis. Dieses mythische Ereignis führte wahrscheinlich die ägyptischen Kulte der tiergestaltigen Gottheiten Amon, Thot und Isis ein. Endlich mußte sich Zeus Typhon im Kampfe stellen, wurde aber von diesem gefangen und an den Händen verletzt, da ihm Typhon die Sehnen herausschnitt. Hermes fand die Sehnen, eilte Zeus zu Hilfe und befreite ihn aus seiner Gefangenschaft. Zeus kehrte auf den Olymp zurück und jagte das herausfor-

dernde Ungeheuer Typhon mit Blitz und Feuer, konnte die Berge überwinden, die ihm Typhon entgegenrollte, und verfolgte ihn bis nach Sizilien, wo er seinem Todfeind den Ätna entgegenschleuderte, unter dessen Gewicht dieser jämmerlich zugrunde ging. Es heißt, der Berg spucke heute noch Feuer, die von Typhons Gewalt und Agonie Zeugnis geben.

So besiegt das Licht die Finsternis, und die aus der Erde geborene Gewalt wird von der Standhaftigkeit Zeus-Jupiters vernichtet. Nirgends in der Mythologie finden wir die Schilderung eines so grausamen Kampfes zwischen Himmel und Erde, zwischen Materie und Geist, zwischen Schatten und Bewußtsein.

Neben dieser numinosen Bedeutung bringt Jupiter Wohlstand, Üppigkeit und Freude. Auch gehören Zeus' Liebschaften entscheidend in sein Charakterbild, denn eine jede Geliebte betreut bestimmte Aspekte des Götter- und Menschenschicksals: Seine Nachkommenschaft besteht aus einer Fülle von ordnenden Gottheiten. Metis, die weise, reiche und gerechte Göttin, war seine erste Gattin. Doch als Zeus durch eine Weissagung erfuhr, daß sie ihm einen Sohn gebären könnte, der ihn entmachten würde, verschlang er sie und mit ihr das Prinzip der Erkenntnis. Später brachte er mit Hephaistos' und Prometheus' Hilfe Athene aus seinem Kopf hervor. In diesem Mythos wird die Introjektion des weiblichen Bildes und die Verwandlung der Anima aus einer physischen Entität in ein »Produkt« des Gedankens offenbar.

Themis war Zeus' zweite Gemahlin; sie war die gute und rasche Ratgeberin der Götter und Menschen. Ihr Name erklärt ihre Bedeutung: Themis heißt »Regel der Natur«, Harmonie der Geschlechter, Friede mit den Göttern. Sie gebar die Horen, die bestimmt waren, über das Tun und Treiben der Menschen zu wachen, daher »Zeitregel«.

Danach kamen die Moiren auf die Welt, die die Fähigkeit besaßen, den Menschen Leben, Zeit und Tod zu gewähren. Mnemosyne war ebenfalls eine Geliebte des Zeus; sie beherrschte die Erinnerung an die Dinge und die Hochzeiten. Sie gebar Zeus neun Töchter, die neun Musen, die die Aufgabe hatten, den Menschen ihr Leid zu erleichtern und ihren Geist zu erquikken. Eurynome, Tochter des Okeanos, gebar aus der Vereinigung mit Zeus die Charitinnen; sie kann als Personifikation von Aphrodite angesehen werden. Weitere Geliebte des Göttervaters waren Demeter, die ihm Persephone gebar, die schöne

Leto, Mutter des Apollo und der Artemis, und Nemesis, die Tochter der Nacht, deren Name »gerechter Zorn« bedeutet; sie wandte sich gegen alle jene, die Gesetze und Ordnung der Natur mißachteten. Nemesis wollte den Liebesbedrängungen des Zeus nicht nachgeben und floh vor ihm: Sie versteckte sich im Ozean, aber Zeus folgte ihr nach. Da verwandelte sie sich zuerst in einen Fisch, dann in eine Gans, doch Zeus nahm die Gestalt eines Schwanes an und vereinte sich mit ihr: aus dem Ei wurde Helena geboren, die den unmittelbaren Anlaß zum Trojanischen Krieg gab. Sie hieß auch Leda.

Die symbolische Rolle Jupiters liegt in der Darstellung der Grundarchetypen und der Bedürfnisse und Gesetze der menschlichen Existenz. Zeus' Liebesbeziehungen versinnbildlichen die Vielfalt manifestierter Seelenkräfte und heroischer Impulse.

Selten begegnen wir einem grausamen oder aggressiven Zeus: Seine Blitze und Donner sind Ausdruck seines gerechten Zorns; seine exekutive Macht will belehrend sein.

Neben der Sonne ist Jupiter Symbol für Wohlwollen, Lebensbejahung und höheres Gleichgewicht. In einem Horoskop bedeutet dieser Planet in erster Linie die optimistische und konstruktive Integration in die Umwelt, wie uns schon der Mythos von Zeus' Geburt und Kampf gegen Typhon veranschaulicht: Aggressive und destruktive Kräfte (Kronos und Typhon) werden bezwungen, damit sich Leben positiv entfalten kann. Seine lebensbejahende und Leben fördernde Bedeutung geht aus seiner Unterbrechung der Kette kannibalistischer Rituale und des Söhnemordes hervor, die seine Vorfahren praktizierten und die wahrscheinlich zu Urzeiten eine notwendige Voraussetzung für eine harmonische Beziehung zwischen Mensch und Gott waren. Dieser mythologische Hintergrund ermöglicht die Differenzierung zwischen planetarischen und archetypischen Faktoren für das introjizierte kannibalistische Thema – Zeus unterscheidet sich von seinen Stammvätern Uranus und Kronos – und bietet eine Interpretation der philogenetischen und ontogenetischen Entwicklung des Menschen. Nehmen wir an, daß die astrologischen Symbole die mythischen Grundthemen in der menschlichen Psyche wiederbeleben, so könnte endlich der Schleier über das große psychoanalytische Problem der archetypischen primären Objektbeziehung Mutter–Sohn, Vater–Sohn, gelüftet werden.

Arnold Rascovskys These über den *Söhnemord* – die Väter trachten nach dem Leben der Söhne, damit diese nicht ihre Herrschaft über Reich und Ehebett usurpieren –, die an die schon bei C. G. Jung gestreiften und von T. Reik, G. Roheim und Devereux[90] neubearbeiteten Ideen anknüpft, beruht auf der kastrierenden Provokation dem Sohn gegenüber und des dadurch ausgelösten Vatermordes als Verteidigungsreaktion. Hier muß ein Gedanke über die ödipeische Gefühlsambivalenz und das Aufkommen des Schuldkomplexes eingeschaltet werden. Der Sohn ist für den Vaterhaß und den daraus folgenden Vatermord nicht verantwortlich; auch darf das Inzesttabu und die introjizierte Identifikation nicht auf dem Schicksal des Sohnes lasten, denn somit würde die Problematik in einem Drama ohne Lösung und zugleich in einer unüberwindbaren Kampfesniederlage enden, da sich zwei ungleich starke Gegner gegenüberstehen. Vielmehr können wir in der Rebellion des Sohnes gegen den Vater, ja im Vatermord, einen legitimen Verteidigungsakt erkennen, um das Lebensrecht zu bewahren.

Die Rebellion des Sohnes gegen den Vater ist demnach eine notwendige Lebensfunktion. Kronos beseitigt seinen Vater mit Blutvergießen, um selbst nicht getötet zu werden. Zeus hingegen entmachtet Kronos auf unblutige Weise, um die schizo-paranoische Regression des Vaters, der eine konstante Bedrohung für das Leben des Sohnes darstellt, einzudämmen. Jupiter gilt demnach als Symbol für die Befreiung des Schuldkomplexes des beabsichtigten oder tatsächlichen Vatermordes. Aus diesem Gesichtspunkt wird Jupiter Sinnbild für den Triumph von Leben und Freiheit über Angst und Tod. Ödipus verteidigt sich statt zu fordern, zu wagen. Wir wollen hier betonen, daß Zeus nicht tötet: Der Mythos berichtet nur von der Entmachtung des kannibalistischen Vaters, wodurch es zum Stillstand des regressiven Prozesses und zur Beendigung der blutigen Auseinandersetzung zwischen Vater und Sohn kommt. Vom ontogenetischen Standpunkt ändert sich jetzt natürlich die psychologische Entwicklungsrichtung. Während Uranus und Kronos ihre Kinder zur Strafe introjizieren und somit deren Individualität auflösen, zugleich aber mit ihrer eigenen Seele in Konflikt geraten (der Schmerz von Gaia und Rhea), setzt sich Zeus-Jupiter dem Söhnemord entgegen, gibt den Götterkindern ihre Individualität und Identität zurück und hebt das erste Mal durch das Selbstopfer in

Beziehung zum Vater die Idee der Auferstehung in das Licht des Bewußtseins. Zeus schmerzt es, den Vater zu zwingen, die verschlungenen Kinder wieder dem Leben zurückzugeben. Hier finden wir eine Analogie zur Bibel: Gott, der Adam bestraft und damit zugleich seine Nachkommenschaft verdammt, wird mit dem Selbstopfer des Sohnes, womit dieser den Menschen die Möglichkeit zur Auferstehung zurückgibt, versöhnt.

Zeus-Jupiter stellt als erster (in der mythologischen Chronologie) das von den Eltern geprägte Über-Ich in Frage. Er ist Licht und Liebe und beseitigt jede Ambivalenz. – Somit haben wir die mythologische Auseinandersetzung mit dem Göttervater Zeus beendet.

Das introjizierte kannibalistische Ritual bleibt hingegen in den Mythen der Helden auch nach Zeus' Gesetzgebung lebendig: Medea tötet ihre Kinder aus Rache zu Jason, Agamemnon opfert seine Tochter Iphigenie, um Artemis zu versöhnen; Perseus erfährt die Verfolgung des Vaters, Pelops stirbt unter der Hand seines Vaters Tantalos. Jupiter ist auch Symbol für die Oralität, den Geschmack und die Befriedigung im psychologischen Sinn. Die Geschichte des Tantalos erzählt, welche Strafe Zeus ihm für den Mord an seinem Sohn Pelops erteilt: er legt ihm die berühmte Durstqual auf. Obzwar ihm das Wasser bis zum Munde reicht, kann Tantalos es nie erreichen, um seinen Durst zu stillen.

Es ist durchaus wichtig zu beobachten, wie der Mythos das Thema ausschließlich »psychoanalytisch« behandelt: in Tantalos wird die Oralität bestraft und frustriert. Daher ist die Ursache der Rivalität zwischen den Generationen sowie die aggressive Motivation zum Söhnemord in der elterlichen Oralität zu suchen.

Jupiter symbolisiert den Befriedigungsaspekt der Oralität und der Nahrungsaneignung und stellt das Gleichgewicht im vitalen Austausch wieder her.

Das Kraftfeld dieses Planeten, in welchem Horoskophaus er sich auch befindet, ist immer ein Faktor der Expansion, der Üppigkeit und der Gesundheit. Jupiter kann in Verbindung mit einem jeden Planeten seine schönsten Eigenschaften wirken lassen und Gegensätze entschärfen; er fördert die Extroversion und die harmonische Umweltbeziehung.

Jupiter im Schützen, in seinem Domizil, fördert die Erweiterung des Bewußtseins und des psychologischen Wissens; hier wird auch sein wahrer Wert auf moralischer und geistiger Ebene

am deutlichsten. Er betont die religiöse Komponente im Sinne der kindlichen Einfältigkeit, von der Christus spricht, – ebenso kann ein Aspekt mit Neptun eine religiös-mystische Neigung betonen.

Jupiter ist auch Sinnbild für Gutherzigkeit und gute Gesinnung; er fördert die einfache, friedliche Problemlösung. Im Kampf mit dem wilden Typhon unterliegt der unbewaffnete Zeus, doch wird er von andern Göttern (Merkur) gerettet. Hier kommt nicht mehr die absolut destruktive Aggressivität zum Ausdruck, denn das »Böse« siegt nur im ersten Moment.

Ein starker Jupiter in einem Horoskop gibt Euphorie, die Tendenz zu einem maßvollen Hedonismus sowie die Suche nach Bequemlichkeit, Gleichgewicht und höherer Sinnesbefriedigung im Gegensatz zu Venus. Jupiter sucht Frieden, Solidität und eine konservative paternalistische Einstellung. So schreibt Lisa Morpurgo: »Die Tradition verbindet Jupiter mit Wohlstand und Glück. Zweifellos übt Jupiter unter diesem Gesichtspunkt einen positiven Einfluß aus, weil auch Optimismus, Selbstvertrauen und persönliche Ausstrahlung, alles Eigenschaften dieses Planeten, viele Wege in der Geschäfts- und Finanzwelt ebnen. Doch die Bereicherung kann auch moralischer, philosophischer und geistiger Art sein. Manchmal beschränkt sich sein Einfluß auf einen großen inneren Reichtum und Frieden. Besser gesagt, das individuelle Glück, das Jupiter gibt, soll eher als Seelenzustand und nicht als materielle Gegebenheit aufgefaßt werden.«[91]

Der Saturn

♄

Saturn unterscheidet sich von den übrigen Planeten durch seine charakteristischen Ringe und seine kühle Leuchtkraft. Nach Größe und Bedeutung für die Astrologie kommt er gleich nach Jupiter.

Saturn ist der römische Name für Kronos, der jüngste Titan, Sohn von Uranus und Gaia. Einigen Quellen zufolge soll Saturn dem zweigesichtigen Gott Janus entsprechen, doch herrscht ein großer Unterschied zwischen dem griechischen Kronos und dem römischen Saturn in ihrer mythologischen und kulturellen Bedeutung.

Dieser große, langsame, in der Astrologie und im Volksglauben gefürchtete Planet symbolisiert die Verbindung zwischen Vergänglichem und Unvergänglichem, zwischen Materie und Geist. Beide Prinzipien verschmelzen in seinem Symbolzeichen: das Kreuz (Zeit und Materie) entspricht der konkreten Erscheinungsform, die Hyperbel der Suche des Geistes. Während die jupitersche Hyperbel eine nach oben gehende Kurve bildet und links vom vertikalen Kreuzarm steht, beschreibt die Saturnhyperbel eine von oben nach unten gehende Kurve und befindet sich rechts vom Kreuz: in der Esoterik bedeutet die rechte Seite die Ratio. Das Saturnideogramm wird auch häufig als Sichel gedeutet. Tatsächlich erkennt man bei näherer Betrachtung dieses Symbols eine Sense mit dem Arm-Schultergriff, wie sie die Bauern noch bis vor ein paar Jahrzehnten verwendeten. Diese Interpretation des Zeichens beruht auf der Idee, daß die saturnische Sense den Lebensbaum durchschneidet. Schon bei Assyriern und Babyloniern galt Saturn als Todbringer!

Die griechische Mythologie gibt unserer Meinung nach die plausibelste Interpretation des Saturnzeichens: Uranus wird von seinem Sohn Kronos-Saturn entmannt. Kronos überrumpelt seinen Vater und schlägt ihm die Genitalien, die er mit der Linken festhält (daher die unglücksbringende linke Hand), mit einer Sichel ab und wirft sie ins Meer (Kap Drepano).[92]

Die Sichelspitze hatte die Form eines Krähenschnabels und wurde im siebenten Monat des Jahres zur »Eviration« der Eiche verwendet, der man die Mistel wegschnitt. So wurde auch in anderen heiligen Ritualen von der Sichel Gebrauch gemacht, und der griechische Gott Kronos, auch Herrscher der Zeit genannt, bestimmte den Zeitablauf mit einem Sensenhieb, ihm zur Seite oft eine Krähe.

Das Ideogramm entspricht vollauf der zentralen Kronos-Saturn-Geschichte: es stellt eine scharfe Klinge dar, die einschneidet, loslöst und abtrennt. In diesem Zusammenhang ist interessant zu erwähnen, daß Zeus bei der Entmachtung seines Vaters weder von der Sichel noch von irgendeiner anderen Waffe Gebrauch macht. Daher besteht keine Assoziation zu Verwundung und Tod. Kronos-Saturn hingegen bedeutet Verletzung, Verlust, Trennung und Vernichtung.

Den Mythos von Kronos haben wir schon ausführlich wiedergegeben: er verschlingt seine Kinder. Dieses mythische Geschehen bringt eine finstere Kampfesperiode sowie die Unfähigkeit des Zeitherrschers zum Ausdruck, sich den Gegebenheiten des Lebens und der menschlichen Gesellschaft anzupassen. Kronos, der mit seinem Vater bereits eine grausame und blutige Auseinandersetzung ausgefochten hat, identifiziert sich mit ihm und wiederholt dessen tragische Schicksalsgeste. Um seine Machtprivilegien nicht zu verlieren, will er die Zeit und den Lebensrhythmus zum Stillstand bringen, verschlingt seine Kinder und droht mit dem Tod. Daher ist Kronos Ausdruck der blinden, hartnäckigen Aufrechterhaltung, der Konzentration aller Energien in sich selbst, während er alles um sich vernichtet. Jupiter ist die Erweiterung, Saturn die Beschränkung, die Konzentration. Kronos wird von Zeus auf die Insel der Seligen verbannt, wo er seinem eigenen Schicksal überlassen bleibt. Daher entspricht Saturn auch Isolierung, Exil und Freiheitsentzug. Kronos regiert über die verstorbenen, gerichteten Seelen, die »aus dem Ozean atmen und golden glitzern wie Blumen«, wie sie Pindar beschreibt.

Kronos-Saturn entspricht dem jungen Sohn, der sich an seinem Vater rächen will und ihn entmannt. Tatsächlich bedeutet Saturn in der Astrologie Sterilität, Impotenz oder Mangel an Vitalität.

Mit Hillmans Worten[93] können wir in Saturn den Archetypus

des *senex,* des kastrierenden Ungeheuers und zugleich den negativen Vater erkennen; er steht dem *puer divinus* gegenüber.

Kronos ist ambivalent: er will den Söhnemord verhindern und zugleich dem negativen Vater Einhalt gebieten. Hier erkennen wir seine positive, lebenserhaltende Einstellung; allerdings greift er zu einer destruktiven Waffe.

Die depressiv-pessimistische Grundschwingung in Kronos-Saturn kann an Hand des Mythos dadurch erklärt werden, daß Kronos schon frühzeitig Zeuge der Greueltaten seines Vaters gewesen ist und deshalb mit der Absicht, ihm Einhalt zu gebieten, eine große Verantwortung auf sich genommen hat. Es geht hier weniger um die ödipeische Thematik des geheimen Einverständnisses zwischen Mutter und Sohn im Kampf gegen den Vater als um eine klare, legitime Selbstverteidigung: Der Sohn will nicht vom Vater eliminiert werden, deshalb schlägt er als erster zu.

Aus dieser Perspektive rückt der Schuldkomplex des Vatermordes in ein neues Licht. Kronos ist schon ein »alter« Jüngling, denn er muß das Problem der Elternbeziehung lösen. Er verletzt und entmachtet seinen Vater mit dem Bewußtsein, sein eigenes Schicksal auf Blut und Schmerz anderer aufzubauen. Hillman schreibt über Saturn: »Er hat ein kühles Temperament. Seine Kühle kann auch als Distanz zu den Dingen zum Ausdruck kommen. Der einsame Vagabund wird von allem Geschehen ferngehalten, wird verstoßen. Die saturnische Kälte ist zugleich die nackte Wirklichkeit und das Wesen der Dinge. Tatsächlich befindet sich Saturn am Rande der Wirklichkeit. Als Herrscher über die letzten Tiefen betrachtet er die Welt von außen, sieht sie aus so großer Entfernung, daß er sie geradezu umkehrt und daher nur in ihrer Struktur, jeder Zierde entkleidet, gewahrt. Seine Beziehung zu Struktur und Abstraktion macht Saturn zum Ordnungsprinzip schlechthin, das sich in der Zeit manifestiert, und in der Hierarchie, den exakten Wissenschaften, im System sowie durch Grenzen und Begrenzung, durch Macht und Verinnerlichung, durch das Denken, durch die Erde und ihre Formen zum Ausdruck kommt.

Das Wesen des kühlen Saturnhaften ist langsam, schwer, bleiern, trocken oder feucht; es verdichtet mit Hilfe seiner Schwere, die sich auf das Gemüt als Traurigkeit, Depression oder Melancholie überträgt. Deshalb ist Saturn schwarz, ist er der Winter und die Nacht... Seine Beziehung zur Sexualität ist am-

bivalent. Als Patron der Eunuchen und Junggesellen symbolisiert er Unfruchtbarkeit und Impotenz; in seiner Darstellung als Hund oder Steinbock bringt er aber Symbole der Fruchtbarkeit zum Ausdruck und gilt als Erfinder des Ackerbaus: er ist der Schutzherr der Bauern und des trächtigen Bodens.

Saturn als Herr der Früchte und der Samen bedeutet auch die Ernte, doch die Ernte ist kostbar…, deshalb verbergen sich unter dem Emblem dieses Planeten Eigenschaften wie Geiz und Tyrannei, denn die Ernte ist zugleich auch Besitz. Der Geiz beruht auf dem Wunsch, die Dinge für immer bestehen zu lassen… Geiz, Naschsucht und Gier deuten auf Saturn als Weltverschlinger hin, weshalb er Moloch gleichkommt, der in seiner positiven Bedeutung das äußerste Opfer fordert und mit Abraham und Moses identifiziert werden kann.«[94]

Saturn gilt seit Urzeiten als der »große Unglücksbringer«, der wahre Lebensverschlinger. Daraus erklärt sich sein Symbol für Kälte und Winter und seine Herrschaft im Steinbock. Saturn ist unnachgiebig und läßt sich weder von der warmen Leuchtkraft der Sonne noch von der Güte Jupiters erweichen: mitleidslos und kalt ist sein weißes Licht, das mit einem Male jede Illusion und Gewißheit, ja alles Erworbene zu rauben vermag. Er entblößt und führt zu Ursprung und Wesen der Dinge.

Daraus erklärt sich seine Bedeutung für die Astrologie als Planet der Vernunft und Logik; er erhöht den Sinn für das Reale und Konkrete und erschließt durch das Opfer neue Werte. Saturn schickt schwere Prüfungen, erzeugt Hindernisse, verdichtet und kristallisiert. Allerdings darf man nicht bei diesen negativen symbolischen Zuordnungen stehenbleiben. Bis weit ins 18. Jahrhundert hinein erweckte ein negativ aspektierter Saturn in einem Horoskop Angst und Bangen. Es genügt, in die Werke von Morin, Villefranche, Julievno, Del Bello Einblick zu nehmen, um das Bild eines destruktiven, fatalen trauer-, verlust- und krankheitsbringenden Saturn zu gewinnen. Nach dem neuesten Stand der astrologischen Forschung ist die Bedeutung Saturns als Unglücksbringer weitgehend ins rechte Licht gerückt; einer statistischen Untersuchung zufolge bringt Saturn als aspektloser Horoskopfaktor (bei Transiten über Radixpositionen anderer Planeten und wesentlicher Punkte) nur in geringen Fällen Krankheit und Tod.

Aus einem Sühne- und Opferbedürfnis, das eine religiös-ge-

schichtliche Ursache hatte, galt Saturn früher auch als Symbol für Unbeweglichkeit sowie für moralische und psychologische Inflexibilität. Erst in den letzten Jahrzehnten suchte man diesem Planeten eine psychologisch-dynamische Bedeutung beizumessen.

Sehr treffend erscheint uns die Definition des Saturn von Clarisse Santagostini: »Aufbaukraft des Menschen durch Verzicht auf unzulänglich Gewordenes und Fixierung auf das Wesentliche.«[95]

Aus dieser Perspektive tritt der Mythos des Kronos in ein klareres Licht: er verzichtet auf Kinder und Eheglück, um seine Macht zu festigen. Nach der Niederlage gibt er sich mit den einfachen Überlebensgedanken zufrieden und akzeptiert das Gemeinschaftsleben auf einer wirklichkeitsbezogenen Basis der Gleichheit. Der Verzicht bringt den nötigen Abstand zu den Dingen, der moralisch, psychologisch, affektiv oder physisch wahrgenommen werden kann. Saturn bringt Leiden und Einsamkeit, denn er begrenzt das Bewußtseinsfeld, fördert aber zugleich Introversion und Introspektion. Dabei verliert das Individuum seine kollektiven Aspekte und findet zu einer klareren Individualität. Puerile Verhaltensweisen werden abgelegt; dafür gewinnt der Mensch an höherem Gleichgewicht und beginnt, das Leben in seiner Relativität zu betrachten. Saturn raubt Illusionen und bringt Enttäuschung, wodurch der Mensch einen philosophischen Sinn erwirbt. In der Distanz zu Dingen und Neigungen werden transzendente oder höhere geistige Werte erfahren. Saturn eliminiert Unzureichendes und Unzutreffendes, fördert die Vorherrschaft der Vernunft über das Gefühl, gibt jenen Individuen, die schon eine entsprechende Seelenstruktur besitzen, moralische Stärke im Verzicht; doch kann er psychisch labilere Menschen demoralisieren und sogar zu Depressionen treiben, wo schon eine Veranlagung dazu besteht.

Saturn symbolisiert den Archetyp des Vatermordversuchs und die aus diesem Versuch resultierende Kastration; zugleich ist er der Archetyp des Söhnemordes: All dies bestätigt den mythischen Ursprung innerer Seelenbilder und die absoluten Lebensrechte des Menschen, der sich in der eigenen Egozentrik oder in einer schwierigen inneren Erfahrung, die mit einem Totalverzicht einhergeht, isoliert. Die Psychoanalyse hebt eine zweifache Thematik des Saturnmythos hervor: das Ödipusthema durch das

Symbol von Geburt und Entwöhnung und das Thema der Selbstverteidigung des Kindes dem negativen Elternteil gegenüber.

Wenn Jupiter der oralen Phase und der gratifizierenden Befriedigung entspricht, so drückt Saturn die Frustration oder die Blockierung der Oralität aus. Die Ranksche Theorie des Geburtstraumas steht unter dem Zeichen von Saturn. Das Abschneiden der Nabelschnur ist die erste Todesdrohung, die dem Kind widerfährt. Selbst das Abstillen entspricht dem Trauma des Abstandgewinnens, der Trennung von der Brust, die der Säugling als Bestrafung, als Aggression oder sogar als Verweigerung empfinden kann (Melanie Klein): Dies untersteht Saturns aber auch Uranus' Herrschaft, denn letzterer bringt als mythischer Himmelsherrscher auch Trennung und Vernichtung zum Ausdruck.

Der Mond-Saturn-Aspekt gibt die Mutter-Kind-Beziehung in ihren negativen, verweigernden und fehlenden Momenten wieder: Der Mond ist die Vitalität, das Mütterliche, die Ernährung und der Schutz, Saturn entspricht der Entbehrung, der Abstandgewinnung und der Gefühlsfrustration. Er bedeutet Verlust der Beziehung zur positiven Mutter, weshalb es zur Introjektion der negativen Mutter kommt. Negative Venus-Saturn-Aspekte erschließen das Drama des Gefühlsmangels: hier flüchtet der Mensch in ein konstantes, forderndes Verhalten.

Im negativen Saturn-Sonne-Aspekt finden wir den mythischen Vater-Sohn-Konflikt: Saturn negativ zu Merkur oder Jupiter mag den Kampf des destruktiven Vaters mit seinen Söhnen, Opfer seiner Machtgier, bedeuten. Die Tendenzen, von denen wir gesprochen haben, können zwei Richtungen einschlagen: entweder die Suche nach Ersatz und Entschädigung oder der Drang zur Distanzierung und Verweigerung. Saturn im Spannungsaspekt zu Mond, Sonne oder Venus bedeutet in den meisten Fällen eine frustrierte Oralität. Während hier eine Unreife der sexuellen Triebe zum Ausdruck kommt, kann die Liebe auf der Gefühlsebene sehr intensiv gelebt werden. Die von Saturn kontrollierte Libido bewirkt eine immerwährende Suche nach neuen Befriedigungsobjekten, die zwar wiederum nur enttäuschen, ohne jedoch die Hoffnung auf eine endgültige Befriedigung zu nehmen.

Manchmal bewirkt Saturn Gefühlstreue und Hingabe an ein und dasselbe Liebesobjekt: Hier schafft die saturnische Abstandgewinnung eine »ewige, für das ganze Leben anhaltende« Be-

ziehung, die in einer dauernden Objekterwartung kanalisiert ist. Der verhaltene Saturn ist Ausdruck der komplexen Mechanismen des Narzißmus; aus den obenerwähnten Saturnaspekten entnehmen wir, daß das Individuum in dem soeben beschriebenen Liebesverhalten sein Selbstideal auf das Objekt projiziert, das sodann zu einem gefälligen Spiegel der subjektiven, narzißtischen Verzerrungen wird, die mit der reifen Liebe schon nichts mehr zu tun haben. Es ist interessant festzustellen, daß Saturn Spaltungen der Anima oder sexuelle Störungen hervorrufen kann, wobei die Sexualität nicht durch die Leidenschaft, sondern durch innere Konflikte erhöht wird.

Diese Verhaltensweisen sind oft die Ursache von Depressionen, die einer auf der Mutter-Kind-Beziehung begründeten anaklitische Depression entsprechen. Die von Saturn hervorgerufene orale Störung wurde von Fenichel als »kannibalistische Einverleibung« zur Erhöhung des Selbstgefühls sehr treffend definiert.[96] Wir fügen hinzu: Indem Eltern im Kinde das Vorangehen der Zeit durch Wachstum und Lebenserweiterung verneinen, glauben sie, die illusorische Macht über Leben und Jugend bewahren zu können.

Kronos löst eine Gefühlsambivalenz zu den Eltern aus: für seine Mutter Gaia ist er ein guter, für seinen Vater Uranus ein schlechter Sohn. Daraus folgt, daß sich Saturn mit dieser Rolle identifiziert und selbst für seine Kinder, die er verschlingt, ein schlechter Vater, als unbesiegbarer Himmelsherrscher aber ein guter Vater ist.

Das Fatum ist ein weiterer wichtiger Faktor im Kronos-Saturn-Mythos: Kronos wiederholt fatalerweise das Schicksal seines Vaters. Dies erklärt uns in der Psychologie die Fixierungen auf Inhalte der Verweigerung, die neurosebildend sind.

Saturn strukturiert die autopunitiven Tendenzen, bewirkt die Eindämmung der Libido und die Verneinung dionysischer Ausschweifungen. Auch darf das Apollonische nicht triumphieren, wobei das geistige Erlebnis in »die Nacht der Seele« führt, wie der heilige Johannes vom Kreuz es nennt, oder den Weg des Verlustes, der Entbehrung, der Krankheit, der Diaspora und all jener schrecklichen Projektionen des archaischen Unbewußten einschlägt. Für den Astrologen und den Tiefenpsychologen gilt Saturn als Tendenz zur Lebensverneinung, zum Nehmen, zum Festhalten, zum »Einverleiben«.

Saturn negativ zu Mond und Jupiter kann in manchen Fällen eine Störung des oralen Gleichgewichts hervorrufen, die zwei Aspekte haben kann:

a) Die Freßsucht, der ein passives Bedürfnis nach Mutterliebe zugrunde liegt; hier aktiviert Saturn ein übertriebenes Bedürfnis nach Nahrungsaufnahme und Ausschweifung der Sinne und fördert Egozentrik, Faulheit, Eifersucht und Fanatismus.

b) Die Appetitlosigkeit, Ausdruck eines aktiven Bedürfnisses nach Mutterliebe: Es wird keine Nahrung aufgenommen, wenn nicht die Mutter spontan die »Nahrung« des Lebens bietet. Diese Abhängigkeit ist die gefährlichere, denn Saturn erzeugt hier Verzweiflung, Mangel an Sensibilität, Selbstüberwindung, Abstand, Indifferenz und Skepsis.

Der dynamische Saturn-Aspekt, der positive *senex,* bedeutet eine großartige, langsame, aber tiefgreifende Hilfe zur Erweiterung der inneren Kraft durch Disziplin und Verantwortung. Dieser Aspekt gibt die nötige Ausdauer zur Verwirklichung der großen Ambitionen. Saturn bewirkt geistige und intellektuelle Erhöhung; er raubt alles Ephemere und Unzulängliche und führt den Menschen zur Befreiung von seinem Karma.

Der Neptun

Neptun ist einer der drei transsaturnischen Planeten und hat sein Domizil im Zeichen der Fische. Er durchläuft den Tierkreis in ca. 164 Jahren, hält sich daher ungefähr $13^1/_2$ Jahre in einem Sternzeichen auf.

Neptun ist der römische Name für den Meeresgott der Griechen, Poseidon, Sohn des Kronos und Bruder von Zeus und Hades. Während seine Brüder die Herrschaft über den Olymp und die Unterwelt innehatten, fiel Poseidon das Meeresreich zu. Poseidon bewohnte einen großen Palast am Meeresgrund der Ägäis, bei Euboia; er umgab sich mit Delphinen und Meeresungeheuern, die hie und da aus den Wellen emportauchten. Poseidon erschien in einer goldenen Kutsche, die von Schimmeln mit Bronzehufen und goldenen Mähnen gezogen wurde; wenn er über die Meere zog, brachen die Stürme jäh ab.

Poseidons Zepter, der Dreizack, ist zugleich das Symbolzeichen des Planeten Neptun, dessen Bedeutung für die Astrologie mit den Tiefen der unbewußten Psyche in Verbindung steht. Die Symbolik dieses Planeten ist so reich und unerschöpflich, daß heute noch in der Astrologie mit seinen Attributen und Zuordnungen besonders für die Tiefenpsychologie, die Psychoanalyse und die Medizin experimentiert wird.

Das Ideogramm Neptuns setzt sich aus einem Dreizack über einem Kreis zusammen. Die Zahl Drei kann mit dem dreifachen Reich (Himmel – Erde – Meer) oder mit der göttlichen Trinität verbunden werden. Der Dreizack ist Sinnbild für die unbewußten Seelentiefen, Ablagerungsstätte psychischer Verdrängungen und Ruhezonen der Archetypen, die hin und wieder in das Bewußtsein tauchen.

Neptun erregt das Meer mit seinem Dreizack und erweckt die fürchterlichen Ungeheuer (Ängste des Unbewußten), die seinen Zorn und seine Forderungen kundtun. Angstvolle Bilder steigen aus abgründigen Tiefen empor; Neptun holt sich seine Opfer mit den Flutwellen, die Götter und Menschen verschlingen. Hier

stellen wir eine Analogie zum Introjektionsmechanismus und dem Einbruch des Ich-Bewußtseins in das Unbewußte fest.

Poseidon verdankt sein Leben einem Pferd, das Rhea Kronos statt dem Neugeborenen zum Verschlingen reichte. Später brüstete er sich mit der Erschaffung des Pferdes und der Zügel. Als er Demeter erobern wollte, verwandelte er sich in einen Hengst, da sie, um ihm zu entfliehen, die Gestalt einer Stute annahm. Zwei wesentliche Symbole der Tiefenpsychologie sind in Neptun vereint: das Pferd und das Unbewußte. Jung sieht im Symbol des Pferdes das ursprüngliche Mutterprinzip, zugleich auch die Vitalität und primäre Triebkraft, kurz die Libido. Daher findet das neptunische Prinzip seine Entsprechung in der Metamorphose, in der Translation und in der Beziehung von Libido und Unbewußtem.

Das Pferdeopfer kann auch die Sublimierung oder die Stillegung der Triebe zugunsten der Gefühle symbolisieren. Wie wir aus der Mythologie wissen, bedient sich Poseidon konstant der Verwandlungskunst, um ungehindert zwischen Verstandesebene und Triebsphäre einherzuwandern. Selbst seine Hochzeit mit der schönen Theophane kommt dank einer Metamorphose zustande: während Theophane die Gestalt eines Schafes annimmt, verwandelt sich Neptun in einen Widder; aus dieser Verbindung entstammt der Widder mit dem Goldenen Vlies.

Die neptunische Metamorphose birgt zweifellos das Konzept der Integration von Bewußtsein und Unterbewußtsein: ein reales Wesen (Erscheinungsform) nimmt eine andere Gestalt an. Anpassungsfähigkeit und psychische Geschmeidigkeit, die auf unbewußter Ebene sich immer an die Triebsphäre binden, müssen in der Betrachtung der Neptunmythen besonders berücksichtigt werden. Neptun als Land- oder Seepferd symbolisiert die sich auf verschiedenen Ebenen manifestierende Libido, eine schöpferisch erotische Kraft, die in jeder ihrer Ausdrucksformen lebensbejahend ist. Zum besseren Verständnis der neptunischen Libido wollen wir die Beziehung Poseidons zu seiner Nachkommenschaft im Gegensatz zu Uranus und Kronos näher betrachten. Als sich Neptun in die Nereide Thetis verliebte und sie heiraten wollte, wurde ihm prophezeit, daß der Sohn aus dieser Verbindung den Vater an Bedeutung übertreffen würde; da entsagte er der Ehe mit Thetis, um eine Wiederholung der tragischen Eltern-Kind-Beziehung zu vermeiden. Dabei können wir folgende psy-

chologische Überlegungen anstellen: Neptun symbolisiert die Sublimation, die Überwindung. Er verzichtet auf die Liebe zu Thetis, um den Söhnemord nicht zu wiederholen. Der *Verzicht auf die Absicht* erhöht das Ich-Bewußtsein. Ein anderer Aspekt Neptuns, der sich im unaufhaltsamen Ansporn der Seelen- und Triebkräfte, die keine Hindernisse kennen, äußert, geht aus Poseidons Liebe zu Demeter hervor. So erzählt man, daß Demeter über den Verlust ihrer Tochter Persephone, die Hades aus Liebe in die Unterwelt gefolgt war, zutiefst verzweifelte; irr vor Schmerz und Trauer zog sie landaus, landein und machte die Erde, über die sie ging, unfruchtbar. Poseidon entbrannte in Liebe zu ihr, begehrte sie und suchte sie. Die Göttin ging ihm aus dem Weg, denn sie konnte weder Götter noch Menschen lieben und verwandelte sich zuletzt in eine Stute. Neptun, ihre List durchschauend, nahm die Gestalt eines Hengstes an, um sich mit ihr zu vereinen. Die darüber erzürnte Göttin hieß von da an auch Erynis. Diese Geschichte beleuchtet die Vorherrschaft des Eros über Trauer und Entbehrung. – Aus der Verbindung Neptuns mit Medusa entstammte das heilige Pferd, der berühmte, geflügelte Pegasus.

Neptun jagte auch einer der Nereiden, Amphitrite, nach, die, darüber erschrocken, in den Palast des Okeanos ans Ende der Welt flüchtete, von wo sie aber ein Delphin zum Meeresgott zurückführte. Amphitrite war wie die anderen von Neptun geliebten Göttinnen eine Personifikation der Mondgöttin; ihr Name bedeutet »Seeherrin«.

Jung bringt das Symbol des Meeres mit der Anima und dem unbewußten Mutterprinzip in Beziehung. Daher liegt die Bedeutung Amphitrites für die Neptunsymbolik in der Zuordnung eines lunaren, weiblich-mütterlichen Aspekts, somit einer aquatisch-unbewußten Komponente, die mit der Primärpsyche und dem kollektiven Unbewußten in Verbindung steht. Amphitrite gebar drei Kinder, die den dreifachen Aspekt der Mondgöttin darstellen: Triton (ihm kommen später männliche Attribute zu) symbolisiert den Neumond, Rhode entspricht dem Vollmond der Ernten und Benthesikyme ist der gefährliche abnehmende Mond.[97] Man erzählt auch, daß Amphitrite auf Skylla eifersüchtig war, da diese von Neptun geliebt wurde, und er sie in ein sechsköpfiges und zwölfbeiniges Ungeheuer verwandelte. In einer ihrer Gestalten war Skylla Amphitrite selbst, und als solche entsprach sie Hekate, der

hundeköpfigen Todesgöttin, die Wasser und Land beherrschte. Wahrscheinlich geht allerdings diese schreckliche Personifikation der Mondgöttin auf eine Bestrafung Aphrodites zurück, die auf Neptuns Liebesleben eifersüchtig war.

Um in einem Horoskop die Mondaspekte Neptuns, die sehr wichtig, oft sogar sehr beunruhigend sind, richtig beurteilen zu können, müssen die lunaren Aspekte des Neptuncharakters klar erfaßt werden. Dazu genügt es, die Eigenschaften, die Poseidons Geliebte charakterisieren, zu kennen. Wir wollen hier ein mögliches Interpretationsbeispiel zur Anregung geben: Neptun kann in gut aspektierter Konjunktion oder im Trigon zum Mond die Eigenschaften Demeters oder Theophanes betonen; in Quadratur oder Opposition zum Mond werden die Medusa- oder Amphitrite-Skylla-Aspekte sowie die destruktiven Züge von Hekate – Empusa-Echidne hervorgehoben. Je nach der Valenz des Mondes als Anima kann Neptun negative Züge annehmen.

Gleich Poseidon, der am Meeresgrund lebt und herrscht und durch sein Emportauchen Bewegung und Aufruhr mit sich bringt, symbolisiert Neptun für die Astrologie die tiefsten Seelenschichten, aus denen unerwartete quälende Ängste in das Bewußtsein dringen, wenn es zu Unruhe und Dissonanzen kommt oder wenn die erotische Triebkraft – die Libido – sich mit Vehemenz zu manifestieren sucht. Deshalb gilt Neptuns Einfluß als »Hauch des Demiurgen« über das Lebenswasser[98], denn der neptunische Hauch symbolisiert die göttliche Geburt (der Lebenshauch Gottes in Adam!).

Das Wesen der neptunischen Erleuchtung liegt im Zurückfallen in das Selbst des von Wünschen und Begierden befreiten Bewußtseins, um in die Ursprungstiefe, in das kollektive Unbewußte einzukehren. Demnach kommt Neptun als Herrscher der Meerestiefen einer unbewußten *kollektiven* psychischen Energie gleich. Allerdings wollte der Meeresgott, wie uns die Mythologie erzählt, auch das Reich der Erde erobern; hierbei machte er oft von gewaltsamen Mitteln Gebrauch: mit Göttern und Menschen geriet er in Streit und entfachte blutige Auseinandersetzungen. Erinnern wir uns nur an den Kampf mit Athene um Attika sowie um Athen selbst; bei dieser Gelegenheit überschwemmte er die Ebene und die Stadt mit riesigen Flutwellen. Auch geriet Poseidon wegen Aigina und Nassos mit Zeus und Dionysos in Konflikt. Gewöhnlich machte er im Kampfe von seinem Drei-

zack Gebrauch, peitschte die Wellen so hoch, bis sie das Land überschwemmten, brach die Erde auf und ließ unterirdische Flüsse hervorquellen. Diese Waffen symbolisieren den Durchbruch der unbewußten Spannungen und Konflikte sowie die Gewalt der aggressiven Libido, gegen die es keine wirkungsvollen Gegenmittel gibt. Die mythische Manifestation des Neptunhaften entspricht in gewisser Weise der neurotischen und schizoparanoischen Überschwemmung des Bewußtseins; daher kommt Neptun eine gefährliche und unheimliche Rolle zu. Hier entspricht er einer chthonischen Kraft, Ausdruck eines Urlebenstriebes, die mit okkultem Drang aus den tiefen Seelenschichten emporsteigt und aufgrund ihres inhärenten Selbsterzeugungsprinzips alles Vorhandene verändern will. Daher ist Neptun zugleich Sinnbild des persönlichen und kollektiven Unbewußten; die Quintessenz seines Wesens, das von Bewegung, Aufwiegelung, Erweckung und Verwandlung bestimmt wird, liegt in der *Metamorphose.*

Neptuns Bedeutung für die Astrologie ist sehr komplex, beunruhigend und schwer zu erfassen; zweifellos gibt dieser Planet Anregung zu tiefgreifenden und überraschenden Deutungen.

Mit Uranus und Pluto gehört Neptun zu den »kollektiven« Planeten, das heißt, ihre Bedeutung in einem Horoskop bezieht sich vor allem auf einen Generationsaspekt. Diese drei Planeten, die von Natur aus einen langsamen und sehr tiefgreifenden Einfluß ausüben, halten sich mehrere Jahre in einem Sternbild auf und prägen daher eine Gruppe von Generationen. So haben wir zum Beispiel die Generation mit Neptun im Skorpion oder die Generation mit Neptun im Schützen usw. Natürlich ändert sich seine Bedeutung und Tonalität von Generation zu Generation! Eine Sparte der Astrologie beschäftigt sich vor allem mit den kollektiven Merkmalen der Transsaturnier sowie ihren verschiedenen »Tonalitäten«; dabei wird vor allem die Auswirkung der Beziehung Planet – Generation berücksichtigt. André Barbault unternahm unter diesem Gesichtspunkt eine bedeutende Studie über die Geschichte Europas des 20. Jahrhunderts.[99]

Poseidon besaß eine wesentliche Eigenschaft: Er war unsichtbar, denn er bewohnte die Meerestiefen, und sein Reich hatte keine Grenzen. Deshalb ist Neptun das Prinzip der Ausdehnung und Erweiterung des Bewußtseinsfeldes. Er reflektiert den Ar-

chetypus der Auflösung oder der universalen Integration, der extremen Erweiterung, die entweder die Vernichtung oder die Überwindung zur Folge hat. Poseidon war gewaltsam und heimtückisch zugleich. Daraus entnehmen wir, daß der Mensch seit je den Feind oder das Hindernis außerhalb seiner selbst gewahrte. Poseidon spann unterirdische Fäden, seine Angriffe drangen immer aus unsichtbaren Tiefen empor. Daher bedeutet Neptun die Gefahr, die aus dem eigenen Innern kommt; er entspricht der endopsychischen Kraft, die der Mensch in sich spürt, deren Ursprung er aber nicht kennt.

Neptuns Einfluß kann nicht bewußt wahrgenommen werden, er wirkt sehr langsam und sachte. Volguine[100] sieht in Neptun eine zweifache Bedeutung für die Astrologie: Einmal inkarniert er das Prinzip der passiven Aufnahmefähigkeit, die sich in der Inspiration, der Intuition und der Medianität manifestiert; auf der andern Seite entspricht er den paranormalen Fähigkeiten, der Utopie, dem Wahnsinn, der Perversion und der Angst. Deshalb beherrscht dieser Planet das Zeichen der Fische, das in der Astrologie zuweilen auch das »Spital des Tierkreises« genannt wird. Neptun ist der Planet der Geistesgestörten, aber auch der Heiligen; ihm unterliegen die großen Seelenmetamorphosen sowie die entscheidenden Veränderungen in der Lebensauffassung. Wie Poseidon seine Verwandlungen erzwingt, um sein Ziel zu erreichen, so bewirkt Neptun bedeutende Umwandlungen in der psychischen Struktur; er bringt die seelische Plastizität zum Ausdruck.

Wahrscheinlich beruhen die großen phylogenetischen und ontogenetischen Veränderungen auf Neptuns Einfluß. Besonders bei Transiten über markante Horoskoppunkte – Sonne, Mond, Merkur usw. – bewirkt Neptun unweigerlich die Suche nach neuen Verwirklichungsmöglichkeiten und Zielen, bringt die tieferen Seelenschichten in Aufruhr und erschließt neue geistige Horizonte.

Der Neptunianer zeichnet sich durch Mobilität, Verwandlungskunst, Experimentierfreude und eine große Neugier für alles Unbekannte aus, ist stets ein Antikonformist und kämpft gegen Vorurteile. Poseidon besitzt die Gabe der Allgegenwart in seinem aquatischen Reiche, das er mit Phantasiegestalten bevölkert: Pferde, die seinen goldenen Wagen ziehen, Tritone, Delphine, Sirenen und Meeresungeheuer sind seine nächsten

Untertanen. Originelle, kurze und oft sogar tückische Liebesaffairen geben seinem Alltag Abwechslung; seine Angriffe gegen Götter und Menschen sind hart, feindselig, ja sogar »verschlingend« und enden meistens tragisch. Ähnlich verhält es sich mit Neptun in der Astrologie: Bei einer guten Horoskopstellung kann er zu hohen geistigen Zielen führen und konstante konstruktive Gedankenflüge und Gefühlsvertiefungen bewirken; oft fördert er die mystische Erfahrung oder die künstlerische Erweiterung. Ein besonders dominierender Neptun kann zu paranormalen Fähigkeiten oder zu einer besonderen künstlerischen Sensibilität führen. Auch bewirkt Neptun die Erschaffung künstlicher Paradiese durch Drogen, Halluzinationen, Träumereien und Schwärmereien.

Ein besonders negativer Neptun führt meistens zu psychischen Störungen und Abweichungen: Hier tritt der große Poseidon in Aktion, der die Wasser mit seinem Dreizack in Aufruhr bringt und die abgrundtiefen Ungeheuer emporsteigen läßt, hier verwandelt er harmlose Geschöpfe in tierische Ungestalten. Übertragen wir dieses mythische Fragment auf die Seelendynamik, so entstehen die Alpträume und halluzinatorischen Phantastereien; latente Neurosen brechen aus, beängstigen das Bewußtsein und beherrschen das äußere Verhalten. Ferner kommt es zu Projektionen von Delirien, Regressionen oder Identifikationen: Hier überschreitet Neptun bereits die Grenze der Psychopathologie, entblößt die geheimen Mechanismen der Dämmerzustände; schizophrene Archaismen, in denen dunkle Verwirrung herrscht, steigen in das Bewußtsein auf, das sich mit dem eigenen Schatten und den Archetypen identifiziert und sich in einem phantastischen Delirium der Selbstverherrlichung oder der Vernichtung auflöst. Hier wird eine »verfluchte« Persönlichkeit lebendig, jene der Perversion, der Toxikomanie, der Abweichungen jeder Art. Neptun negativ im sechsten oder zwölften Haus mit disharmonischen Aspekten zu Merkur, Uranus, Mond oder Sonne kann auf ein hysterisches, schizoides Individuum hindeuten, dessen Bewußtsein von dunklen Mächten beherrscht wird. Neptun ist ein wahrer Archetyp, ein *kollektiver* Erbteil, wie Jung ihn definiert.

Das dramatische Problem, das einem negativen Neptun entspringt, ist die Flucht vor der Verantwortung sowie die Unfähigkeit, mit der konkreten Wirklichkeit ständig in Kontakt zu bleiben. In diesen Fällen herrschen Chaos, morbide Sensibilität

sowie irrer Geist im psychologischen Habitus vor, während das Bewußtsein sich vom Lustprinzip dominieren läßt oder – im Gegensatz dazu – Körper und Seele grausame Selbstzucht auferlegt.

Wir können diese negativen Züge nicht einfach als psychopathologisch abschreiben, denn eine Grenze zwischen »sozial, normal« und »asozial, abnorm« im psychologischen Sinne ist schwer zu ziehen. Es kann auch der Fall eintreten, daß eine gewaltige neptunische Energiesubstanz großartige Sublimationen bewirkt, wodurch Abweichungen für hohe ethische und kreative Ziele eingesetzt werden. Die Flucht vor der Wirklichkeit, das »Sich-nicht-konformieren-Wollen«, bedeutet immer einen Sprung ins Wasser, ohne schwimmen zu können. Doch oft führt gerade diese Flucht zum Aufstieg in ungeahnte und unerforschte Höhen des Geistes und der schöpferischen Dimension. Hier ein paar Beispiele neptunisch geprägter Menschen: Gide, Picasso, Baudelaire, Rimbaud, Verlaine und Utrillo haben einen negativen Neptun in ihrem Horoskop, der ihnen ein ungeordnetes Leben, die Poesie, neurotisches Delirium und Drogen brachte.

Wir können mit Sicherheit sagen, daß die Zunahme der Drogensucht, der individuellen oder kollektiven Verhaltensvergehen, der Neurosen, Psychosen und Depressionen seit dem letzten Krieg – von einem astrologischen Gesichtspunkt aus – dem Verweilen Neptuns im Skorpion von 1956 bis 1971 zuzuschreiben ist. Hier hat die große, endopsychische Neptunkraft Libido und erotische Triebenergien befreit oder verschlungen, wie es dem Karma des Skorpion als Tod, Verwandlung und Übergang entspricht. Deshalb wurden durch die Hingabe an die Auflösung, an die »Reisen« durch LSD oder Heroin, an sexuelle Ausartungen oder pornographische Zügellosigkeit, die alle repressive, provokatorische oder sexualphobische Manifestationen sind, die Grenzen der Vernunft durchbrochen! Doch dürfen wir nicht vergessen, daß Neptun im Skorpion auch tiefe Intuitionen über kollektive Probleme erweckt hat; ferner förderte sein Einfluß das Einheitsbewußtsein der letzten Generationen und erweckte zugleich das Interesse der Menschen für seine innere Welt sowie für Parapsychologie, Okkultismus und die Suche nach dem Selbst.

Durch Neptuns Verweilen im Skorpion wurden somit weite Bereiche des kollektiven Unbewußten sowie höhere intuitive

Fähigkeiten erschlossen. Aufgrund unserer praktischen Erfahrung in der Horoskopdeutung können wir sagen, daß sich Neptun besonders stark bei genialen, schöpferischen Menschen manifestiert, aber auch, diesmal negativ, in Horoskopen von Selbstmördern, asozialen Individuen, Geisteskranken oder Körperbehinderten.

Neptuns Einfluß ist besonders in den Gruppenbewegungen »zur geistigen Erneuerung« bemerkbar; wahrlich können wir hier das mythologische Bild der Hochzeit des Poseidon mit Amphitrite wiederfinden. Der pittoreske, dionysische Hochzeitszug setzt sich neben dem Brautpaar aus Pferden, Stieren, Widdern, Hirschen, Panthern, Löwen, Tigern, Meeresungeheuern, Tritonen, Seepferden, Delphinen, Sirenen und Walfischen zusammen. Darüber schweben Nereiden, Ondiden, die Töchter der Themis, Nymphen und Naiaden.

Dieser große symbolische Hochzeitszug bringt eine tiefgreifende Bewegung ins Rollen, läßt dunkle, ungeahnte und ungeheuerliche Energien emporziehen, die unter dem mysteriösen Hauch des Dreizackgestirns in einer choralen Symbolik mit der gesamten Natur in Einklang stehen.

Der Uranus

♅

Uranus ist der Planet der Dynamik, der Elektrizität, des unvorhergesehenen Handelns und der raschen Entscheidungskraft. Er gehört zu den drei »schweren« Planeten, seine Umlaufzeit um den Tierkreis beträgt 84 Jahre. Astrologisch macht sich sein Einfluß durch plötzlich hereinbrechende Ereignisse bemerkbar; in seiner dynamischen Wirkung ist er die höhere Oktave zu Mars. Die uranische Symbolik ist weitreichend und vielfältig, und die Bedeutung dieses Planeten für die Astrologie ist nicht zu unterschätzen.

Über Uranus, den mythischen Himmelsherrscher und Ehegatten der Erdenmutter Gaia haben wir schon berichtet. Es soll hier nochmals betont werden, daß mit dem uranischen Entstehungsmythos die griechische Mythologie ihren Anfang nimmt. Zu Beginn war das Chaos in der Welt, aus dem Gaia »mit breiten Brüsten, der feste und ewige Sitz von allen Gottheiten, die hoch oben, auf dem Berge Olymp wohnen... gebar vor allem, als ihr gleichen, den gestirnten Himmel, Uranos, damit er sie völlig umfange und fester und ewiger Sitz sei den seligen Göttern«[101], hervorging.

So entstand die Idee einer Gestirngottheit, die mit dem ganzen gestirnten Himmel assoziiert wird und in der die kosmische Urantriebskraft zur Bewegung der Planetenmassen erkannt wird; doch zugleich steht sie mit einem einzelnen Planeten, der sich um die Sonne bewegt, in Beziehung. Uranus' Liebe zu Gaia symbolisiert die Beziehung von Himmel und Erde, vom Schöpferischen und Empfangenden, wie es im *I Ging* heißt. Uranus vollzieht den grausamen Kindermord aus Angst, seine Macht zu verlieren, bis Gaia ihren Sohn Kronos dazu bewegt, gegen den Vater zu rebellieren, indem er ihn entmannt. Seit jenem blutigen Ereignis nähert sich der Himmel der Erde nicht mehr. »Die Urzeugung nahm ihr Ende.«[102]

Dieser Entstchungsmythos berichtet von der Trennung zwischen Makrokosmos und Mikrokosmos, zwischen Transzendenz

und Immanenz, zwischen Gott und Mensch: die kosmogonische Spaltung der Ureinheit.

Uranus entspricht daher der absolut primordialen Urkraft, durch die alles erschaffen, verändert, zerstört und gelenkt wird. Doch ist er zugleich Verstümmelung und plötzliche, schmerzliche Beschränkung. Eine ähnliche Thematik finden wir im Mythos von Osiris: sein Körper wird in Stücke gerissen und sein Genital in den Nil geworfen und von einem Fisch verschlungen. Uranus symbolisiert den *Kastrationskomplex* und die damit verbundene Zeugungsunfähigkeit: die Fortsetzung des Lebens wird jäh abgebrochen.

Das Ideogramm dieses Planeten besteht aus zwei sich gegenüberliegenden Halbkreisen, die von einem Kreuz, dessen Vertikalachse in einem kleinen Kreis endet, getrennt sind.

M. Sénard zitiert E. E. Krafft, der in den beiden Halbkreisen das Symbol zweier Hälften eines früheren Manifestationszyklus erkennt, der durch die impulsive Expansionskraft des Schöpfungsfeuers unterbrochen wurde; der neue Zyklus wird mit dem kleinen Kreis unter dem Kreuz dargestellt. In diesem Zeichen sind die Symbole für Raum (Horizontalachse) und Zeit (Vertikalachse) eines früheren, gespaltenen Zyklus[a] und eines neuen Zyklus (der kleine Kreis unterhalb des Kreuzes) enthalten[b].

»Das Symbolzeichen des Planeten Uranus bedeutet daher den Abbruch eines Manifestationszyklus unter dem Impuls einer Schöpferkraft, die einen neuen Zyklus in der Raum-Zeit-Materie-Dimension hervorbringt.«[103] Manche Astrologen erkennen wahrscheinlich mit weniger Phantasie und mehr Realitätsbezug im uranischen Symbol den Spiegel unserer von einem wissenschaftlichen Geist geprägten Zeit mit einem Hinweis auf den Buchstaben H, Initial des Astronomen Herschel, der Uranus und seine Umlaufbahn entdeckte, oder sogar die Stilisierung einer Fernsehantenne. Das Symbolzeichen des Uranus kannte auch noch andere Formen, von denen die älteste an das Emblem des Sonnengottes Ra und Osiris erinnert[c]: ein Kelch, der eine Scheibe enthält. Vielleicht entspricht dieses Zeichen einem Blumensamen oder es symbolisiert die Sonne.

Ein weiteres Uranussymbol ist der Kreis mit einem Punkt, mit einem nach rechts abgehenden Pfeil. In gewisser Hinsicht dürfte dieses das treffendste Symbolzeichen sein, denn es vereint die Sonne (Kreis mit Punkt)[d] mit Mars[e], und bedeutet in erster

Linie eine potenzierte Triebkraft. In der Astrologie finden alle drei Symbolzeichen ihre Anwendung. Die Ethymologie von Uranus stammt aus dem Griechisch-Lateinischen. Die Vorsilbe »ur« bedeutet im Assyrisch-Babylonischen »Raum«, im Gotischen »Ursprung«.

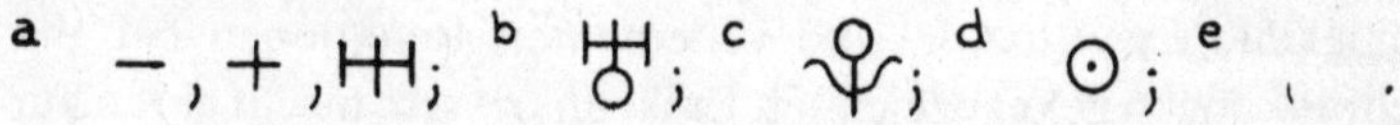

Uro auf lateinisch heißt »ich brenne«; daher die Assoziation zu Feuer, Blitz und zum primordialen Schöpfungsfeuer.

Bei den Phöniziern war Ur der Gott des Lichtes, der erste, der die Worte »Es werde Licht« sprach.

Uranus symbolisiert, wie wir schon gesehen haben, den Einbruch einer trennenden Kraft, die oft irreversible Veränderungen bewirkt. So trennt sich der mythische Gott Uranus, der Himmel, nach der Teilung der formlosen primordialen Abgründe von der Erde.

Das Feuer trennt sich vom Wasser. Das mythische Chaos besteht im Kampf zwischen Meeresgott und Himmelsgott, der sich über das undifferenzierte Sein hinausheben will, um sich zu individualisieren.

Alles, was den Menschen von der Erde löst und dem Himmel näherbringt, was ihn bewegt, dem Absoluten zuzustreben, gehört in die Symbolik von Uranus, des mythischen Himmelsherrschers, der seine Kinder opfert, um seine Macht nicht zu verlieren. So fordert Uranus einen *Holokaust*.

Die uranische Energie wird in den Titanen- und Prometheusmythen festgehalten: Sie entspricht einer vehementen Angriffslust, die alle bestehenden Formen jäh abbrechen und verändern will; dabei wirkt sie befreiend oder vernichtend. In der Astrologie manifestiert sich die energetische Wirkung dieses Planeten als heftiger Impuls, als Raptus, als Schock, als Einriß. Uranus beherrscht die psychomotorische und neuromuskuläre Dynamik, auch beeinflußt er die Willens- und Entscheidungskraft. Seine Wirkung in einem Horoskop macht sich besonders bei Transiten über andere Planeten bemerkbar: sie ist belebend, dynamisierend, ja explosiv. Uranus schafft jedes Hindernis aus dem Weg, führt häufig zu Skrupellosigkeit und fördert die Streitsucht; er haßt Verzögerungen, Langsamkeit, Entschlußlosigkeit und Faulheit, gibt keine Zeit zum Überlegen, weshalb er Ereignisse oft mit großer Heftigkeit und Schockwirkung aus-

löst. Sein blitzartiger Einfluß hat meistens eine nachhaltige Wirkung.

Psychologisch gesehen gibt Uranus eine starke Expansionskraft; seine Dynamik wirkt in die Umwelt, ist extrovertiert.

Der uranische Typ wird von Ungeduld, schwacher Anpassungsfähigkeit, Exzentrizität und vehementen Reaktionen bei Einschränkungen gekennzeichnet. Er ist unkritisch, macht gerne kurzen Prozeß und ist zu subtileren Analysen unfähig; seine Impressionabilität hindert ihn an einer objektiven Stellungnahme. Auch hat der Uranianer ein äußerst dynamisches, nervöses, »elektrisches« und impulsives Verhalten, ein schwaches Kritikvermögen und kann wenig Auswahl treffen.

Im weniger entwickelten Typ kommen die negativen Uranusaspekte, wie extremistische Tendenzen, der Drang zu Neuem aus Selbstzweck sowie Normüberschreitungen, da jede Norm oder Gesetz als Begrenzung empfunden wird, zum Ausdruck. Ideen, Meinungen und Stimmungen sind raschem Wechsel unterworfen. Daher ist dieser Typ stets unruhig, hyperaktiv, unermüdlich, mit sich und der Welt unzufrieden, ein rastloser Vagabund.

Der differenzierte, flexible Uranier besitzt eine tiefe Intuition, hohe geistige und psychologische Ansprüche, weite Ideen und Aufgeschlossenheit für die Probleme der andern.

In der Tiefenpsychologie entspricht Uranus jedem psychischen und neurologischen Dynamismus. In der Psychodynamik bedeutet Uranus in einem Horoskop die mehr oder weniger vorhandene Möglichkeit, innere Konflikte zu lösen, Komplexe zu integrieren, Zensuren und Abwehrmechanismen zu beseitigen. Uranus kann das Ich-Bewußtsein stärken oder es bei großen unbewußten Konflikten vermindern, ja geradezu zerstören: dabei unterstützt er manchmal negative Projektionsmechanismen subjektiven Inhalts auf äußere Objekte.

Hat Uranus eine gute Stellung in einem Horoskop, so kann er positive Charaktereigenschaften, wie Willenskraft und Erfindungsgeist, ganz besonders hervorheben. Eziologische und diagnostische Auswirkungen dieses Planeten im Bereich der Psychopathologie sind mehr zu fürchten als die des Planeten Neptun, vor allem, wenn Uranus negativ zu Sonne, Mond, Merkur und Mars steht: Hier erzeugt er eine konstante nervöse Reizbarkeit und Erregung, daher Labilität im emotionalen und affektiven Leben.

Uranus koordiniert verschiedene Reaktionssyndrome bei Angstzuständen, Flucht- oder Aggressionsdrang. Die tatsächliche Wirkung der uranischen Kräfte können wir aus den Transiten über Planeten, wie Sonne, Mond, Mars oder Venus, feststellen. Hier kommt es oft zu ungewöhnlichen, manchmal auch dramatischen Ereignissen, die von Unfällen, psychophysischen Traumata bis zu häufig durch den Tod hervorgerufene schockartige Trennungen reichen.

Individuen mit psychischen, sexuellen oder affektiven Störungen sind häufig einem starken Uranuseinfluß ausgeliefert. So kann zum Beispiel ein Spannungsaspekt zwischen Uranus und Venus oder Mond eine Prädisposition zu Homosexualität oder zu sexueller Ambivalenz darstellen, während ein negativer Aspekt zu Mars oder Merkur zur Entwicklung von autopunitiven Neigungen oder zu schockartiger Aggressivität beitragen kann.

Natürlich ist Uranus auch notwendig, um gesunde Umbruchskrisen aus statischen Situationen auszulösen und von Konformismen und breitgetretenen Wegen abzulenken. Deshalb ist Uranus der Planet der Wissenschaftler, der Erfinder, der großen Menschheitsführer und Revolutionäre. Er hat sein Domizil im Wassermann; daher entsprechen ihm auch die Eigenschaften dieses Zeichens, wie Eingebungskraft, vorherrschendes Interesse für kollektive Probleme, Suche nach der Ich-Integration in der Gemeinschaft. Doch ist dieser Planet daneben Ausdruck unserer verworrenen, neurotischen Zeit, reich an wissenschaftlichen Erfindungen und technologischen Erneuerungen, doch zugleich von heftigen Dissonanzen, Ideologiekrisen, ethischen Problemen, Revolutionen und Krankheit gekennzeichnet.

Der Pluto

Der »jüngste« Planet unseres Sonnensystems wurde erst 1930 entdeckt, daher haben wir wenig direkt beobachtete Anhaltspunkte über Einfluß und Wirkung Plutos in einem Horoskop. Er hat sein Domizil im Skorpion, der auch von Mars beherrscht wird; sein Ideogramm besteht aus der Verbindung eines Kreuzes mit symbolischen Adlerflügeln über einem Kreis. Auch verwendet man in der Astrologie den Buchstaben P, Zeichen für Plutonium, für Pluto.

In der griechischen Mythologie entspricht Pluto dem Sohn von Kronos und Rhea, daher ist er Bruder des Zeus und Poseidon. Graves führt eine Quelle an, wonach Pluto der Sohn Demeters und des Titanen Iasios gewesen sein soll.[104] Pluto wurde als Gott des Reichtums und des Wohlstandes verehrt, doch stehen mit seinem Kult auch Opferriten in Verbindung. Wir wissen, daß bei den Adonis-, Hyla- und Lityerseskulten Knaben geopfert wurden, um Regen zu bewirken oder um einen toten König zu ehren. Pluto soll auch der Knabe in der Triptolemoslegende gewesen sein: der heilige König, der in einem von Schlangen gezogenen Wagen reiste und sich mit Demeter in einem frischgepflügten Felde in Liebe vereinte. Pluto gehört zu den Mysterien von Eleusis, die wirkliche Mysterien sind, da wir aus keiner Quelle mit Exaktheit entnehmen können, was bei diesen Riten vor sich ging. Man sagt, daß die Adepten der Göttin Demeter bei gewissen Ritualen in orgiastische Ekstase fielen und symbolisch die Hochzeit der Göttin mit Zeus oder Triptolemos nachvollzogen: im Innersten des Tempels wurden phallische Objekte mit konkaven Objekten rhythmisch gerieben. Der Name Eleusis ist vielleicht aus dem Worte *eilythaies* = »Ort der Erregten« abgeleitet worden (Graves). Auf dem Höhepunkt des Rituals wurde der Knabe *Brimos,* der den Koitus symbolisierte, in das Heiligtum eingeführt. Brimos ist ein Synonym für Pluto.

Der Name Pluto wurde nicht gerne ausgesprochen, denn er war mit Hades assoziiert. Pluto war ebenso gefürchtet wie die Erinyen,

die im apotropäischen Sinne auch Eumeniden genannt wurden. Er wurde mit dem Getreide und allen chthonischen Symbolen in Verbindung gebracht, weshalb er als Gott der Fülle und des Reichtums Verehrung fand. Durch seine Identifikation mit Hades war er aber auch Hüter der Schwelle. Diese Doppelrolle geht schon aus den Eleusischen Mysterien hervor. Als dionysisches Opferelement ist Pluto der heilige Knabe, der das orgiastisch-phallische Geschehen bekräftigt; Symbol der Ernte und der irdischen Üppigkeit ist er Mithelfer des Hades in der Unterwelt, wo er von Herakles das Füllhorn (Reichtum) in Empfang nimmt. Daher ist der plutonische Reichtum unsichtbar: Als chthonische Gottheit ist Pluto ambivalent, heilig und destruktiv, denn alle toten Seelen sind seiner Willkür und seinem Zorn ausgeliefert. Während Zeus den Olymp und Poseidon das Meer beherrscht, fällt Pluto das Reich des Tartaros zu, das unsichtbare Totenreich. Er sitzt auf seinem Höllenthron, von Minos und andern Dämonen umgeben. Er fällt irreversible Urteile und bestimmt das grausame Gesetz des Todes; er trägt einen Helm aus Hundehaut, der ihm die Eigenschaft der Unsichtbarkeit verleiht[105]: ein wahres Symbol für die Herrschaft des tiefen Unbewußten.

Pluto, der das Füllhorn der Üppigkeit darstellt, wurde von Bauern und Kaufleuten angerufen. Sein Doppelaspekt als Planetengottheit muß hier nochmals hervorgehoben werden: wohlwollend, Reichtum spendend und unheilvoll, Unglück bringend. Seine geheimnisvolle Macht, sich unsichtbar zu machen, findet symbolischen Ausdruck in der Nacht, der Finsternis, kurz, im tiefen Unbewußten. Vielleicht steht diese Vorstellung mit der Tatsache in Zusammenhang, daß Plutos Planetenlaufbahn weit von der Sonne entfernt in der Unendlichkeit des kosmischen Raumes verläuft.

In der griechischen Mythologie ist Pluto der Schwellenhüter, Hades, der Persephone in die Unterwelt holt; somit wird Pluto indirekt für die Hungersnöte verantwortlich, von denen die Erde befallen wird, denn er verursacht Demeters Schmerz und Verzweiflung über den Verlust ihrer Tochter. Hier widerspiegelt sich Plutos destruktive Macht. Sein tiefer, irrationaler, unbewußter und blinder Eros findet in einer primordialen, archetypischen Form seinen Ausdruck: Pluto verurteilt und erweckt den »Tod der Materie« zur Verwandlung des Logos! Deshalb beherrscht er den Skorpion, Archetyp der Dialektik zwischen Eros und Thanatos.

Das Prinzip der Finsternis finden wir auch in der ägyptischen

Mythologie: Der Gott Anubis gehört wie Pluto, dem höchsten Tribunal der Götter an, die die Lebenden richten, indem sie das unabweichliche Schicksalsgesetz – das dem hinduistischen *Karma* entspricht – walten lassen. Anubis hat die Aufgabe, die verstorbenen Seelen an der Hand zu nehmen und vor Osiris zu führen. Osiris symbolisiert die lebensspendende Kraft und die Auferstehung nach dem Tode, wenn einmal die Unterwelt durchwandert war. Er inkarniert die neue Polarität Tod–Leben, Finsternis–Licht; er ist der manifeste und sichtbar gewordene Pluto, Symbol eines ganzen mythologischen Zyklus, dem Isis, Osiris, Seth und Horus angehören. Osiris als Beschützer der Toten und Symbol für die Erneuerungskraft, die dem Toten ein zweites Leben gewährt, entspricht hier dem wohlwollenden Pluto.

Isis, die göttliche Mutter und Osiris' Gattin, versinnbildlicht die *anima mundi;* sie beschützt die toten Seelen mit ihren weiten Flügeln.

Pluto wird aber auch mit Satan und dem Kerberos, dem Höllenhund, der aus der Verbindung Typhons mit Echidne entstammt und den Zugang zur Unterwelt bewacht, in Verbindung gebracht. Die Schlange Hydra und andere dämonische Ungeheuer, die alle Typhon entstammen, verkörpern seine tierischen Triebe, die in seinem aus hundert Schlangen bestehenden Kopf lebhaftesten Ausdruck finden.

Alle diese Gestalten symbolisieren verschiedene Aspekte Plutos, der Totenwächter und zugleich Totenrichter war und die Zerstörung im Hinblick auf den Wiederaufbau veranlaßte. Dem plutonischen Symbol entsprechen auch die verschiedenen Manifestationen des Eros: als Kundalini oder als die hinduistische Göttin Kali oder als Luzifer. Ferner reflektiert er die diabolischsten Aspekte der Alchemie, die Erzeugung des verwunschenen Goldes durch Laszivität. Er symbolisiert den Triumph des Geldes; ihm entspricht auch eine okkulte, dionysische Stammgewalt. Eine seiner treffendsten Personifizierungen finden wir in Goethes Mephisto aus dem *Faust:* Im Tausch für die Seele bietet er schöne, verlockende Dinge; nochmals geht es um den Kampf zwischen Eros und Thanatos, zwischen gewaltigen unbewußten Kräften und der Vernunft.

Für die Astrologie hat Pluto eher negative, unglücksbringende Bedeutung und entspricht der Bewegung der Massen. Das Wesen des astrologischen Pluto liegt in der erotisch-alchemistischen Ver-

wandlungskunst, die ohne äußere wahrnehmbare Manifestationen den Lebenszyklus lenkt und regelt. Als unsichtbare Kraft operiert er im unbewußten Seelenbereich. Persephones Raub bedeutet den Abstieg der Seele zu den vitalen Wurzeln im Primärstadium des Schattens, die Lebensreise durch die verschiedenen Stadien der pragmatischen, geistigen und metaphysischen Erkenntnis. Pluto läßt jenen die Schwelle überschreiten, der scheinbar für das Leben »gestorben« ist, die Materie (den Körper) und das unmittelbare Wissen (Vernunft) zurückgelassen hat, um das ewige Leben und seine unsichtbaren Schätze zu erfahren (Unsterblichkeit).

Die positiven Eigenschaften Plutos liegen im Symbol der Fruchtbarkeit. Die Astrologie verbindet ihn auch mit den Geschlechtsdrüsen, dem Sperma und der Sexualität an sich. Pluto ist auch, wie wir schon gesehen haben, das kollektiv Unbewußte; als Ausdruck der Triebsphäre müßte seine Symbolik näher untersucht werden.

Die Beobachtung des plutonischen Einflusses auf die einzelnen Tierkreiszeichen könnte nach dem historisch anthropologischen und ontogenetischen Gesichtspunkt überraschende psychologische Aufschlüsse über die Entwicklung der Triebe im kollektiven Unbewußten und deren Reflex auf die Gestaltung des persönlichen Unbewußten geben.

Pluto ist der *Richter,* ist zugleich die undifferenzierte Schaffenskraft, die sich auch durch Zerstörung und Vernichtung manifestiert; er ist der ewige Verführer. Seine Bedeutung im kollektiven Sinne kann als *Weltanschauung* gesehen werden: auch bringt man ihn mit der Apokalypse und dem Antichristen in Verbindung. Manche Astrologen hingegen behaupten, Pluto verstecke in das Bewußtsein des Menschen noch nicht hochgekommene Archetypen! Es liegt nicht fern, eine Beziehung zwischen Pluto und Lilith in ihrer analogen Aussagekraft zu erkennen.

So soll Pluto auch parapsychologische Fähigkeiten sowie das Interesse für okkulte Wissenschaften, für die Psychoanalyse und für die Medizin erwecken.

Aus psychoanalytischer Sicht symbolisiert Pluto, die chthonische Gottheit, latente Libidoenergien, die sich nicht manifestieren und kanalisieren lassen; er deutet auch auf Komplexe und unsichtbare Abwehrmechanismen hin und beeinflußt sexuelle und affektive Abweichungen. Gemeinsam mit Neptun bildet Pluto wahr-

scheinlich jenen astrologischen Faktor, der neurotische Reaktionen und sogar schwere psychische Störungen auslösen kann. Mit Freud gesagt kann Pluto die sadistisch-analen Aspekte der hysterischen Persönlichkeit unterstreichen und in den Kompensations-, Sublimations- und Hemmungsversuchen eine destruktive Rolle spielen.

Für die Tiefenpsychologie vermag Pluto auch, den individuellen Persönlichkeitsschatten darzustellen. Eine suggestive Idee!

Abschließend sei gesagt, daß die Hinweise der praktischen Astrologie über Plutos Einfluß noch unzureichend sind, ja manche Astrologen berücksichtigen noch gar nicht seine Stellung in einem Horoskop.

Wir haben hier versucht, die Grundzüge der plutonischen Eigenschaften darzustellen; unserer Meinung nach wird es noch lange dauern, bis die mythisch-psychologische Äquivalenz dieses Planeten ganz verstanden werden kann.

Bibliographische Anmerkungen

1 Hillmann, James: *Senex et puer.* Padua 1973, S. 36.
2 Cassirer, Ernst: *Begriffsformen des mythischen Denkens.*
3 Bachofen, J. J.: *Versuch über die Gräbersymbolik der Alten.*
4 Creutzer, F., zitiert nach J. Jacobi: *Komplex, Archetypus, Symbol in der Psychologie C. G. Jungs.* Zürich 1957, S. 14.
5 Jung, C. G.: *Psychologische Typen.* S. 675.
6 Barbault, André: *De la Psychoanalyse à l'Astrologie.* Paris.
7 Jacobi, J., aaO., S. 14.
8 Bertarelli, Achille: *Le stampe popolari italiane.* Mailand 1975, S. 36.
9 Patrossian, Lena: »Dalla nascita alla rinascita dell'Astrologia« in: *Il Ritorno degli Astrologi.* Mailand 1972, S. 15.
10 Sénard, M.: *Le Zodiaque.* Paris 1979, S. 1.
11 Ibid., S. 45.
12 Barbault, André: »Le Bélier« in: *Dictionnaire des Symboles.* Paris 1969, S. 100.
13 Peuckert, Will-Erich: *Astrologie,* Band 1. Stuttgart 1960, S. 26.
14 Nicola, Jean Pierre: *La condition solaire.* Paris 1971, S. 84.
15 *Exodus,* 12, zitiert nach der Bibel-Ausgabe in der Herder-Bücherei, Freiburg im Breisgau 1965, S. 65.
16 Barbault, André: *Le Bélier.* Paris 1957, S. 31.
17 Harding, Esther: *I misteri della donna.* Rom 1973, S. 183.
18 Jung, C. G.: *Symbole der Wandlung.* S. 336.
19 Virel, André: siehe »Jumeaux« in: *Dictionnaire des Symboles,* aaO., S. 439.
20 Dornseiff, Franz: *Pindars Dichtungen.* 1965, S. 166.
21 Sénard, M., aaO., S. 102.
22 Wilczrkowski, Cyrille: *L'Homme et le Zodiaque.* Paris 1974, S. 170.
23 Barbault, André: *Les Gémeaux.* Paris.
24 Sénard, aaO., S. 122.
25 Barbault, André: *Le Cancer.* Paris 1957, S. 15.
26 Barbault, André, ebd., S. 31.
27 Sénard, M., aaO., S. 144ff.
28 *Apokalypse,* V, zitiert nach der Bibel-Ausgabe in der Herder-Bücherei, aaO.
29 Grison, Pierre: »Le Lion« in: *Dictionnaire des Symboles,* aaO., S. 463.
30 Bailey, A., aaO.
31 Jung, C. G.: *Symbole der Wandlungen.* S. 360.
32 Barbault, André: *Le Lion.* aaO., S. 21.
33 Sénard, M., aaO., S. 172 bis 173.
34 Bailey, A., aaO., S. 264.
35 Wilczrkowski, Cyrille, aaO., S. 202.

36 Sénard, M., aaO., S. 209.
37 Sénard, M., aaO., S. 214.
38 Barbault, André: *La Balance.* Paris 1957, S. 36 bis 37.
39 Sénard, M., aaO., S. 240ff.
40 Sénard, M., aaO., S. 245.
41 Barbault, André: *Le Scorpion.* Paris 1957, S. 9.
42 Kerényi, K.: *Die Mythologie der Griechen.* Bd. 1, S. 159ff.
43 *Dictionnaire des Symboles.* Siehe dort unter dem Stichwort »Scorpion«, aaO., S. 683.
44 Jung, C. G.: *Symbole der Wandlung,* aaO.
45 Wilczrkowski, Cyrille, aaO., S. 222 bis 223.
46 Barbault, André: *De la Psychoanalyse à l'Astrologie,* aaO., S. 119ff.
47 Sénard, M., aaO., S. 284 und 288.
48 Abbildung wiedergegeben in Sénard, aaO., S. 36.
49 Kerényi, K., aaO., S. 127.
50 Jung, C. G.: *Symbole der Wandlung,* aaO., S. 353.
51 Bailey, A.: *Esoterische Astrologie,* aaO., S. 167.
52 *Dictionnaire des Symboles,* aaO., siehe Kapitel »Chèvre«.
53 Jung, C. G.: *Symbole der Wandlung,* aaO., S. 248.
54 Jung, C. G.: *Psychologie und Alchimie.* Freiburg im Breisgau 1972, S. 499ff.
55 Bailey, A.: *Esoterische Astrologie,* aaO., S. 168.
56 Hillmann, James: *Senex et Puer,* aaO., S. 35.
57 *I Ging,* übertragen von R. Wilhelm, Düsseldorf 1973.
58 Sénard, M., aaO., S. 399.
59 Wilczrkowski, C., aaO., S. 245.
60 Ferrière, Ad.: *Le Cosmos et l'Homme.* Turin 1955, S. 128.
61 Kerenyi, K., aaO., Bd. 1, S. 124.
62 Ranke-Graves, R.: *Griechische Mythologie.* Bd. 1, S. 102.
63 *I Ging,* aaO., S. 162.
64 Siehe hier, S. 106.
65 Sénard, M., aaO., S. 453.
66 Neumann, Erich: »Der schöpferische Mensch und die Wandlung« in: *Eranos Jahrbuch 1954.* Zürich 1955.
67 Holley, Germaine: *Analyse expérimentale du signe des poissons.* Paris. S. 14.
68 Bailey, A., aaO., S. 133.
69 Barbault, André: *Traité pratique d'Astrologie.* Paris 1961, S. 123ff.
70 *Genesis,* I, zitiert nach der Bibel-Ausgabe in der Herder-Bücherei, aaO., S. 1.
71 Knappich, Wilhelm: *Mythologie solaire.* Paris 1953, S. 22.
72 Jung, C. G.: *Die Dynamik des Unbewußten.* Olten 1976, S. 177.
73 Morpurgo, L.: *Introduzione all'Astrologie e decifrazione dello Zodiaco.* Mailand 1973, S. 49.
74 Barbault, André: *De la Psychoanalyse à l'Astrologie,* aaO.
75 Harding, Esther, aaO., S. 159.
76 Ibid.
77 Jung, C. G.: *Symbole der Wandlung,* aaO., S. 470.
78 Bernhard, Ernst: *Mythobiographie.* Stuttgart 1974, S. 133.
79 Buber, Martin: *Chassidische Geschichten.*
80 Sénard, M., aaO., S. 158.

81 Kerényi, K., aaO., S. 120.
82 Barbault, André: *De la Psychoanalyse à l'Astrologie,* aaO., S. 125.
83 Krishna, Gopi: *Kundalini.* Innenseite des Umschlags.
84 Peukert, Will-Erich, aaO., S. 42.
85 Peukert, Will-Erich, aaO.
86 Kerényi, K., aaO., S. 56.
87 Ibid.
88 Ibid., S. 58.
89 Jung, C. G.: *Symbole der Wandlung,* aaO.
90 Raskovsky, Arnold: *Il figlicidio.* Rom 1976.
91 Morpurgo, Lisa, aaO., S. 58f.
92 Ranke-Graves, R., aaO., Bd. 1, S. 30.
93 Hillmann, James, aaO.
94 Ibid.
95 Santagostini, Clarice: *Assimil astrologiques.* Paris 1964, S. 48.
96 Fenichel, Ott: *Perversionen, Psychosen, Charakterstörungen.* Wien 1931, S. 113.
97 Ranke-Graves, R., aaO., Bd. 1, S. 51.
98 Sénard, M., aaO., S. 410ff.
99 Barbault, André: *Le pronostic expérimental en Astrologie.* Paris 1973.
100 Volguine, A.: *Dictionnaire des Symboles.* Siehe dort unter dem Stichwort »Neptun«. Paris 1969, S. 531.
101 Kerényi, K., aaO., Bd. 1, S. 21.
102 Ibid., S. 24.
103 Sénard, M., aaO.
104 Ranke-Graves, R., aaO.
105 Hadès: *Pluton ou les grands mystères.* Paris 1973. S. 34.

Bibliographie

Alfred Adler: *Die Technik der Individualpsychologie.* S. Fischer Verlag, Frankfurt a. M. 1974.

Ernst Aeppli: *Der Traum und seine Deutung.* Rentsch Verlag, Zürich 1977.

George Antares: *Manuel d'interprétation astrologique.* Ed. Flandre Artois, Tourcoing 1970.

Wolfgang Aurens: *Astrologie und Horoskop.* Gondrom Verlag, Bayreuth 1978.

Johann Jakob Bachofen: *Urreligion und antike Symbole.* Basel 1926.

– *Versuch über die Gräbersymbolik der Alten.* Verlag Benno Schwabe & Co., Basel 1954.

Alice Bailey: *Esoterische Astrologie.* Lucis Verlag, Genf 1970.

André Barbault: *Le Bélier* in: *Dictionnaire des Symboles.* Editions Robert Laffont, Paris 1969.

– *Les Gêmeaux.* Editions du Seuil, Paris 1957.

– *Le Cancer.* Editions du Seuil, Paris 1957.

– *Le Lion.* Editions du Seuil, Paris 1957.

– *La Balance.* Editions du Seuil, Paris 1957.

– *Le Scorpion.* Editions du Seuil, Paris 1957.

– *Traité pratique d'Astrologie.* Editions du Seuil, Paris 1961.

– *De la Psychanalyse à l'Astrologie.* Editions du Seuil, Paris 1961.

– *Le prognostique experimental en Astrologie.* Editions Payot, Paris 1973.

Roland Barthes: *Mythen des Alltags.* Suhrkamp Verlag, Frankfurt a. M. 1974.

Ernst Bernhard: *Mythobiographie.* Alpha Verlag, Stuttgart 1974.

Achille Bertarelli: *Le stampe popolari italiane.* Edizione Rizzoli, Mailand 1975.

Annie Besant: *Il karma.* Ed. Sirio, Triest 1967.

Martin Buber: *Die Erzählungen der Chassidim.* Manesse Verlag, Zürich 1949.

Titus Burckhardt: *L'Alchimia.* Ed. Boringhieri, Turin 1961.

Joseph Campbell: *Der Heros in tausend Gestalten.* Suhrkamp Verlag, Frankfurt a. M. 1978.

Ernst Cassirer: *Das mythische Denken* in: *Philosophie der symbolischen Formen.* Wissenschaftliche Buchgesellschaft Darmstadt, Darmstadt 1977.

Richard Cavendish: *La Magia Nera.* Ed. Mediterranée, Rom 1973.

Paul Choisnard: *Langage astral.* Editions Traditionelles, Paris 1963.

Dictionnaire des Symboles. Editions Robert Laffont, Paris 1969.

Franz Dornseiff: *Pindars Dichtungen.* Insel Verlag, Frankfurt a. M. 1965.

Mircea Eliade: *Schmiede und Alchemisten.* Klett-Cotta Verlag, Stuttgart 1960.

– *Traité d'histoire des Religions.* Paris 1949.

Otto Fenichel: *Perversionen, Psychosen, Charakterstörungen.* Wissenschaftliche Buchgesellschaft Darmstadt, Darmstadt 1974.

– *Psychoanalytische Neurosenlehre.* Walter Verlag, Olten/Freiburg i. Br. 1974.
James Frazer: *Der goldene Zweig.* Ullstein Verlag, Berlin 1977.
Sigmund Freud: *Abriß der Psychoanalyse.* S. Fischer Verlag, Frankfurt a. M. 1976.
– *Drei Abhandlungen zur Sexualtheorie.* S. Fischer Verlag, Frankfurt a. M. 1976.
– *Die Traumdeutung.* S. Fischer Verlag, Frankfurt a. M. 1977.
Michel Gauquelin: *Die Uhren des Kosmos gehen anders.* Ullstein Verlag, Berlin 1975.
– *Was für ein Mensch ist das?* Ullstein Verlag, Berlin 1975.
Robert Graves: *Griechische Mythologie. Quellen und Deutung.* Rowohlt Verlag, Reinbek bei Hamburg 1960.
Pierre Grison: *Le Lion* in: *Dictionnaire des Symboles.* Editions Robert Laffont, Paris 1969.
Georg Groddeck: *Das Buch vom Es.* S. Fischer Verlag, Frankfurt a. M. 1977.
– *Au fonde de l'homme, cela.* Editions Gallimard, Paris 1969.
– *La maladie, l'art et symbole.* Editions Gallimard, Paris 1969.
Emil Gutheil: *Manuale per l'analisi del sogno.* Edizione Astrolabio, Rom 1973.
Hadès: *Pluton ou les Grands Mystères.* Editions Bussières, Paris 1973.
– *L'astrologie et le destin de l'Occidente.* Editions Robert Laffont, Paris 1971.
– *Manuel complet d'astrologie scientifique ettraditionelle.* Editions Bussière, Paris 1971.
– *Saturne et Uranus, ou les Mystères de l'espace et du Temps.* Editions Bussière, Paris 1973.
– *Manuel complet d'astrologie médicale.* Editions Bussière, Paris 1973.
– *Le livre des aspects astrologiques.* Editions Bussières, Paris 1976.
– *Mars et Venus ou le désir et la chair.* Editions Bussière, Paris 1977.
– *Mercure et Jupiter ou l'intellect et la connaissance metaphysique.* Editions Bussière, Paris 1976.
– *Lune et Neptune ou les Mystères de l'inconscient.* Editions Bussière, Paris 1977.
– *L'Univers de l'Astrologie.* Editions Albin Michel, Paris 1973.
Ester Harding: *I misteri della donna.* Edizioni Astrolabio, Rom 1973.
Max Heindel: *Les messages des astres.* Paris 1964.
James Hillmann: *Senex et puer.* Edizioni Marsilio, Padua 1973.
Germaine Holley: *Analyse experimentale du signe des poissons.* Privatdruck Paris.
Serge Hutin: *Histoire de l'astrologie.* Editions Marabout, Verviers 1970.
– *I King, il Libro dei Mutamenti.* Edizioni Astrolabio, Rom 1950.
– *Il Libro Tibetano dei Morti,* hrsg. von G. Tucci. UTET, Turin 1972.
– *Il Libro dei Morti degli antichi Egiziani.* Ceschina 1974.
Jolande Jacobi: Komplex, Archetypus, Symbol in der Psychologie C. G. Jungs. Rascher Verlag, Zürich 1957.
Carl Gustav Jung: *Psychologische Typen.* Walter Verlag, Olten/Freiburg i. Br. 1960.
– *Psychologie und Alchemie.* Walter Verlag, Olten/Freiburg i. Br. 1972.
– *Symbole der Wandlung.* Walter Verlag, Olten/Freiburg i. Br. 1973.
– *Die Dynamik des Unbewußten.* Walter Verlag, Olten/Freiburg i. Br. 1976.
– *Entretien avec J. Carteret et A. Barbault* in: L'Astrologue. Editions Traditionelles, Paris 1969.
– *Il problema dell'inconscio nella psicologia moderna.* Giulio Einaudi Editore, Turin 1959.

– *La simbolica dello spirito.* Giulio Einaudi Editore, Turin 1975.
– *La psicologia del transfert.* Edizioni Il Saggiatore, Mailand 1961.
– *Inconscio, occultismo e magia.* Newton Compton Editori, Roma 1971.
– *Psicologia analitica.* Arnoldo Mondadori Editore, Mailand 1975.

Karl Kerényi: *Die Mythologie der Griechen.* Deutscher Taschenbuch Verlag, München 1976.
– *Miti et misteri.* Boringhieri Editore, Turin 1950.
– *Gli Dei e gli Eroi della Grecia.* Edizioni Il Saggiatore, Mailand 1972.

Wilhelm Knappich: *Mythologie solaire.* Editions C.I.A., Paris 1953.

Constant Kerneitz: *Il vero volto dell'astrologia.* Mailand 1956.

Arthur Koestler: *Die Wurzeln des Zufalls.* Suhrkamp Verlag, Frankfurt a. M. 1974.

Gopi Krishna: *Kundalini.* O.W. Barth Verlag, München 1978.

Laplanche und Pontalis: *Enciclopedia Psicanalisi.* Laterza Editori, Bari/Rom 1973.

Maryse Levy: *Pluton, planète lointaine.* Editions Vega, Paris 1958.

Lisa Morpurgo: *Introduzione all'Astrologia e decifrazione dello Zodiaco.* Edizioni Longanesi, Mailand 1973.

Erich Neumann: *Die große Mutter.* Walter Verlag, Olten/Freiburg i. Br. 1977.
– *Der schöpferische Mensch und die Wandlung* in: Eranos Jahrbuch, 1954, Rhein Verlag, Zürich 1955.

Jean Pierre Nicolas: *La condition solaire.* Editions Traditionelles, Paris 1971.
– *Essai d'astrologie.*

Walter Otto: *Gli Dei della Grecia.* Edizioni La Nuova Italia, Florenz 1961.

Papus (D'encasse): *Die Grundlagen der okkulten Wissenschaften.* Ansata Verlag, Schwarzenburg 1977.

Derek Parker: *Astrologie ohne Geheimnis.* Econ Verlag, Düsseldorf 1973.

Lena Patrossian: *Dalla nascita alla rinascita dell'Astrologia* in: *Il Ritorno degli Astrologi.* Edizioni Bompiani, Mailand 1972.

Louis Pauwels und Jacques Bergier: *Aufbruch ins dritte Jahrtausend.* Wilhelm Goldmann Verlag, München 1980.

Will Erich Peuckert: *Astrologie.* Kohlhammer Verlag, Stuttgart 1960.

Arnold Raskowsky: *Il Figliocidio.* Edizioni Astrolabio, Rom 1976.

Clarice Santagostini: *Assimil Astrologiques.* Editions Traditionelles, Paris 1972.

Nikolaus v. Sementowsky-Kurilo: *Astrologie. Schicksal im Sternspiegel.* Aurum Verlag, Freiburg i. Br. 1979.

Marcelle Sénard: Le Zodiaque. Editions Traditionelles, Paris 1979.

Rudolf Steiner: *Das Verhältnis der Sternenwelt zum Menschen und des Menschen zur Sternenwelt.* Rudolf Steiner; Gesamtausgabe, Bd. 219. Dornach 1976.

André Virel: *Gémeaux* in: *Dictionnaire des Symboles.* Editions Robert Laffont, Paris 1969.

Alexandre Volguine: *Neptune* in: *Dictionnaire des Symboles.* Editions Robert Laffont, Paris 1969.

Richard Wilhelm: *I Ging.* Verlag Eugen Diederichs, Köln/Düsseldorf 1973.

Cyrille Wilczrkowski: *L'Homme et le Zodiaque.* Editions Le Griffon d'Or, Paris 1947.

Oscar Wirt: *Le symbolisme atsrologique.* Paris 1937.